CHRISTINA RICKARDSSON

Immer weiter gehen

**Über die Autorin:**

**Christina Rickardsson** wurde 1983 als Christiana Mara Coelho in Brasilien geboren. Im Alter von sieben Jahren wurde sie zusammen mit ihrem jüngeren Bruder in ein Waisenhaus gebracht und von dort nach Vindeln im Norden Schwedens (Region Västerbotten) zur Adoption freigegeben. Nachdem ihr Buch erschienen war, gründete Christina die *Coelho Growth Foundation*, die sich für Kinder und junge Menschen in Not einsetzt.

CHRISTINA RICKARDSSON

# Immer weiter gehen

Wie ich in einer Höhle
aufwuchs und bei meiner
Adoptivfamilie ein neues
Zuhause fand

Aus dem Englischen von
Elisa Valérie Thieme

lübbe

Dieser Titel ist auch als E-Book erschienen.

MIX
Papier aus verantwortungsvollen Quellen
FSC® C014496

Deutsche Erstausgabe


Titel der amerikanischen Originalausgabe: »Never stop walking«
Originalverlag: Amazon Publishing
Zuerst veröffentlicht unter dem Titel
»Sluta aldrig ga – fran gatan i Sao Paolo till Vindeln i Norrland«
Originalverlag: Bokförlaget Forum, Schweden 2016


Textredaktion: Simone Schroth, Scorton
Umschlaggestaltung: Tanja Østlyngen nach einem Design von PEPE, Milano
Satz: hanseatenSatz-bremen, Bremen
Gesetzt aus der Adobe Garamond Pro
Druck und Verarbeitung: GGP Media GmbH, Pößneck
Printed in Germany
ISBN 978-3 404-61712-8

2 4 5 3 1

Sie finden uns im Internet unter
www.luebbe.de
Bitte beachten Sie auch: www.lesejury.de

*Ich widme dieses Buch den drei Frauen in meinem Leben,*
*die alles verändert haben.*
*Die mir Licht geschenkt haben, sodass ich*
*meinen Weg im Dunkeln fand.*

*Ihr habt mir Liebe gegeben,*
*die ich dem Hass entgegensetzen konnte.*
*Ihr habt mir beigebracht zu lachen,*
*sodass ich immer einen Trost fand.*
*Ihr habt mir Verständnis gezeigt, als ich nichts verstand.*
*Während unserer kurzen gemeinsamen Zeit*
*habt ihr mir genug Liebe geschenkt,*
*um zu verstehen, was Liebe eigentlich bedeutet.*
*Dieses Buch ist euch gewidmet:*
*Petronilia Maria Coelho, Camile und Lili-ann Rickardsson.*
*Wo auch immer ihr seid, ich bin immer bei euch.*

*Dieses Buch ist außerdem den Straßenkindern in Brasilien*
*und allen anderen Ländern der Welt gewidmet.*
*Ihr seid wundervoll und verdient so viel mehr,*
*als die Gesellschaft euch gibt.*

ATLANTI
ungefähr 11.270 km
BRASILIEN
PAZIFIK
São
Paulo

SCHWEDEN
Vindeln
ATLANTIK

# Vorwort

Dies ist die Geschichte meiner Kindheit in Brasilien, des Kulturschocks, den ich erlitt, als ich in den Wäldern Nordschwedens ankam, und über den Verlust der Menschen, die ich am meisten geliebt habe. Sie erzählt von einer Kindheit in der brasilianischen Wildnis, auf den Straßen São Paulos und im Kinderheim. Und von meiner Anfangszeit in Schweden, in der ich mich oft so fühlte, als habe man mich an einen Ort und in ein Leben verpflanzt, die kaum unterschiedlicher von dem hätten sein können, was ich kannte. Meine Erinnerungen sind durcheinandergewürfelt, aber die, die ich noch habe, sind klar. Ich habe sorgsam auf sie achtgegeben, sie immer und immer wiederholt und später auch niedergeschrieben, um an der Person festzuhalten, die ich einmal war. Ich habe eine Geschichte geschaffen, meine Geschichte. Ich weiß nicht mehr genau, wie alt ich zum Zeitpunkt jeder Erinnerung war oder wie lange ich wo genau gelebt habe. Zeit ist ein Konzept, das Straßenkindern fremd ist. Warum sollten wir, warum sollte ich mich mit der Zeit auseinandersetzen? Wir waren kein Teil der Gesellschaft. Wir existierten in einer Welt, die keine Zeit für uns hatte. Einer Welt, in der sich niemand darum scherte, ob wir eine Ausbildung erhielten, ob wir lebten oder starben.

Hast du jemals auf einem Berggipfel stehen, den Blick in die Landschaft schweifen lassen, die Schönheit der Wälder und des

Wassers in dich aufnehmen und dann so laut du kannst schreien wollen? Schreien, bis du außer Atem bist, deine Kehle weh tut und deine Lungen brennen? Einen Schrei, der deine Seele reinigt. Einen Schrei, der die Trauer zulässt und der den Druck all dessen freigibt, was du verborgen hältst. All den Schmerz, den du angestaut hast, all das Anpassen, zu dem du verpflichtet warst. Ich habe mich immer angepasst – an das Gesetz der Straße, an die Regeln im Kinderheim und an mein neues Umfeld in Schweden. Es gibt zwei *Ichs*: Christina aus Schweden und Christiana aus Brasilien. Es war nicht immer einfach, diese beiden Ichs zusammenzubringen. Mehrmals habe ich schon auf dem Gipfel eines Berges gestanden, wollte verzweifelt schreien und mich von einem Teil meiner Verzweiflung und Trauer befreien. Ich habe meinen Mund geöffnet, um den Schrei auszustoßen, aber er kam nicht.

Die Seiten, die du nun nach und nach umblätterst, sind mein Schrei. Die Worte sind mein Verstärker. Aber vor allem sind diese Seiten meine Wahrheit, meine Geschichte – sie erzählen von meinem Überlebenskampf und von dem Mut, den es brauchte, um nach Brasilien zurückzukehren und nach meiner Mutter zu suchen. Von dem Mut, den ich brauchte, um Freude am Leben zu finden. Und sie erzählen von Mutterliebe, die sich unendlich bis tief hinein in mein Herz erstreckt.

# Die Reise beginnt

Umeå, Schweden, Winter 2015

An einem sonnigen Tag vor knapp drei Jahren wachte ich auf und hatte Angst. Wobei Panik es vielleicht besser trifft. Ich fürchtete mich schrecklich vor dem Leben. Ich litt unter einer Art Hungerast. Jeder Sportler kennt dieses Phänomen: Durch einen akuten Energiemangel entsteht ein plötzlicher Leistungsabfall des Körpers. Das Tempo, in dem es dazu kommt, kann ganz unterschiedlich sein. Man kann rennen, laufen oder taumeln. Je schneller man unterwegs ist, desto mehr tut es weh und desto größer ist das Unwohlsein. Das ist ein ebenso einfaches wie unumstößliches Gesetz. Ich hatte meinen ganz persönlichen Hungerast in Höchstgeschwindigkeit erreicht, so als hätte ich einen 400-Meter-Lauf absolviert und wäre schlussendlich gegen die Besucherbalustrade gerannt.

Was war geschehen? Wenn du meine Kollegen – meine Vorgesetzten und Bürofreunde – gefragt hättest, wäre keiner von ihnen überrascht gewesen. Ich gab immer mindestens 120 Prozent. Im Grunde war mein Leben jedoch ein heilloses Chaos. Es gab Probleme mit meiner Familie, meinen Beziehungen, meinen Freunden und mit mir selbst. Also versuchte ich mich auf das zu konzentrieren, was ich kontrollieren konnte. Wie lässt sich das »Ich habe Angst zu leben«-Chaos am besten beschreiben? Vielleicht als Angst vor Authentizität, Angst vor Schmerz, Angst vor Verlust und Tod.

Womöglich hatte ich auch Angst, dass ich zusammenbrechen würde, sobald ich nicht mehr rannte. Angst vor der, die ich war.

Ich war so müde, so erschöpft. Ich konnte nicht mehr klar denken und wollte es auch nicht. Denken führte zu einer wunden Seele. Ich konnte nicht menschlich sein. Ich durchlebte etwas, das mir nie zuvor begegnet war. Mein Körper und mein Unterbewusstsein bestimmten über mich, so als habe meine Seele beschlossen, für eine Weile die Zügel zu übernehmen. Dann kamen die Albträume: Ich war wieder sieben Jahre alt und rannte um mein Leben. Wieder und wieder durchlebte ich das. Hätte ich doch nur von den gruseligen Monstern unter meinem Bett träumen können … Doch leider waren die wiederkehrenden Bilder dem wahren Leben entsprungen. Ich träumte von dem, was mir als kleines Kind widerfahren war.

Mir war klar, dass ich Hilfe brauchte. Es gab nur zwei Möglichkeiten: aufgeben oder aktiv werden. Ich erinnere mich noch daran, wie ich ins Badezimmer ging und mich vor den Spiegel stellte. Ich blickte mir tief in die Augen. Ich sah in mein Innerstes. Als meine Augen sich mit Tränen füllten, verstand ich, dass das kleine Mädchen, das immer gerannt war, nie damit aufgehört hatte. Meinem eigenen Seelenheil zuliebe musste ich endlich damit aufhören und das verarbeiten, was ich erlebt hatte. Ich sagte laut: »Ich kann nicht mehr davonrennen. Ich will nicht mehr davonrennen. *Ich will so nicht leben.*« Und zum ersten Mal in meinem Leben bat ich um Hilfe. Um echte Hilfe.

Ich sitze auf dem Sofa in meiner Wohnung in Umeå in Schweden und sehe die Adoptionspapiere von mir und meinem Bruder durch, die mein Vater mir gegeben hat. Einen großen Stapel, den ich nun auf meinem Wohnzimmertisch ausgebreitet habe. Die eine Hälfte der Dokumente ist auf Schwedisch, die andere auf Portugiesisch. Vierundzwanzig Jahre lang lagen diese Papiere unberührt im Safe meines Vaters, ich habe nie danach gefragt. Dieses

Bedürfnis habe ich nie verspürt. In diesen Dokumenten steht vermutlich nichts über mich, was ich nicht schon weiß, und nichts über mein Leben in Brasilien, an das ich mich nicht sowieso erinnern kann. Ich habe nie das Bedürfnis verspürt herauszufinden, wer ich bin, woher ich komme oder warum ich verlassen wurde. Ich weiß, wer ich bin und woher ich komme, und vor allem weiß ich, dass ich nicht verlassen wurde. *Kidnapping* ist vielleicht ein etwas heftiger Ausdruck, um unseren Adoptionsprozess zu beschreiben, doch so fühlte es sich streckenweise an.

Mein Bruder Patrick, oder Patrique José Coelho, wie er eigentlich hieß, da unsere leibliche Mutter ihn so genannt hatte, war bei unserer Ankunft in Schweden zu jung, um sich an irgendetwas aus der Zeit davor zu erinnern. In unserer schwedischen Familie wurde selten über diesen Abschnitt unseres Lebens gesprochen. Dafür gab es sicherlich zahlreiche Gründe, aber ich kenne nur meine eigenen. Ich weiß jedoch, dass mein Bruder sich nur an ein Detail aus seinem Vorleben in Brasilien erinnert: Er musste in einem Karton schlafen. Das stimmt. Ich war diejenige, die ihn in den Karton gelegt und versucht hat, ihn zu beruhigen. Das Faszinierende an Erinnerungen ist ja, dass manche für immer bleiben und andere nicht; manche verschwinden auf ewig, und andere kehren zurück. Ich habe es mehrfach versucht, aber ich kann mich nicht an die Zeit erinnern, als meine Mutter mit Patrick schwanger war. Als Kind stand mir das bestimmt noch klar vor Augen – wie der Bauch meiner Mama wuchs und ich mich auf die Ankunft eines kleinen Bruders oder einer kleinen Schwester freute. Ich weiß nicht, ob diese Phase meinem Gedächtnis entfallen ist, weil ich die meiste Zeit ohne meine Mutter auf der Straße verbracht habe, oder weil ich mich schlichtweg nicht daran erinnern kann. Ich weiß nur noch, dass Patrick, mein kleiner Bruder, eines Tages in meinem Leben war und dass ich ihn vom ersten Moment an geliebt habe. Ich erinnere mich noch, wie ich mich auf der Straße um ihn gekümmert, wie ich ihn gefüttert, seine Stoffwindeln gewechselt und sichergestellt habe, dass er hin und wieder schlief. Ich weiß noch, dass er ein friedliches Baby war und selten schrie.

Ich war acht Jahre alt, als ich nach Schweden kam, und mein Bruder war knapp zwei. Wir sind Halbgeschwister. Wir haben dieselbe Mutter, aber verschiedene Väter. In unseren Adoptionspapieren steht, wer Patricks Vater ist. Bei mir wurde das Feld *Vater* jedoch freigelassen. Ich frage mich, ob ich jemals herausfinden werde, wer mein leiblicher Vater ist. Es fühlt sich seltsam an zu sagen, Patrick und ich seien Halbgeschwister. Vielleicht liegt es daran, dass ich weder meinen noch Patricks Vater kenne. Weil unsere Väter beide abwesend waren, habe ich Patrick immer als meinen Bruder betrachtet. Gemeinsam adoptiert zu werden und neue Eltern zu bekommen hat unser Geschwisterband wahrscheinlich zusätzlich gestärkt. Wir wurden eine Familie, eine Familie, die nicht durch Blutsverwandtschaft, sondern durch die äußeren Umstände, Zufälligkeiten und vielleicht noch ein Quäntchen Unerklärliches zusammengeführt wurde. In jedem Fall wuchsen wir zu einer Familie zusammen. Patrick war neugierig und stellte viele Fragen: »Woher komme ich?«, »Wer sind meine biologischen Eltern, und warum haben sie mich abgegeben?«. Solche Gedanken kamen mir nie. Ich fragte mich, wer mein leiblicher Vater sein mochte, aber ich hatte nie das Gefühl, dass seine Identität wichtig ist. Er war nicht da. So sah meine Normalität aus. Das Leben meines Bruders und meines waren unterschiedlich. Seine Biographie ist nahezu komplett schwedisch, meine sowohl brasilianisch als auch schwedisch. Wer von uns es einfacher oder schwerer hatte, ist dabei nebensächlich. Jeder von uns hat seine eigenen Sorgen, hat Schmerz, Freude und Glück auf seine eigene Art erlebt.

Gefühle sind nicht immer leicht zu verstehen oder zu beherrschen, und mein Verstand ist nicht immer stark genug, um die Stürme zu bändigen, die mich durchlaufen. Jetzt ist wieder so ein

Moment, während ich hier sitze und die Adoptionsunterlagen anschaue.

Es ist spannend zu lesen, was meine Adoptiveltern alles über sich ergehen lassen mussten, bevor sie endlich die Kinder adoptieren und zu sich holen konnten, für die sie so lange gekämpft hatten. Sie haben zehn Jahre lang versucht eigene Kinder zu bekommen, bevor sie schließlich beschlossen, ein Kind zwischen einem und drei Jahren zu adoptieren. Schlussendlich bekamen sie zwei Kinder. Es gibt so viel Papierkram: Unterlagen von schwedischen Gerichten, von schwedischen Behörden, die für die öffentliche Gesundheit und soziale Belange verantwortlich sind, von dem Gericht in São Paulo und dann noch die Leumundszeugnisse für meine schwedische Mutter Lili-ann und meinen Vater Sture, die von ihren engsten Freunden und Kollegen verfasst wurden. Auch ein Brief meiner biologischen Mutter ist dabei, und es macht mich gleichzeitig froh und traurig, ihre Worte zu lesen. Froh, dass ich etwas über ihre Gedanken und Gefühle erfahren darf, traurig, dass sie nicht mehr bei mir ist. Ich wünschte, sie wäre an meiner Seite und würde mich bei meiner Aufarbeitung der Vergangenheit unterstützen. Ich bin eine unabhängige, erwachsene Frau, trotzdem zweifle ich, ob ich das kleine Kind in mir, das sie ständig vermisst und sich jeden Tag nach ihr sehnt, je hinter mir lassen werde. Im Laufe der Jahre habe ich gelernt, was es bedeutet, jemanden wirklich zu vermissen. Jemanden zu vermissen hängt nicht davon ab, wann man ihn zuletzt gesehen hat oder wie viele Stunden es her ist, dass man zuletzt miteinander sprach. Es sind die Momente, in denen man sich den anderen an seine Seite wünscht.

Als Teenager habe ich Mama einmal gefragt, wie sie und Papa reagiert haben, als sie herausfanden, dass sie Patrick und mich adoptieren durften. Mama sagte, sie hätten ewig auf das Schreiben gewartet, das die Erlaubnis zur Adoption eines Kindes bestätigen würde. Als der Brief dann kam und verkündete, in der näheren Auswahl stünde ein Geschwisterpaar, ein achtjähriges Mädchen und ein knapp zweijähriger Junge, verschwand Papa für zwei Tage im Wald. Mama sagte der Agentur sofort zu, obwohl sie hinsichtlich Stures Gefühlen etwas unsicher war. Als er nach Hause zurückkehrte und sah, wie aufgewühlt sie war, konnte er nur noch Ja sagen. Sture lächelt immer ein bisschen, wenn er behauptet, Mama hätte auch fünf Kinder aufgenommen, wenn die Agentur das vorgeschlagen hätte. Das finde ich schön, und ich bin mir sicher, dass Mama gleich eine ganze Fußballmannschaft willkommen geheißen hätte, wenn die Alternative darin bestanden hätte, kinderlos zu bleiben. Mama hat mir erzählt, dass sie ein Geschwisterpaar nie im Leben getrennt hätte. Und falls Sture und sie dieses Angebot abgelehnt hätten, wäre ihnen vielleicht kein weiteres Kind vorgeschlagen worden.

Ich lese weiter in den Unterlagen und verspüre einen Stich im Herzen. Da steht etwas, auf das ich nicht vorbereitet war.

Es gibt viele Dinge, an die ich mich nicht erinnere, aber ich weiß ganz bestimmt, dass meine biologische Mutter uns nicht geschlagen hat. Die Menschen haben uns fürchterlich behandelt, aber ich kann mich nicht entsinnen, dass meine Mutter sich ebenfalls fürchterlich verhalten hätte. Wir wurden vernachlässigt, das stimmt. Gemessen an schwedischen Verhältnissen werden alle Straßenkinder vernachlässigt, sogar wenn sie gute Eltern haben. Am stärksten reagiere ich jedoch auf etwas, das ich weiter unten in dem Schreiben lese: dass ich gesagt hätte, meine Mutter sei »bekloppt«. Ich wünschte, das würde nicht stimmen, aber ich weiß, dass ich das tatsächlich gesagt habe. Ich habe es gesagt, weil es damals so von mir erwartet wurde. Ich habe nie gedacht, dass meine Mutter irgendwie anders sei, aber wer weiß, vielleicht war sie das. Als Kind kann man schwer zwischen normalem und nicht normalem Verhalten unterscheiden. Ich weiß nur, dass ich sie geliebt habe und immer noch liebe – und dass es wehtut, diese Zeilen zu lesen, weil ich weiß, was wir zusammen durchgemacht haben. Ich frage mich, wer nicht bekloppt werden würde, wenn er jeden einzelnen Tag so viele verschiedene Kämpfe ausfechten müsste, einzig und allein, um zu überleben.

Ich lege die Adoptionspapiere beiseite und gehe einen Stapel alter Quittungen, Flugtickets und Hotelrechnungen durch, die Mama von der Reise nach Brasilien aufgehoben hat, als sie und Papa dorthin kamen und mich und meinen Bruder abholten. Ich suche nach Dokumenten, die mit meinem Aufenthalt im Kinderheim, meiner biologischen Mutter und meiner Nachbarschaft zusammenhängen. Nach und nach übersetze ich die Quittungen: eine Apothekenrechnung, die den Kauf von Milchpulver für Patrick belegt, eine Rechnung für den Kauf von Kinderkleidung und einige Restaurantrechnungen. Nichts davon ist das, wonach ich suche. São Paulo ist eine riesige Metropole mit über zweiundzwanzig Millionen Einwohnern und zahlreichen *Favelas*, wie man die Slums in Brasilien nennt. Herauszufinden, in welcher Favela wir gelebt haben, scheint unmöglich. Inmitten der Rechnungen finde ich ein weißes Blatt Papier, das ein bisschen knittrig und in der Mitte gefaltet ist. Ich falte es auseinander. In der oberen linken Ecke prangt ein Stempel des Gerichts in São Paulo. Ich erkenne Lili-anns Handschrift. Sie hat schnell ein paar Dinge über mich notiert: *Christina wünscht sich ein anderes Leben.*

Habe ich das gesagt? Mir wird plötzlich klar, dass man diese Aussage vermutlich nicht nur an Lili-ann und Sture, sondern auch an meine biologische Mutter Petronilia weitergeleitet hat. Mit einem Mal fällt mir das Atmen schwer. Nach allem, was meine biologische Mutter und ich miteinander durchgemacht haben, und trotz all der Liebe, die sie mir geschenkt hat, haben die brasilianischen Behörden ihr womöglich erzählt, dass ich von ihr getrennt werden wollte. Und das, obwohl die Wahrheit kaum gegenteiliger hätte sein können.

Während ich das lese, überkommt mich das Gefühl, dass ich sie finden muss. Ich möchte den guten Ruf meiner Mutter wiederherstellen und die Wahrheit erzählen, so wie ich mich daran erinnere. Die Dinge und unsere Liebe so darstellen, wie sie mir im Gedächtnis geblieben sind – Erinnerungen aus einer anderen Welt, einem anderen Universum. Weil es ein himmelweiter Unterschied ist, ob man sich dafür entscheidet, sich nicht um seine Kinder zu kümmern, oder ob man in einer Gesellschaft lebt, die den Schwächsten keine Ressourcen bietet, sich um die eigenen Kinder kümmern zu *können*.

Ich rufe beim örtlichen Gericht an und bitte um Kopien der Adoptionsunterlagen. Die Frau am Apparat verspricht, alles in ihrer Macht Stehende zu tun. Drei Tage später liegt ein Brief mit den Kopien in meinem Briefkasten, anbei finde ich eine handschriftliche Nachricht: *Viel Glück auf deiner Reise, Christina.*

# Höhlenmädchen

Brasilien, 1980er Jahre

Laut meiner brasilianischen Papiere wurde ich am 30. April 1983 geboren. Am siebenunddreißigsten Geburtstag des schwedischen Königs, der auf der anderen Seite des Atlantiks lebte, tausende Kilometer von der brasilianischen Stadt Diamantina entfernt, wo ich meine ersten Atemzüge tat. Als ich klein war, erzählte mir Mamãe (das ist der portugiesische Ausdruck für »Mutter«), dass ich im Wald geboren wurde und dass mein Vater indigen war. – Ich weiß nicht, ob das stimmt. Vielleicht hat sie die Geschichte ein wenig ausgeschmückt und versucht, die Dinge netter klingen zu lassen. Vielleicht wusste sie nicht, wer mein Vater war, oder vielleicht wollte er nichts mit uns zu tun haben. Ich habe ihre Erzählung immer gemocht und viele Jahre bewusst daran festgehalten. Ein Teil von mir wünscht sich immer noch, dass sie wahr ist. Ich erinnere mich gut daran, dass ich die ersten Jahre meines Lebens mit meiner Mutter in den Wäldern und Höhlen außerhalb von Diamantina verbracht habe.

Obwohl ich noch sehr klein war, als meine Mutter und ich im Wald lebten, ist mir vieles nachdrücklich im Gedächtnis geblieben. Ich weiß noch, dass wir in zwei verschiedenen Höhlen wohnten. Eine war in der Nähe einer staubigen roten Straße, die andere tiefer im Wald. Ich saß oft neben Mamãe, wenn sie Zweige und Palmwedel ineinanderflocht, um den Höhleneingang damit zu verdecken oder um Sitz- und Schlafmatten herzustellen. Ich habe gerne dabei zugesehen, wie ihre Finger geschickt arbeiteten und die Palmwedel zu Schutzwänden werden ließen. Mamãe wirkte so stark, und ich versuchte so viel wie möglich von ihr zu lernen.

Wir versteckten unsere Machete in einem Loch in der Höhlenwand und legten einen Stein davor, damit keine giftigen Tiere es sich darin bequem machten. Weder Mamãe noch ich wollten gebissen werden, wenn wir unsere Hand in das Loch steckten, um unsere Machete herauszuholen. Sie war unser wertvollster Besitz. Ohne sie wären wir komplett hilflos gewesen. Mamãe nutzte sie als Waffe, und wir brauchten sie auch, um uns einen Weg durch das dichte Grün des Waldes zu bahnen. Außerdem öffneten wir Nüsse damit und ernteten essbare Pflanzen – sie sicherte unser Überleben.

Ein Gürteltier und ein kleiner Affe waren meine Haustiere. Wobei das vielleicht nicht der richtige Begriff ist, weil sie nicht gerade zahm waren und wir natürlich auch kein Haus hatten. Das Gürteltier hielt ich mehr oder weniger gegen seinen Willen, und der Affe kam und ging, wie es ihm passte. Meine Beziehung zu dem Affen war eher einseitig. Er kam nur, um sich Futter zu holen, und bewarf mich mit Kieseln, Nüssen und allem, was er sonst noch in die Finger bekam. Sobald sein Hunger gestillt war, verschwand er wieder. Mamãe meinte, der Affe sei wie ein Mann, was ich damals nicht verstand. Ein Affe war ein Affe, ein Mann war ein Mann. Als ich sie danach fragte, lachte sie nur. Einmal fütterte ich den Affen und das Gürteltier gleichzeitig. Der Affe schnappte sich seine Frucht und zog ohne eine Dankesgeste ab. Ich könnte schwören, dass das Gürteltier dem Affen einen Blick zuwarf, der ausdrückte: *Du glücklicher Affe, verschwinde, so schnell du kannst!* Ich warf dem Gürteltier einen bösen Blick zu und wollte es hochnehmen, doch es rollte sich schnell zu einem harten kleinen Ball zusammen.

Mamãe sagte hin und wieder, man könne das Gürteltier einfach essen, wenn es zu mürrisch sei. Wenn sie dann mein Gesicht sah, lachte sie und meinte, sie mache nur einen Spaß. Aber falls ich meine Meinung ändern sollte, könnten wir das Tier jederzeit in den Kochtopf werfen. Ich verstand nicht, was daran witzig sein sollte, und wurde wütend, wenn Mamãe so etwas sagte. Ich aß gerne Fleisch, hatte jedoch noch nicht begriffen, was das eigentlich war. Als ich es schließlich verstand, wollte ich aus Protest darauf verzichten. Dieser kleine Akt der Auflehnung hielt jedoch nur kurz an, da wir arm waren und der Hunger immer das letzte Wort hatte. Aber mein Gürteltier war nicht zum Essen da. Ich gab ihm oft Insekten zu fressen, weil ich dachte, dass das keine Tiere seien. Einmal wurde ich so wütend auf das Gürteltier, dass ich das zusammengerollte Kerlchen heftig mit meinem bloßen Fuß trat. Diesen Fehler machte ich allerdings nur einmal: Der Schutzpanzer eines Gürteltiers ist hart wie Stein, und es tat wahnsinnig weh.

Mamãe brachte mir bei, welche Pflanzen ich essen konnte, welche Früchte und Beeren giftig waren und wie man Feuer macht. Sie lehrte mich, welche Tiere gefährlich und welche weniger gefährlich waren. Das hielt ein neugieriges Mädchen jedoch nicht davon ab, ständig in Schwierigkeiten zu geraten. Einmal pflückte ich Beeren von einem riesigen Busch. Sie waren gelb und nahezu so groß wie Tennisbälle. Mamãe hatte mir zwar klar verboten, die Beeren zu essen, aber der hungrige Magen einer Dreijährigen übertrumpfte alle Warnungen. Zu ihrem Entsetzen sah Mamãe, wie ich meinen Mund vollstopfte und zu kauen begann. Sie rannte zu mir und schrie, ich solle sofort die Beeren ausspucken. Ich kaute schneller und versuchte, noch rasch etwas herunterzuschlucken, bevor sie mich erreichte. Sie umfasste mein Gesicht und steckte hektisch ihre Finger in meinen Mund, um die Beerenreste herauszufischen. Es tat weh und ich begann zu weinen. Sie schrie, ich solle alles ausspucken, was ich auch tat. Etwas an ihrer Stimme zeigte mir, dass sie Angst hatte. Sie nahm mich auf den Arm, trug mich zu unserer Höhle und wusch meinen Mund mit Wasser aus.

Während sie noch mehr Wasser über unserer behelfsmäßigen Feuerstelle aufkochte, fragte sie mich immer und immer wieder, ob ich die Beeren heruntergeschluckt hatte. Ich schüttelte den Kopf, fühlte mich jedoch zunehmend unwohl. Mamãe fluchte und gab getrocknete grüne Blätter in das kochende Wasser. Sie rührte um und goss das Gemisch dann in die braune kanuförmige Pflanze, die wir als Trinkgefäß benutzten. Sie herrschte mich an, ich solle alles austrinken. Es schmeckte bitter. Dann fragte sie, wie ich mich fühlte. Ich schüttelte bloß den Kopf, und wenig später begannen die Bauchschmerzen. Den restlichen Tag und die ganze Nacht über hatte ich heftige Magenkrämpfe und trank immer wieder etwas von Mamães Medizinwasser. Danach habe ich nie wieder Beeren gegessen, von denen Mamãe sagte, dass sie giftig seien.

Ich bin oft auf den Hügel über unserer Höhle geklettert und ließ meine Beine über den Rand baumeln. Von dort aus hatte ich einen tollen Blick über die Berge, den Wald, die unbefestigten Straßen, das Wasser und den Himmel. Ich fand das alles wunderschön. Von meinem Sitzplatz aus konnte ich die hohen Berge sehen, die unsere Höhle umgaben. Wohin ich auch sah, erblickte ich Grün. Der Himmel war meist hellblau, und das Wasser floss munter über die Steine. Die einzigen Geräusche kamen aus dem Wald von den Grillen und den anderen Tieren, die dort lebten. Ein paar Mal hörte ich auch Motorengeräusche von Autos, die über die staubigen Straßen in der Nähe fuhren. Die einzigen Stimmen gehörten jedoch Mamãe und mir. Manchmal saß ich alleine auf dem Hügel, und manchmal gesellte sich Mamãe zu mir und ließ ihre Beine ebenfalls über den Rand baumeln, während sie mir Geschichten erzählte. Meistens war es warm und windstill. An manchen Tagen war keine einzige Wolke am Himmel, an anderen konnten wir große, fluffige Zuckerwattewolken sehen.

Einmal saßen wir dort oben, und ich beobachtete die Wolken und dachte darüber nach, dass ich eines Tages mit Mamãe auf einer von ihnen sitzen würde. Ich stellte mir vor, wie wir dort hocken und nach unten schauen würden: auf den Wald, das Wasser und Brasilien. Ich würde Mamães Hand halten, und dann würden wir von Wolke zu Wolke springen. Ich weiß noch, dass ich ihr damals sagte, wie gerne ich mit ihr auf den Wolken sitzen würde. Und sie antwortete, sie wisse nicht, ob das möglich sei, wolle es aber bestimmt versuchen. Eines Tages würden Mamãe und ich fliegen.

Mamãe erzählte Geschichten über Tiere, Engel und Gott. Ich hörte aufmerksam zu und stellte tausende Fragen. Manchmal kam es mir so vor, als wolle sie mir ein bisschen Angst einjagen. Zum Beispiel, als sie mir von einer Kuh erzählte, die von einer Anakonda verschluckt worden war.

In der Nähe unserer Höhle befand sich die Farm eines Bauern. Eines Tages führte er seine Kühe zum Teich, um sie dort weiden zu lassen und zu tränken. Sein angenehmes Mittagsschläfchen im Schatten wurde jäh davon unterbrochen, dass die Kühe in Panik davonstoben. Nur eine blieb zurück. Sie stand am Rand des Wassers und bewegte sich eigenartig vor und zurück. Der Bauer ging näher an das Tier heran und sah, dass eine riesige Anakonda sich in das Gesicht der Kuh verbissen hatte. Er wagte es nicht, einzugreifen und zu helfen. Also konnte er nur zusehen und beobachtete über Stunden, wie die Schlange die Kuh so weit erschöpfte, dass sie keine Gegenwehr mehr leisten konnte und schließlich kraftlos zusammenbrach. Dann wand sich die riesige Schlange um den Leib der Kuh und der Bauer konnte hören, wie ihre Knochen unter dem Druck zerbrachen. Zu guter Letzt verschluckte die Anakonda die Kuh, angefangen am Kopf.

Mamãe sah zu mir hinüber, als sie die Geschichte beendete, und sagte, man wisse nie, was sich im Wasser verberge.

Ich widersprach und behauptete, dass eine Schlange niemals eine komplette Muh-Kuh essen könne. Oder? Denn das würde ja auch bedeuten, dass sie mich verschlucken könnte, oder? Mamãe meinte, ich sei wahrscheinlich ein echter Leckerbissen, und jede

Schlange könne sich glücklich schätzen, mich zu essen. »Aber Mamãe, wenn mich eine Schlange frisst, werde ich dann nicht zu Kacka?«, fragte ich. Mamãe lachte und sagte, ja, genau das würde ich.

Ich wollte schlicht nicht glauben, dass Mamães Geschichte von der Kuh und der Schlange wahr war, aber ihre Warnung wirkte: Ich war von da an immer sehr vorsichtig beim Schwimmen – und bin es bis heute.

Unsere Zeit in den Höhlen war meistens schön. Die Erinnerungen daran verfolgen mich nicht. Unsere größten Herausforderungen waren das Beschaffen von Essen, der Hunger, wenn wir nichts fanden, und nicht von giftigen Schlangen, Spinnen oder Skorpionen attackiert zu werden. Ich weiß noch, wie ich einmal mitten in der Nacht aufgewacht bin, weil ein riesiger giftiger Tausendfüßler mein Bein hochkrabbelte. Ich wischte ihn lässig beiseite und schlief wieder neben meiner Mutter ein. Ich fühlte mich sicher und warm. Was auch immer Mamãe tat, tat ich auch. Meistens spielte ich mit Kaulquappen und allen anderen Tieren, die ich fand.

Einmal entdeckte ich ein Vogelnest in der Höhle. Ein kleines Vögelchen saß darin und zwitscherte aufgeregt. Mamãe meinte, dass die Vogelmutter nicht zurückkäme, weil sie Angst vor uns habe. Ich befand, wir müssten den kleinen Vogel retten. Mein Wunsch, ihn zu beschützen und ihm zu helfen, war übermächtig stark. Der kleine verlassene Vogel war mein Ein und Alles. Er hatte einen orangefarbenen Schnabel und rosafarbene Haut, die durch seine schwarzen Daunen hindurchschimmerte. Ich taufte den Vogel Fläumchen. Fläumchen quiekte und öffnete und schloss seinen Schnabel. Mamãe erklärte mir, dass der Vogel hungrig sei. Also holte ich ein wenig Reis aus der alten Farbdose, die Mamãe zum Kochen benutzte. Ich versuchte den Vogel mit gekochtem Reis zu füttern. Doch mein Bemühen blieb ohne Erfolg. Mamãe nahm Fläumchen vorsichtig aus meiner Hand, zerquetschte einen Käfer und fütterte den kleinen Vogel damit. Ich freute mich riesig, Fläumchen essen zu sehen. Als ich fragte, ob er überleben würde, meinte meine Mutter, sie wisse nur, dass er irgendwann sterben würde, zum jetzigen Zeitpunkt jedoch lebendig wirke und alles gut sei. Als ich fragte, ob wir sterben würden, meinte sie, wir würden immer zusammenbleiben.

Das war zwar keine richtige Antwort auf meine Frage, aber eigentlich war mir nur wichtig, dass wir immer zusammen sein würden. Ich wusste nicht so genau, was »sterben« eigentlich bedeutete. Mir war nur klar, dass es irgendetwas mit Abschied und sich nicht mehr sehen war. Wenn ich die Augen schloss, kam ich mir manchmal wie die einzig Lebende vor, weil ich ja niemand anderen mehr sah. Ich erinnere mich noch, dass ich dachte und fühlte, dass Sterben nichts Gutes ist.

Mamãe sagte mir fast immer die Wahrheit, ganz gleich wie schlimm sie war. Arme Leute wie wir konnten es sich nicht leisten, sich davor zu verschließen. »Ohne die Wahrheit können wir nicht überleben«, sagte Mamãe oft. Wir konnten uns davonträumen, von einem schönen Haus, warmen Betten, Essen und so weiter träumen, aber wir mussten diese Träume und die Realität strikt voneinander trennen. Fakt war, dass wir niemals ordentliche Bürger sein und die anderen Leute uns immer als »Ratten« sehen würden. Je schneller man das akzeptierte, desto besser standen die Überlebenschancen.

Wenn ich als Erwachsene darüber nachdenke, wird mir klar, dass meine Mutter mir nie etwas vorgemacht hat, gleichzeitig jedoch alles so gut und vorsichtig erklärte, wie sie konnte. Sie erzählte mir immer die Wahrheit, und so habe ich mich immer geliebt gefühlt. Sie sah mich, wie ich war, und nahm meine Einfälle ernst. Wer weiß, wie anders das gewesen wäre, wenn wir Geld, ein schönes Zuhause mit einem Vater und all den Annehmlichkeiten, die die Leute als »unverzichtbar« bezeichnen, gehabt hätten. Unser Alltag sah jedoch anders aus, und zumindest zum damaligen Zeitpunkt fand ich es nicht weiter schlimm, kein Zuhause, sondern nur eine Höhle zu haben. Versteht mich nicht falsch: Das Leben war extrem hart für uns, und ich glaube nicht, dass irgendjemand so aufwachsen sollte. Wir kämpften um unser Überleben, und wenn wir nach Diamantina gingen und auf der Straße schliefen, waren wir mehr als verwundbar. Aber die Höhle bot Sicherheit. Ich spielte meistens, und wenn ich nicht spielte, half ich meiner Mamãe, Essen und Geld zu beschaffen. Ich holte Wasser und machte Besen aus Zweigen und Palmwedeln, mit denen ich fegte und saubermachte. Ich pflückte Blumen und suchte nach Essen. Ich kannte es nicht anders. Das war mein Alltag.

Ich weiß noch, wie toll ich es fand, als Mamãe mir beibrachte, eine richtige Schleuder zu bauen und damit Beute zu erlegen. Es dauerte lange, bis ich es meisterte, aber dann wurde ich ziemlich gut im Umgang mit der Schleuder. Einmal habe ich einen kleinen gelben Vogel mit schwarzem Muster auf den Flügeln abgeschossen. Als ich ihn vom Boden aufhob, fühlte ich mich schlecht. Doch das Gefühl verging, als ich sah, wie stolz meine Mutter war. Mit einem Mal war auch ich stolz auf meine Leistung. Wir aßen den Vogel zum Mittagessen. Mamãe garte ihn über unserer kleinen Feuerstelle. Nachdem sie die Federn ausgerupft hatte, war der Vogel nur noch halb so groß. An seinem kleinen Körper befand sich kaum Fleisch. Wir aßen einige Früchte, Beeren und Nüsse dazu, und Mamãe witzelte, dass ich wohl bald auf Jaguarjagd gehen würde. Nach dem Essen räumte Mamãe auf, dann spielten wir Indianer. Mamãe steckte mir einige der gelben Federn ins Haar. Sie blieben ohne Mühe darin, sie musste sie nur tief genug in meine Locken drücken.

Meine Erinnerung an Schleuder, Vogel und Indianerspiel werte ich als Beweis dafür, wie wichtig es ist, sich seiner Ziele, Stärken und Belohnungen bewusst zu sein. Als Erwachsene denke ich jedes Mal daran zurück, wenn ich vor einer schwierigen Aufgabe stehe, die mir Bauchschmerzen bereitet.

Eines Tages fuhren Mamãe und ich per Anhalter aus Diamantina zurück. Der Fahrer hielt, um uns aussteigen zu lassen, und wir bedankten uns fürs Mitnehmen. Dann folgten wir dem ausgetretenen kleinen Pfad in Richtung unserer Höhle. Als wir dort ankamen, sahen wir, dass einige Kühe vor dem Eingang standen. Sie wirkten weniger überrascht, uns zu sehen, als wir es waren. Zwei Kühe hatten unsere Reissäcke entdeckt. Sie hatten das Plastik zerkaut und die Hälfte des Inhalts gefressen. Als Mamãe das sah, begann sie zu schreien. Sie hob einige große Äste vom Boden auf und begann die Kühe zu schlagen. Mir fiel auf, dass sie gleichzeitig schrie und weinte, also nahm ich ebenfalls einen Ast zur Hand und ging zu ihr. Sie brüllte jedoch, ich solle fortbleiben, damit mich die Kühe nicht zertrampelten. Sobald die Tiere fort waren, ging sie zu den Reissäcken, ließ sich daneben auf die Erde sinken und schluchzte laut auf. Ich ging zu Mamãe hinüber und streichelte ihr Haar, so wie sie meins immer streichelte, wenn ich traurig oder krank war. Sie umarmte mich und sagte, ich solle mir keine Sorgen machen und hätte keinen Grund, Angst zu haben. Ich war jedoch das reinste Nervenbündel. Mir war traurig zumute, weil ich wusste, wie schwer es gewesen war, genug Geld für den Reis zusammenzukratzen, und wie wichtig er für unser Überleben war. Ich ließ mich neben Mamãe nieder und sah, dass der Boden mit kleinen Reiskörnern bedeckt war. Mamãe hob jedes einzelne Korn auf, und ich half ihr dabei. Schnell fiel mir auf, dass es nahezu unmöglich war, die Reiskörner aufzulesen, ohne einen Haufen Erde mitzunehmen. Mamãe meinte, das sei nicht so schlimm, wir könnten den Reis abwaschen. Wir schütteten den Reis zusammen mit der Erde und dem Schmutz, den wir nicht ablösen konnten, in die Säcke zurück. Mamãe trug die Säcke in unsere Höhle und versteckte sie vor weiteren ungebetenen Gästen, die vielleicht noch vorbeischauen würden.

Ich kann mich an viele Male erinnern, die wir unseren kleinen Hügel hinaufgingen und auf der anderen Seite abstiegen, um zu einem kleinen Bach zu gelangen, wo wir uns wuschen und Wasser holten. Nachdem wir dort angekommen waren, baute Mamãe oft eine kleine Feuerstelle. Dann füllte sie die große Farbdose mit Wasser und hängte sie über die Flammen. Ein großer Baumstamm quer über dem Bach diente uns als Brücke. Der Baum lag vermutlich schon sehr lange dort und war von grünem Moos und kleinen Pflanzen überzogen. Während Mamãe das Wasser kochte, rannte ich immer wieder zu dem Baum und suchte nach etwas, mit dem ich spielen konnte. Plötzlich registrierte ich eine Bewegung. Ein seltsames kleines Tier mit zwei winzigen Klauen vorne und mehreren Beinchen am Rand des Körpers war dort, seinen Schwanz hatte es aufgerollt. Ich stand eine Weile da und beobachtete es. Das Tier bewegte sich vorsichtig und drehte sich dann zu mir um. Ich lehnte mich langsam nach vorne, um es nicht zu erschrecken, und streckte meine Hand aus, um meinen neuen Freund hochzunehmen. Dann hörte ich Mamães Schrei: »Christiana, nein!« Ich nahm die Angst in ihrer Stimme wahr und hielt augenblicklich inne. Mamãe rannte mit erhobenem Flip-Flop in der Hand zu mir, und bevor ich etwas tun konnte, drosch sie auf meinen neuen Freund ein. Die Vorderseite war zerquetscht, aber seine Hinterbeine und sein Schwanz bewegten sich noch eine Weile. Sein Schwanz stach wild in die Luft, bis Mamãe noch einmal darauf einhieb. Ich war starr vor Angst. Mamãe atmete tief aus, zog mich an sich und umarmte mich fest. Sie erklärte mir, dass das Tier ein Skorpion war, dass es gefährlich war und seine Beute mit seinem Schwanz stach. Es hätte mich vergiften und töten können. Ich beschloss, niemals wieder mit einem Skorpion zu spielen.

Wenn der Wald uns nicht genug Nahrung bot, fuhren wir per Anhalter nach Diamantina. Mamãe pflückte allerlei Pflanzen, und ich suchte nach einer bestimmten Blumenart. Die Stiele waren lang, grün und angenehm weich. An der Spitze befand sich etwas, das aussah wie ein grünes Nadelkissen mit winzigen weißen Blüten an den Enden. Das wollten wir in Diamantina verkaufen.

Ich weiß nicht, ob die Blumen zu etwas nütze waren. Es waren bestimmt nicht die schönsten Blumen im Wald, und ich nehme an, dass wir sie aus einem anderen Grund pflückten. Vielleicht waren es die einzigen, die den langen Weg in die Stadt unbeschadet überstanden.

Der Weg fühlte sich an wie ein unendlich langer Marsch, Kilometer um Kilometer. Wahrscheinlich waren es nur etwa fünfzehn Kilometer, aber wenn man klein ist und nur kurze Beinchen hat, kommt einem das wesentlich weiter vor. Ich war immer schrecklich erschöpft, wenn wir schließlich ankamen. Ich hatte keine Schuhe, also taten meine Füße weh und bluteten manchmal sogar. Meine Muskeln waren wund und steif. Ich wusste jedoch, dass es keinen Zweck hatte, sich zu beschweren. Den Marsch zu unterbrechen kam nicht infrage, weil Mamãe einfach weitergangen wäre. Bei unseren ersten Ausflügen nach Diamantina – ich war damals höchstens drei Jahre alt – weinte ich heftig, und Mamãe trug mich ein Stück weit. Aber dann erklärte sie mir, dass ich lernen müsse, selbst zu laufen. Statt zu nörgeln versuchte ich also mit ihr Schritt zu halten. Um uns den Weg angenehmer zu machen, erzählte Mamãe Geschichten. Wenn ich am Rande der Erschöpfung war, nahm sie meine Hand und zog mich ein bisschen mit, sodass mir das Laufen leichter fiel. In Diamantina angekommen suchten wir einen unserer üblichen Verkaufsorte und stellten uns dort auf, um unsere Ware an den Mann zu bringen. Aber leider verkauften wir nur selten etwas. Stattdessen mussten wir betteln und Passanten um Essen bitten, was jedoch ebenso schlecht lief. Manche Leute taten so, als gäbe es uns nicht, andere lächelten und sagten Hallo, und manche gaben uns ein paar Münzen, ein Stück Brot oder Früchte.

Besonders gut kann ich mich auch an die Busstation von Diamantina erinnern. Hin und wieder verbrachten Mamãe und ich die Nacht dort. Dort habe ich zum ersten Mal verstanden, dass wir arm waren, und auch, was das bedeutete. Die Leute warfen uns seltsame Blicke zu. Manche spuckten uns sogar an, wenn meine Mutter und ich dort saßen, um zu betteln. Mir wollte nicht begreiflich werden, was meine Mutter oder ich falsch gemacht hatten. Wir waren nette Menschen und hatten nichts angestellt, niemanden absichtlich verärgert. Alles, was wir wollten, war ein wenig Geld, damit wir nicht verhungern mussten. Ich verstand nicht so recht, was Geld eigentlich war und warum es so ungerecht unter den Menschen verteilt war. Ich wusste, dass wir Geld für Essen brauchten, verstand jedoch nicht, wie manche Leute an Geld kamen. Zu betteln und Blumen zu verkaufen waren eindeutig die schlechtesten Methoden, um an Geld zu gelangen. Ich sah, dass die anderen Kinder bessere Kleidung als ich trugen, Spielzeug und so viel mehr hatten, was ich nicht besaß. Ich sah, dass es den anderen Frauen um einiges besser ging als meiner Mutter. Ich vermutete allmählich, dass ich weniger wert war als die anderen Kinder. Als ich meine Mutter danach fragte, sagte sie, das sei definitiv nicht der Fall. Sie meinte, ich sei genau richtig, so wie ich war.

Wenn wir ein bisschen Geld zusammen hatten, kaufte Mamãe, was wir für die nächste Zeit zum Überleben brauchten. Dann traten wir den langen Marsch nach Hause an, zurück zu dem, was sich damals sicher anfühlte. Ab und an durften wir bei jemandem mitfahren, der in die gleiche Richtung unterwegs war. Dann durfte ich auf der Ladefläche der Pick-ups sitzen und hatte mächtig viel Spaß. Die Straße war uneben, und obwohl es mir an Rücken und Hintern wehtat, auf der harten Ladefläche auf und ab zu hüpfen, kam es doch von all meinen Erlebnissen am ehesten einer Karussellfahrt gleich. Ich fand es einfach fantastisch!

Meine klarste und schönste Erinnerung stammt aus dieser Zeit: Ich sehe meine Mutter und mich durch den Regen rennen. Später, als Erwachsene, verstand ich, wie viel Schmerz und Sorge diese Erinnerung abmilderte. Wenn sich mein ganzes Leben wie ein Kampf anfühlte, ich keinen Sinn mehr erkannte und den Eindruck hatte, die Liebe sei mir fremd, brauchte ich nur die Augen zu schließen und an Mamãe und mich im Regen zu denken. Ich sah ihr Lächeln und ihre Liebe für mich erstrahlen, so als sei ich das Zentrum der Welt. Ich weiß nicht, woher Mamãe den Regenschirm hatte. Ich bin mir aber sicher, dass ich dabei war, als sie ihn fand. Ich wünschte, ich wüsste noch, warum wir uns auf dem Schotterweg befanden, als es zu schütten begann. Diese Art von Regenschauern gibt es nur in den Tropen. Der Himmel öffnet sich, und binnen weniger Sekunden ist man völlig durchnässt. Wenn es regnete, meinte Mamãe immer, Gott würde weinen. Ich fragte sie, warum Gott traurig war.

»Wer sagt denn, dass man nur weint, wenn man traurig ist? Vielleicht weint er ja Freudentränen.«

Darüber dachte ich ein bisschen nach, als wir gemeinsam unter dem schwarzen Schirm, der uns kaum trocken hielt, durch den Regen liefen. Aber der Regen war warm, und es machte nichts aus, dass der Schirm wenig nutzte. Dann fiel mir etwas ein.

»Mamãe, woher weißt du, dass Gott weint und nicht pinkelt?«

Sie sah mich erstaunt an und brach dann in lautes Lachen aus. Sie lachte so sehr, dass sie den Schirm nicht mehr halten konnte. Zunächst kam ich mir ein wenig dumm vor. Hatte ich etwas Falsches gesagt? Mamãe sah mich belustigt an.

»Du hast recht. Wir wissen nicht, ob Gott pinkelt. Ich ziehe es allerdings vor, an seine Tränen zu denken. Und du?«

Ich wusste, was sie meinte, und ja, Tränen waren besser als Pipi. Wir lachten beide.

»Komm!«, rief sie. Sie nahm meine Hand und hielt den Schirm wie ein Schutzschild vor unsere Gesichter. »Komm! Rennen wir!«

Und wie wir rannten! Ich rannte, so schnell ich konnte, der Schirm schützte uns nach wie vor kaum vor dem prasselnden Regen. Ich war glücklich. Ich sah zu Mamãe hinüber und lachte. Ich wünschte mir, der Moment möge niemals enden. Es war mir egal, dass ich barfuß über einen Schotterweg rannte und dass meine Füße brannten. Ich liebte meine Mutter – sie war die Beste –, und es würde ewig so zwischen uns weitergehen.

Woran ich mich ebenfalls noch gut erinnere, ist unsere letzte Nacht im Wald und das Ende unseres Höhlenlebens. Ich muss damals etwa fünf Jahre alt gewesen sein und schlief gerade in der Höhle, die etwas weiter im Wald lag. Ich war ganz allein. Ab und an ging Mamãe ohne mich fort, und ich war mir selbst überlassen. In jener Nacht war ich neben dem kleinen Feuer eingeschlafen, das ich zu meinem Stolz ohne Hilfe entfacht hatte. Mamãe hatte mir beigebracht, wie ich mithilfe einer ananasähnlichen Kaktuspflanze ein Feuer machen konnte, das lange brannte, schön warm war und Tiere auf Abstand hielt.

Ich wachte davon auf, dass Mamãe mich schüttelte. Als ich die Augen aufschlug und sie ansah, legte sie ihren Zeigefinger an die Lippen und bedeutete mir, still zu sein. Ich sah, dass das Feuer gelöscht war. Mamãe erklärte im Flüsterton, dass wir schnell weg müssten. Ich fragte nicht, warum. Anhand ihrer angespannten Stimme erkannte ich, dass das nicht der richtige Zeitpunkt für Fragen war. Etwas Gefährliches war da draußen. Mamãe nahm meine Hand, und wir liefen los. Wir rannten fort von der Höhle und den Hügel hinauf. Wir nahmen nichts mit, nicht einmal unsere Machete. Ich trug nur meine Shorts. Es war dunkel, und ich konnte kaum sehen, was sich vor mir befand. Mamãe hielt mich fest an der Hand, und ich spürte während des Rennens, wie Äste und Zweige meine Haut zerkratzten. Ich versuchte mein Gesicht zu schützen. Wie immer war ich barfuß und konnte nun nicht einmal sehen, wohin ich trat. Es tat weh, aber ich traute mich nicht, etwas zu sagen. Ich versuchte einfach mitzuhalten. Noch immer war mir nicht klar, was uns verfolgte. Plötzlich blieb Mamãe stehen, und ich konnte hören, wie sehr sie außer Atem war. Ich hatte Kratzer im Gesicht, am Bauch, an den Armen und den Beinen, und sie brannten heftig. Ich spürte, dass einige der Wunden an meinen Beinen bluteten. Dann hörte ich Männerstimmen, die von tiefer aus dem Wald zu uns drangen. Ich drehte mich in die Richtung um, aus der sie gekommen waren, und sah das Aufleuchten einer Taschenlampe. Mamãe flüsterte, dass ich in die Senke vor uns springen solle, und ich tat sofort wie geheißen. Die Männer waren offensichtlich hinter uns her, und die Situation war gefährlicher, als wenn es wilde Tiere gewesen wären. Mamãe kauerte neben mir in der niedrigen Senke, griff eine Handvoll Erde und rieb mein Gesicht, meine Haare, meine Arme, meinen Bauch und meine Beine damit ein. Das brannte, aber ich zuckte nur kurz zusammen und blieb still. Dann rieb sie sich selbst ebenfalls mit Erde ein, griff nach oben und zog ein paar Zweige über uns. Es war stockdunkel. Mamãe saß ganz dicht neben mir. In der Senke war so wenig Platz, dass wir uns kaum rühren konnten. Ich hörte die näherkommenden Männerstimmen und außerdem das Bellen von Hunden. Ich fragte mich, warum man uns jagte. Was hatte Mamãe getan? Meine Beine schliefen ein, und ich wollte meine Position verlagern, traute mich aber nicht.

Mamãe schwieg immer noch. Ich hörte das Herannahen der Stimmen und der Hunde. Dann fühlte ich etwas über meine Arme und meine Brust kriechen. Ich stupste Mamãe vorsichtig mit dem Ellbogen an und flüsterte: »Schlange.« Ich hatte Angst, traute mich aber nicht, mich zu bewegen. Ich wusste, dass die Schlange meine Angst spüren würde, weil Mamãe mir beigebracht hatte, dass Schlangen und andere Tiere dazu in der Lage waren. Ich hatte jedoch mehr Angst vor den Männern als vor der Schlange. Mir war klar, dass Mamãe niemals in einer dunklen Senke sitzen würde, wenn es außerhalb nicht noch gefährlicher wäre. Die Schlange hatte meinen Brustkorb zur Hälfte umwunden und bewegte sich nun in Richtung meiner Mutter. Plötzlich merkte ich, wie sie sich bewegte und ihre Hand gegen meine Brust drückte. Sie griff die Schlange im Genick. Die Taschenlampen kamen näher, und einer der Hunde beschnupperte den Rand unserer Senke. Die Erde, mit der Mamãe uns eingerieben hatte, konnte unseren Geruch nicht überdecken.

Ich spürte, wie sie sich erneut bewegte. Als der Hund seine

Schnauze in unsere Senke steckte, riss sie die Schlange nach vorne und hielt ihren Kopf an die Schnauze des Hundes. Ich hörte ihn aufheulen – ein Geräusch, das ich nie vergessen werde –, dann rannte der Hund davon, und die Männer folgten ihm.

Ich erinnere mich noch daran, dass ich dachte, die Schlange habe uns gerettet, und dass Mamães Geschichten über Schutzheilige und Engel sich plötzlich wahr anfühlten.

Ich weiß nicht, wie lange wir starr vor Angst in der Senke ausharrten. Ich glaube, ich war so erschöpft, dass ich schließlich ohnmächtig wurde. Denn nach diesem Vorfall kann ich mich an nichts weiter aus unserer Zeit im Wald erinnern. Allerdings erinnere ich mich daran, wie wir liefen und liefen und von Diamantina nach São Paulo zogen.

***

Ich war die Tochter einer wunderbaren Frau und Mutter – Petronilia Maria Coelho. Alles, was ich über sie weiß, stammt aus meinen Kindheitserinnerungen. Mehr ist mir nicht bekannt. Ich weiß nicht, wo sie geboren wurde, wer ihre Eltern waren oder wie ihre Kindheit war. Ich weiß nicht, wer ihr erster Schwarm war, was ihre Lieblingsfarbe ist oder was sie besonders gern isst. Ich weiß nicht, was sie zum Schreien komisch findet. Mehr als alles andere wünsche ich mir, sie zu kennen. Die Frau, die mir das Leben geschenkt, die mich geliebt, die acht Jahre lang mit mir gelacht und geweint hat. Sie hat mir beigebracht, Richtig von Falsch zu unterscheiden, und mich gelehrt, das Dunkel hinter mir zu lassen, das mich so lange verfolgte. Diese Frau hat mir innere Stärke verliehen und den Grundstein für alles Gute in mir gelegt. Was könnte sich eine Tochter da noch wünschen? Ich bekam mehr als die meisten Menschen: die Liebe einer Mutter. In vielerlei Hinsicht hatte ich wirklich Glück, und dafür bin ich ehrlich dankbar. Und ich weiß, dass ich eine gute Mutter sein werde, wenn ich meinen eigenen

Kindern eines Tages auch nur halb so viel Liebe schenken kann, wie meine leibliche Mutter mir gab. Ich liebe sie von ganzem Herzen.

Ich wünschte, ich könnte zumindest beschreiben, wie sie aussieht. Aber nicht einmal das kann ich. Ich habe sie seit vierundzwanzig Jahren nicht gesehen. Eine Zeitlang konnte ich noch die Augen schließen, und ihr Bild tauchte vor mir auf, doch mit den Jahren sind die Einzelheiten verloren gegangen. Wenn ich jetzt innehalte und an sie denke, sehe ich nichts mehr. Wenn ich in den Spiegel schaue, glaube ich manchmal, etwas von ihr wiederzuerkennen, aber sicher bin ich mir nicht. Ich bin jedoch fest davon überzeugt, dass ich sie wiedererkennen würde, wenn sie plötzlich vor mir stünde. Und ich kann damit leben, dass ich mich nicht genau an ihr Äußeres erinnere, denn das Wesentliche ist noch da: meine Erinnerung an unsere gemeinsame Zeit. Die dazugehörigen Gefühle sind fest in meinem Herzen verankert.

Mit Sicherheit kann ich über diese außergewöhnliche Frau, Petronilia, sagen, dass ihr Alltag alles andere als einfach war. Sie musste mit körperlichen und seelischen Grausamkeiten umgehen. Ich weiß bestimmt, dass ihre Träume nie wahr wurden, und dass ihr nie eine faire Chance zuteilwurde, sie zu realisieren. Sie hatte Gefühle. Sie lachte und weinte wie jeder andere auch. Und sie liebte ihre Kinder und tat alles in ihrer Macht Stehende, um sich um sie zu kümmern. Ich bin ihre größte Bewunderin. Man kann sich die Familie, in die man hineingeboren wird, nicht aussuchen. Manche von uns werden von Eltern geboren, die uns über alles lieben und uns zu beschützen versuchen. Andere haben weniger Glück und sind Kinder von Eltern, die sie schlagen und ablehnen. Ich hatte Glück, dass Petronilia meine Mutter war. Sie konnte mir nichts Materielles schenken. Sie hatte kein Haus und konnte mir nicht jeden Tag Essen geben. Aber sie hat mir das Schönste geschenkt, was ein Mensch einem anderen geben kann: Liebe. Sie hörte mir zu und schenkte mir ihre Zeit.

Es gibt Momente im Leben, die sich anfühlen wie Filmsequenzen. So als lebe man in einer anderen Welt, einer, die magisch und voller Wunder ist. Meine Zeit in der Höhle kommt mir so vor. Ja, es war oft schwer. Aber damals hatte ich keine Vorstellung davon, wie viel schlimmer das Leben noch werden konnte.

# Manche Wunden heilen nie

São Paulo, Brasilien, 1989

Wir waren auf dem Markt, wo wir Essen kaufen wollten. Unter anderem wurden große rote Tomaten feilgeboten, und allein der Anblick ließ mir das Wasser im Mund zusammenlaufen. Ich streckte meine Hand danach aus, doch der Standbesitzer schlug sie weg. Mamãe entdeckte eine Kiste auf dem Boden, in der sich ebenfalls Tomaten befanden. Zielsicher griff sie die am schlimmsten aussehenden heraus. Sie waren überreif und hier und da angefault. Ich fragte meine Mutter, warum sie nach den schlechten Tomaten gegriffen hatte. Sie lächelte ein wenig traurig und sagte: »Christiana, schau dir mal diese Tomate hier an. Eine Seite ist verdorben, aber meinst du nicht, dass wir die schlechten Stellen einfach wegschneiden können?«

Mamãe tat das immer. Wenn sie mir etwas beibringen wollte, ließ sie mich Fragen beantworten. Ich sah die Tomate an und antwortete: »Wenn wir die schlechten Stellen wegschneiden, bleibt nur noch das Gute übrig.«

Sie lächelte und fuhr fort: »Mit Menschen ist es ganz genauso. Vergiss das nie! Warum sollten es diese Tomaten nicht verdienen, gegessen zu werden? Warum denken wir, sie seien so viel schlechter als andere? Glaubst du nicht, dass sie als Eintopf genauso gut schmecken wie die anderen? Wenn man die Tomaten sowieso isst, ist es dann nicht egal, wie sie vorher aussehen? Wir kochen sie doch eh.«

Trotzdem wollte ich lieber die schönen Tomaten haben.

Mamãe lächelte wieder und sagte: »Du verdienst nur das Beste, meine Süße, aber heute müssen wir uns mit den weniger schönen Tomaten begnügen.«

Während sie die hässlichen Tomaten kaufte, überlegte ich, warum alle Tomaten als Eintopf enden mussten. Die schönen würden bestimmt von reichen weißen Leuten gekauft werden, während Mamãe und ich mit den verdorbenen zufrieden sein müssten. So war das immer. Weiße Leute hatten Geld und konnten sich alles kaufen, was sie wollten. Ich versuchte zu verstehen, warum das Leben so war. Wollte Gott, dass es so war? Es fühlte sich nicht gerecht an. Gott sollte doch lieb sein, oder? Aber wie konnte es ein lieber Gott sein, wenn wir immer die schlechten Tomaten abbekamen?

Plötzlich hörte ich, wie meine Mutter und eine Weiße einander anschrien. Mamãe war wütend und die andere Frau auch. Ich verstand nicht, worüber sich die beiden aufregten, und bekam Angst. Bis zu diesem Moment hatte ich meine Mutter nur selten richtig aufgebracht erlebt, doch nun war sie es. Ich hörte, wie sie mir zubellte: »Christiana, nimm Patrique!« Sie ließ ihn in meine Arme fallen. Nur aus Reflex bekam ich meinen kleinen Bruder richtig zu fassen und konnte verhindern, dass er auf den harten Asphalt fiel. Mamãe und die weiße Dame kämpften miteinander, und mir war noch immer nicht klar, was eigentlich vorgefallen war. Ich wollte schreien, dass sie aufhören sollten, brachte jedoch keinen Ton heraus. Zwei Polizisten trabten auf uns zu und trennten die beiden voneinander. Mamãe sah furchtbar wütend aus. Die weiße Frau wurde freigelassen, und Mamãe stieß etwas hervor, das nach einer Beleidigung klang. Einer der Polizisten verpasste ihr eine Ohrfeige.

Ich war so zornig, dass ich für einen kurzen Moment vergaß, dass ich meinen kleinen Bruder auf dem Arm hielt. Ich sprintete nach vorne und trat den Polizisten gegen das Schienbein, dann boxte ich ihm so stark ich konnte mit meiner rechten Faust in den Bauch. Der zweite Polizist packte mich, und ich ließ Patrique beinahe fallen. Der eine hielt mich fest, und der andere, den ich getreten hatte, kam zu mir und starrte mich hasserfüllt an. Das jagte mir mächtig Angst ein, aber ich versuchte das nicht zu zeigen. Er griff nach seiner Maschinenpistole und verpasste meinem Kiefer einen heftigen Schlag. Ich hörte ein lautes Knacken und die gellende Stimme meiner Mutter, die panisch meinen Namen rief. Dann schmeckte ich Blut in meinem Mund und wurde ohnmächtig. Mein letzter Gedanke war, *Lass Patrique nicht fallen …*

Das war nicht das erste Mal, dass ich grobe Gewalt von der Polizei zu spüren bekam, und auch nicht das letzte. Bis heute habe ich Probleme mit meinem Kiefer. Manche Wunden heilen nie.

Der Vorfall auf dem Markt endete hinter Gittern auf einem harten Betonboden.

Es war Nacht, und ich fror. Mamãe hielt mich im Arm. Ich entschuldigte mich dafür, den Polizisten geschlagen zu haben. Es kam mir vor, als sei es mein Fehler, dass wir eingesperrt worden waren. Sie sagte, ich könne nichts dafür und dass die Welt und das Leben einfach so seien. Ich fragte, ob Gott wolle, dass die Welt so war. Eine Welt, in der wir geschlagen wurden und hungrig und unglücklich waren. Meine Mutter antwortete nicht auf diese Frage, ließ mich jedoch versprechen, dass ich mich in Zukunft verstecken solle, wenn ich allein sei und die Polizei auftauche. Dann saßen wir eine Weile schweigend nebeneinander. In meinem Magen breitete sich ein ungutes Gefühl aus.

»Du wirst mich nie verlassen, Mamãe, oder?«

Sie sah mich traurig an, legte eine Hand auf meine Brust und sagte: »Ich werde dich nie verlassen. Ich werde immer bei dir sein, in deinem Herzen. Ich bin ein Teil von dir. Ich bin in dir, und wenn du traurig bist oder dich verloren glaubst, bin ich an deiner Seite. Vergiss das nie.«

Ein Gespräch zwischen einem Polizisten und meiner Mutter weckte mich. Ich hörte ihn etwas sagen wie: »Entweder du oder deine Tochter, deine Wahl.«

Sie gab keine Antwort. Stattdessen hob sie meinen Oberkörper, der bis dahin in ihrem Schoß geruht hatte, sachte an und bugsierte ihn vorsichtig auf den Betonboden. Dann bat sie mich, auf Patrique aufzupassen. »Ich komme bald zurück«, versprach sie. Ich fragte, wohin sie gehen würde, aber sie schüttelte nur den Kopf und sagte, ich solle mir keine Sorgen machen. »Bisher bin ich doch immer wiedergekommen, oder?«, flüsterte sie und lächelte. Ihre fröhliche Miene wirkte aufgesetzt. Ich wusste, dass sie sah, wie besorgt ich war. Ich schaute von ihr zu dem Polizisten und wieder zu ihr zurück. Ich hörte, wie er ungeduldig forderte, sie solle nun mitkommen. Sie stand auf, und bevor sie sich umdrehte, bemerkte ich, wie ihr Blick sich verhärtete. Sie sah stark aus.

Ich wusste, was nun passieren würde. Obwohl ich nicht alles verstand, begriff ich, dass der Polizist ihr wehtun würde. Was hatte er gesagt? »Entweder du oder deine Tochter …« Es war meine Schuld, dass wir hier saßen, und es war meine Schuld, dass sie nun mit dem Polizisten gehen musste. *Bitte, bitte Gott. Lass mich groß und stark sein, wenn ich einmal groß bin! Lass mich groß und stark sein, damit ich böse Männer wie die von der Polizei davon abhalten kann, denen, die ich liebe, wehzutun.* Patrique begann zu weinen. Ich wiegte ihn sanft hin und her. Ich wollte ihn schnell beruhigen, damit Mamãe sich keine Sorgen machte. Ich wollte ihr beweisen, dass ich mich gut um ihn kümmerte, wenn sie nicht da war. Ich fragte mich, ob Patrique verstand, was gerade passierte. Ich fragte mich, ob er spürte, dass ich aufgebracht war und dass man Mamãe wehtun würde, und ich dachte, *Ich liebe dich, kleiner Bruder, und niemand wird dich verletzen! Versprochen.*

Es fällt mir schwer zu sagen, wie lange es dauerte, bis meine Mutter zurückkehrte. Patrique war inzwischen eingeschlafen, und ich saß auf dem kalten Betonboden, ich lehnte an der Wand. Ich weiß noch, dass meine Pobacken und mein Bein eingeschlafen waren, ich mich jedoch nicht traute, mich zu rühren. Ich wollte meinen kleinen Bruder nicht wecken, also saß ich still dort und versuchte nicht an das zu denken, was gerade hinter der geschlossenen Tür passierte. Nach einer gefühlten Ewigkeit kehrte der Polizist mit Mamãe zurück. Er sah zufrieden aus, blinzelte in meine Richtung und warf mir ein schauriges Grinsen zu, das mich klein, ängstlich und angeekelt zurückließ.

Als ich Mamãe fragte, was passiert sei, sagte sie nur, dass man ihr noch ein paar Fragen über den Vorfall auf dem Markt gestellt habe und dass ich mir keine Sorgen machen solle. Am Morgen würden die Dinge wieder besser aussehen. Das war das erste Mal, dass ich das Gefühl hatte, meine Mutter würde mich ernsthaft belügen. Ich wollte sie jedoch nicht weiter aufbringen, also legte ich mich auf den Boden und kuschelte mich eng an Patrique, um ihn warmzuhalten. Obwohl ich dicht neben Mamãe lag, war ich von ihr abgewandt und rollte mich in Embryohaltung zusammen. Ich wollte, dass sie meine Liebe spürte, verstand jedoch, dass sie ein wenig Abstand und Zeit brauchte, um sich zu erholen. Ich tat so, als würde ich schlafen, lag jedoch fast die ganze Nacht über wach. Ich hörte sie atmen und wusste, dass sie weinte.

Die Tränen der Machtlosen sind keine Tränen der Frustration. Es sind keine überquellenden oder brennenden Tränen. Die Tränen der Machtlosen sind leise und resigniert. Wenn man weiß, dass niemand sich für einen interessiert, hat man nur noch seine Tränen. Man braucht sie, um weitermachen zu können und um ein wenig Hoffnung zu spüren. Sie nehmen ein wenig Druck. Ich weiß, dass diese Tränen für eine Sechsjährige, die auf die Liebe ihrer Mutter angewiesen ist, einen himmelweiten Unterschied machen. Meine Mutter hat diese Tränen oft geweint. Auch wenn das schrecklich war, weiß ich inzwischen, als Erwachsene, dass es gut ist, wenn man weinen kann. Auch wenn es nicht genug Tränen auf der Welt gibt, seien es sichtbare oder unsichtbare, die das Falsche richtig machen können, insbesondere für die Machtlosen.

Ich lag lange wach und betete zu Gott, er möge meine Mutter wieder glücklich machen und uns aus der Polizeistation befreien.

In meiner Ohnmacht war es das Einzige, was ich tun konnte. Ich betete zu Gott und hoffte, am nächsten Tag ein wenig Geld zu verdienen, um Mamãe etwas Nettes zu kaufen. Vielleicht würde sie so die grausige Nacht vergessen und nicht mehr daran denken, wie machtlos sie war, wie schlimm diese Schwäche war und was für Wunden das hinterließ. Patrique wachte in der Nacht mehrfach auf, und meine Mutter nahm ihn hin und wieder vorsichtig an sich und stillte ihn. Dann gab sie ihn mir zurück.

Ich verstand, dass sie mehr Zeit brauchte. Ich nahm Patrique zu mir und wandte meiner Mutter weiterhin den Rücken zu, damit sie ein wenig Frieden hatte. Ich sah meinen kleinen Bruder an. Er war so niedlich und roch nach Baby und seinen Ausscheidungen. Meine Augen wanderten zu Mamãe hinüber. Ich wollte sie nicht stören. Sie verstand mich jedoch auch so und gab mir wortlos ein Stück Stoff. Ich nahm es, drehte mich wieder um und wandte ihr erneut den Rücken zu. Patrique verhielt sich großartig. Er weinte weder, noch schrie er. Ich löste das Handtuch, in das wir ihn gewickelt hatten. Er hatte keine richtigen Anziehsachen, nur eine Stoffwindel. Ich öffnete die Sicherheitsnadel, die seine Stoffwindel zusammenhielt, und versuchte so viel Kot wie möglich mit den trockenen Stellen seiner alten Windel abzuwischen. Ich legte ihn auf die frische Stoffbahn. Nachdem ich ihm eine neue Windel umgebunden hatte, wickelte ich erneut das Handtuch um ihn. Dann zog ich ihn eng an mich und sah zu, wie er langsam einschlummerte. Er war das schönste Baby, das ich je gesehen hatte, und er gehörte zu mir und Mamãe. Wenn er weinte, musste ich manchmal lachen, weil er dann wie ein faltiger alter Mann aussah, ein sehr niedlicher, wütender, faltiger alter Mann. Ich küsste ihn auf die Wange und versuchte dann ebenfalls zu schlafen.

# Aufgewirbelte Gedanken

2015

Eine Ansage des Piloten weckt mich, und ich bin augenblicklich hellwach.

Ich weiß, dass ein Teil von mir nach Hause zurückkehrt. Christiana ist auf dem Weg nach Hause. Christina verlässt ihr Zuhause. Irgendwie habe ich mich all die Jahre über in Schweden so gefühlt: Ein Teil von mir wollte nach Hause, ein Teil von mir *war* zu Hause. Ich weiß nicht, wie es mir nach dieser emotional herausfordernden Reise gehen wird, aber ich kann mir nicht vorstellen, dass die Rückreise nach Schweden sich nicht wie eine Heimkehr anfühlen wird. Aber wie wird es mir gehen, wenn ich in Brasilien lande? So als kehrte ich nach Hause zurück? Das Land hat sich seit meiner Kindheit stark verändert – ich hoffe, zum Besseren. Natürlich verändern sich Orte, Menschen und kulturelle Gepflogenheiten im Laufe der Zeit. Aber am allermeisten verändern wir uns selbst. Ich bin nicht mehr dieselbe wie damals. Allein die Tatsache, dass ich hier irgendwo über dem Atlantik in einem Flugzeug sitze und in weniger als zehn Stunden landen werde, lässt mich panisch werden.

Vor meiner Abreise habe ich mich voll in die Vorbereitungen gestürzt und mir kaum Raum für Gedanken und Gefühle gestattet. Kontrolle ist mir wichtig, und ich versuche, Ordnung in meine Gedanken zu bringen, meine Erwartungen kritisch zu durchleuchten und mich selbst für das, was ich nun erleben werde, zu wappnen. Ich glaube nicht, dass das etwas mit einer Heimkehr zu tun hat, sondern hoffe eher, dass ich ein neues Zuhause aufbauen kann. Ich hoffe, dass ich mich in Brasilien heimisch fühlen kann. Ich hoffe, dass ich meine biologische Mutter finden und dass ich in Zukunft zwei Zuhause haben werde. Ich habe Brasilien immer geliebt, sogar aus der Ferne und trotz der vielen schlimmen Dinge, die mir dort widerfahren sind. Vielleicht macht es mir am meisten Sorgen, dass ich mich nicht heimisch fühlen, dass ich nicht dorthin passen könnte oder dass meine positiven Gefühle gegenüber Land und Leuten, an denen ich so viele Jahre festgehalten habe, verschwinden. Was passiert mit meinen Erinnerungen und Emotionen, wenn die Erfahrungen dieser Reise ausschließlich negativ sind? Werden die Liebe und Freude, die ich empfinde, verschwinden, wenn ich als Erwachsene keine Bindung zu meinem Geburtsland aufbauen kann? Ich versuche nicht weiter darüber nachzudenken, weil ich darauf ohnehin keinen Einfluss haben werde. Was geschehen wird, wird geschehen. Ich habe freiwillig beschlossen, mich in diese Situation zu begeben. Das bedeutet jedoch nicht, dass ich sie auch kontrollieren kann. Ich seufze. *Okay, Christina, wenn du dich so verhältst, hast du Angst. Also, wovor hast du eigentlich Angst?* Ich hole ein Blatt Papier und einen Stift hervor und schreibe zwei Fragen auf, die ich mir oft stelle, wenn ich das Gefühl habe, die Dinge würden mir entgleiten:

*Was ist das Ziel meiner Reise?*

*Was erhoffe ich mir?*

Ich beginne mit der ersten Frage. Mein Ziel ist es, in meine Vergangenheit zurückzureisen, zu Freud und Leid, und mich damit auseinanderzusetzen. Mein Ziel ist es, das Kinderheim, den Slum und die Straßen zu besuchen, in denen ich gelebt habe. Ich möchte die Höhlen finden, in denen ich meine ersten Lebensjahre verbracht habe. Und ich möchte meine Familie finden, insbesondere meine Mutter.

Was erhoffe ich mir? Mir wird mulmig zumute – diese Frage kann ich nicht mal ansatzweise beantworten. Das kann doch nicht wahr sein. Eigentlich weiß ich doch ganz genau, was ich mir erhoffe! Die Angst vor dem, was ich erleben werde, macht es mir fast unmöglich, den Gedanken zuzulassen.

Ich wünsche mir, meine Mutter zu sehen ... Als ich das niederschreibe, stocke ich. *Ich wünsche mir, meine Mutter zu sehen.* Irgendetwas fühlt sich daran nicht richtig an. Es kommt mir so vor, als habe ich das Offensichtliche notiert. Aber das Offensichtliche muss ja nicht zwangsläufig auch das sein, was ich tatsächlich empfinde. Ich spüre, wie mein Stresslevel nach oben schießt; mein Körper fühlt sich heiß an. Bin ich ein schlechter Mensch? Natürlich möchte ich meine Mutter finden – warum sollte ich das nicht wollen? Seit vierundzwanzig Jahren bin ich von ihr getrennt und habe sie all die Zeit über vermisst. Sie hat sich um mich gekümmert, ihr Bestes gegeben, mir Liebe geschenkt und sich für mich aufgeopfert. Und so zeige ich nun meine Dankbarkeit, meine Liebe? Ich denke darüber nach. *Möchtest du, dass deine Mutter tot ist?* Das kann ich sofort mit Nein beantworten. Nein, ich möchte nicht, dass meine Mutter tot ist. Je mehr ich darüber nachgrüble, desto eindeutiger bin ich mir sicher, dass ich das hundertprozentig nicht möchte. Ganz im Gegenteil: Seit langer Zeit fürchte ich mich davor, nach Brasilien zurückzukehren und herauszufinden, dass ich sie hätte treffen können, wäre ich nur ein paar Jahre eher aufgetaucht.

Ich grüble eine Weile, und mir wird schließlich bewusst, dass ich Angst vor dem habe, was passieren wird, falls ich sie treffe. Ich weiß schon, was passiert, wenn dem nicht so sein sollte. Ich würde mein Leben wie gehabt weiterleben. Schon so lange bin ich ohne sie. Seit sechzehn Jahren lebe ich bei meinen Adoptiveltern und vermisse sie. Wenn ich herausfinden sollte, dass meine biologische Mutter verstorben ist, kann ich mir schon ausmalen, wie der Rest meines Lebens aussieht. Es werden weitere Jahre des Vermissens.

Das würde nicht viel verändern. Eigentlich wäre es wie jetzt. Ich komme mit meinem jetzigen Leben zurecht. Die Alternative, die mir Angst macht, wäre hingegen, sie zu finden, sie nach vierundzwanzig Jahren wiederzusehen und nach sechzehn Jahren plötzlich wieder eine Mutter zu haben. Ich atme tief aus.

Inmitten meiner Gedanken und Gefühle spüre ich, dass ich auf die Wurzel meiner Angst gestoßen bin. Wenn Mamãe noch lebt und ich es schaffe, sie aufzuspüren, könnte es sein, dass sie mich ablehnt. Instinktiv merke ich jedoch, dass ich das in meinem tiefsten Inneren nicht glaube. Ich denke an all die Male, die sie mich umarmt, mir gesagt hat, ich sei etwas Besonderes, dass sie mich liebe, und auch an all das Lachen und die Tränen, die wir miteinander geteilt haben. Wenn Mamãe lebt, brauche ich mich nicht zu sorgen, dass sie mich vielleicht nicht sehen wollte. Wovor habe ich also Angst? Dass sie vielleicht enttäuscht von mir wäre? Eigentlich glaube ich nicht, dass das der Fall sein könnte. Plötzlich erkenne ich, dass *ich* das Problem bin! Ich habe Angst vor den Konsequenzen. Es fällt mir schwer, das zuzugeben, weil der Gedanke so selbstsüchtig ist. Wie wird es mein Leben beeinflussen, wenn sie noch lebt? Wie geht es ihr? Wo lebt sie? In welchem Zustand ist sie? Braucht sie Unterstützung und falls ja, kann ich diese leisten? Wie soll es weitergehen, wenn sie in Brasilien lebt und ich in Schweden? Wie können wir miteinander kommunizieren, nun, da ich kein Portugiesisch mehr spreche und sie kein Wort Schwedisch kann? Was passiert, wenn Rivia nicht zum Dolmetschen an meiner Seite ist? Was, wenn unsere Begegnung keine schönen Gefühle, sondern nur schlechte auslöst? Ich habe keine Vorstellung davon, was für Probleme auftauchen könnten oder wie ich damit klarkommen sollte. Es fühlt sich so an, als sei ich an der Reihe, die Probleme zu lösen und mich um sie zu kümmern.

Ich weiß nicht, wie die Zukunft aussieht, sollte ich meine Mutter finden, und davor fürchte ich mich. Ich begreife, dass nichts von dem, was ich aufgeschrieben habe, wirklich wichtig ist. Alles, was zählt, ist, dass ich Angst habe. Und dass ich viele Jahre lang mein Heimweh, das so sehr ein Teil von mir ist, unterdrückt habe. So geht es irgendwie. Den Rest überlasse ich der Zukunft. Was geschehen soll, wird geschehen. Ich lege meinen Stift beiseite und schalte das Licht über mir aus. Dann greife ich nach meinen Kopfhörern und beschließe, mir eine lustige Komödie anzusehen. Noch acht Stunden Flug, und mein Gehirn ist erschöpft, zum Schlafen bin ich jedoch zu aufgedreht.

# Camile, meine erste Freundin

São Paulo, 1989–1991

Ich kann nicht mehr genau sagen, wie ich das Mädchen traf, das meine allererste Freundin wurde. Ich wünschte, ich könnte eine nette und lustige Geschichte über unsere erste Begegnung erzählen. Wie das Schicksal uns zusammenführte, das Abenteuer begann und wir ein enges Freundschaftsband knüpften. Aber leider weiß ich nicht mehr, wie sie in mein Leben kam. Es fasziniert mich, dass ich mich nicht daran erinnern kann, wie ich die Person traf, die so wichtig für mich wurde und mein Leben für immer verändern sollte. Vielleicht ist es auch gar nicht so ungewöhnlich, dass es meinem Gedächtnis entfallen ist. Immerhin ist es bei einer ersten Begegnung unmöglich zu wissen, dass man den anderen später wahnsinnig gerne mögen wird.

Camile ist der Name des Mädchens, das ich wie eine Schwester liebte. Ich bin mir sicher, dass wir uns in der Favela kennenlernten und dass ich durch sie Kontakt zu den anderen Kindern aufbaute und mich bald zugehörig fühlte. Es ist schwer zu sagen, wie lange sie Teil meines Lebens war und ob unsere Freundschaft zwei Monate oder ein Jahr währte. Zeit war zu jener Zeit ein fremdes Konzept für mich und ich wusste nur, dass auf jede Nacht ein neuer Tag folgte. Ich wusste, dass die Tage unterschiedliche Namen hatten, und kannte ihre Reihenfolge. Aber ich wusste nicht, dass ein Monat vier Wochen lang ist oder dass das Jahr aus zweiundfünfzig Wochen besteht. Woran ich mich aus der Zeit mit Camile am besten erinnere, sind verschiedene Erlebnisse und Dinge, die wir gemeinsam machten. Ich habe keine Ahnung, über welchen Zeitraum wir sie taten oder wann.

Camile war ein besonderes Mädchen. Sie war das, was gemeinhin als »Alte Seele« bezeichnet wird. Manchmal hatte ich das Gefühl, mit einer Erwachsenen zu sprechen. Sie war fürchterlich clever und wusste Dinge, die wir anderen nicht wussten. Camile war ein wenig älter als ich und ausgesprochen hübsch. Sie war unfassbar nett und konnte Kinder wie Erwachsene in ihren Bann ziehen, wenn sie Geschichten erzählte. Oh, wie sehr Camile es liebte, Geschichten zu erzählen. Ihre Augen leuchteten förmlich, und ihre Körpersprache veränderte sich. Sie hatte zu allem Möglichen Theorien parat und sah die Dinge meist aus einer anderen und ungewöhnlichen Perspektive. Das liebte ich am meisten an Camile. Wir ergänzten einander: Ich war neugierig und frech, sie war weise und ausgeglichen. Ich sorgte für Abenteuer, und sie verhinderte, dass diese als Desaster endeten. Wenn ich an Camile denke, dann löst das Wärme und Liebe, Freude und Trauer in mir aus.

Als Erwachsene begriff ich, dass die Beziehungen, die ich in Schweden aufgebaut habe, auf dem beruhten, was Camile mir schenkte: eine Freundschaft, die auf Vertrauen, Sicherheit, Herzlichkeit und Respekt basierte.

Camile sprach fast nie über ihre Eltern. Es war offensichtlich, dass sie nicht über sie reden wollte. Wenn wir jemanden trafen, der sich nach ihren Eltern erkundigte, behauptete sie meistens, sie habe keine. Sie sah dabei nie traurig drein und machte auch kein Gewese darum. Sie plauderte einfach weiter, so als habe sie eine kurze Standardfrage beantwortet. Aber ich konnte ihrer Stimme entnehmen, dass das Thema schwierig für sie war. Eines Abends saßen wir zusammen unter der kleinen Treppe, wo wir manchmal schliefen. Ich fragte nach ihrer Mutter und ihrem Vater. Sie hob ihr T-Shirt an und zeigte mir eine große Narbe, die von ihrem Rücken bis zu ihrem Bauch führte. Dann sagte sie, dass sie keine Eltern habe. Ich weiß noch, wie Mitgefühl in mir aufflammte. Wenigstens hatte ich eine Mutter, die mich liebte und sich um mich zu kümmern versuchte. Kurzentschlossen gab ich Camile meine Banane. Sie sah ein wenig traurig drein, als sie sie entgegennahm, und sagte dann, dass sie ihr Oberteil häufiger ausziehen werde, wenn die Leute ihr daraufhin Essen in die Hand drückten. Wir lachten, und sie brach die Banane entzwei und gab mir die Hälfte.

Während unserer gemeinsamen Zeit schlossen wir mehrere Pakte. Wir versprachen uns, immer das Essen zu teilen, das wir fanden, erbettelten oder stahlen. Camile erklärte mir, dass sich unsere Versorgungswahrscheinlichkeit so verdoppeln würde. Wir versprachen einander auch, einander immer zu helfen, wenn eine von uns in Schwierigkeiten steckte. So war Camile einfach. Sie brachte mir bei, was Freundschaft bedeutet.

## *Auf der Müllhalde*

Das Interessante am Gedächtnis ist, dass man nicht immer weiß, wie man in eine Situation geraten ist oder was danach passierte. Man weiß nur, dass etwas geschehen ist. Ich kann mich noch erinnern, dass Camile und ich an diesem einen Tag den Abfall auf einer Mülldeponie durchwühlten. Wir suchten nach Spielsachen, Kleidung und allem, was irgendwie brauchbar war oder so aussah, als könnten wir es mit jemand anderem gewinnbringend tauschen. Camile fand einen abgewetzten Fußball und ich ein großes Metallrad, vielleicht von einem Fahrrad. Ich grub tiefer und entdeckte schließlich, wonach ich suchte: einen langen Stab.

Ich zeigte Camile meinen Fund. Sie stand mit ihrem Fußball am Rand, während ich das Metallrad mit dem Stab im Gleichgewicht hielt. Ich sah zu ihr hinüber. Sie lächelte, und ich lief los, wobei ich das Rad mit dem Stab vor mir vorantrieb. Es war schwierig, das Rad am Laufen zu halten, und man konnte keine scharfen Kurven machen, weil es dann ins Trudeln geriet. Nachdem ich eine Weile gespielt hatte, wollte Camile es ebenfalls versuchen. Ich nahm ihren Fußball, und sie lief los. Ich rannte neben ihr her. Nach einer Weile hielt sie das Rad an und begann, mit dem Fußball zu spielen. Barfuß kickten wir den Ball hin und her. Wir waren nicht besonders gut darin, hatten aber viel Spaß dabei. Wir stellten uns vor, Spieler der Nationalmannschaft zu sein, und taten so, als seien wir umschwärmte Berühmtheiten. Wir versuchten, den Ball mit einem Tritt lässig in die Luft zu befördern. Bei einem meiner Versuche trat ich etwas zu fest zu, und der Ball schoss davon, in Richtung einiger Jungs, die ebenfalls auf der Müllhalde spielten. Einer von ihnen nahm den Ball an sich und rief seinen Freunden zu, er habe etwas gefunden. Camile und ich rannten zu den Jungen hinüber und sagten, der Ball gehöre uns. Der Junge, der den Ball im Arm hielt, meinte, es sei seiner. Ich ging zu ihm und versuchte ihm den Ball wieder abzunehmen, aber er schubste mich weg. Also schrie ich, es sei unser Ball.

Camile ließ sich nicht oft in Streitereien verwickeln. Sie drückte bei Ungerechtigkeiten öfter ein Auge zu, was mir extrem schwerfiel. Die wenigen Male, in denen auch Camile Ärger hatte, ergaben sich meinetwegen. Sie kämpfte nur, um mir zu helfen. Anschließend musste ich oft feststellen, dass sie böse auf mich war, insbesondere wenn ihr ganzer Körper von Blutergüssen übersät war.

An diesem Tag wurde ich wieder einmal rasend vor Wut. Der Junge stand da und hielt unseren Fußball unter dem Arm. Ich ging zu ihm und boxte so fest ich konnte gegen seinen Bauch. Dann schlug ich noch einmal zu, einen Moment später kamen seine Freunde herübergerannt. Camile begann ebenfalls zu kämpfen, und wir alle rollten über den Boden und versuchten den anderen so viele Hiebe wie möglich zu verpassen. Nach dem Kampf, oder eher nach

Camiles und meiner Niederlage, standen die Jungen auf, und wir blieben auf dem Boden hocken. Einer von ihnen sah sich nach dem Fußball um. Zwei fremde Jungen hatten ihn aufgehoben. Sie waren vielleicht vierzehn oder fünfzehn Jahre alt. Der Balldieb rief einem der Jungen zu, der Ball gehöre ihm. Die älteren Jungs lachten, und einer sagte: »Okay, dann komm und hol ihn dir!«

Der Dieb erkannte, dass er den Ball nie im Leben wiederbekommen würde. Einer der älteren Jungen rief der jüngeren Meute zu, sie sollten sich aus dem Staub machen. Als unsere Widersacher abgezogen waren, standen Camile und ich auf. Die beiden älteren Jungen kamen auf uns zu. Der, der den Ball hielt, streckte ihn mir entgegen, zwinkerte und lächelte.

»Hier ist dein Ball, Süße«, sagte er und lachte, als er und sein Freund sich zum Gehen wandten.

Ich wurde rot, und ein angenehmer Schauder durchlief meinen Körper. Das war wie Zuckerguss auf meinem Herzen.

»Camile, er hat gesagt, ich bin süß.«

»Der muss blind sein«, sagte sie und sah mich missbilligend an. »Wie kannst du süß sein, wenn du ständig mit Blutergüssen übersät bist und eine aufgeplatzte Lippe hast?« Sie wandte sich schnaufend ab und ging davon.

Ich folgte ihr lächelnd. Nach einer Weile sprintete ich los und schloss mit ihr auf. Ich wusste, dass sie wütend auf mich war, trotzdem streckte ich die Zunge heraus und warf ihr den Ball zu. Sie fing ihn. Ich holte mein Metallrad und den Stab, und wir liefen zurück über die Müllhalde. Camile gegenüber habe ich das nie gesagt, aber ich weiß noch, dass ich mich schämte, den Kampf angezettelt zu haben, zumal klar war, wer gewinnen würde. Ich war zweifelsohne die Kindlichere von uns beiden.

Manche Augenblicke sind in meinem Gedächtnis als Freudenmomente eingeprägt. Unser Spiel auf der Müllhalde und der Junge, der mich als süß bezeichnet hat, zählen dazu. An andere wiederum würde ich mich lieber nicht erinnern.

Manchmal wachte ich auf und spürte, dass es ein guter Tag werden würde. An anderen Morgen wusste ich gleich, dass etwas nicht stimmte, und den ganzen Tag über spekulierte ich düster, was wohl geschehen würde. Es war einer jener Morgen, und Camile war genervt von meiner Negativität. Ich beschwerte mich über alles: darüber, dass wir in einem dreckigen Teil der Stadt lebten, oder auch darüber, dass Gott uns hassen musste. Ich fragte mich, warum wir Mädchen es am schwersten hatten und warum ich ständig hungrig sein musste. Ich jammerte und jammerte.

Unser Kumpel Santos, der an jenem Morgen bei uns war, hatte schnell genug von meinem Lamentieren und sagte zu Camile, wir sollten ihn suchen, wenn sich meine Stimmung gebessert habe. Santos war der erste Junge, den ich wirklich mochte. Er war ein paar Jahre älter und immer besonders nett zu mir. Er träumte davon, Flugzeugmechaniker oder Pilot zu werden. Und natürlich träumte er wie so viele andere Straßenkinder auch davon, eines Tages einer der besten Fußballspieler der Welt zu werden. Santos lebte ebenfalls in der Favela und teilte sich mit seiner Mutter und seinem Stiefvater eine kleine Wellblechhütte. Ich kannte ihn durch Camile, und manchmal hingen wir zusammen ab und gerieten in Schwierigkeiten. Nachdem Santos gegangen war, musste Camile sich meine Beschwerden über mein schweres Leben und die Ungerechtigkeit von allem allein anhören. Plötzlich verschränkte sie die Arme vor der Brust und blinzelte mich böse an.

»Du bist heute ja ein echter Sonnenschein, meine kleine *libélula*, mein süßes Glühwürmchen! Wenn wir Glück haben, treibst du den halben Slum in die Flucht, und wir haben den Rest für uns.« Der Sarkasmus in ihrer Stimme war nahezu greifbar, was mich noch mehr entnervte.

Schweigend liefen wir durch die schmalen Gassen der Wellblechsiedlung, da tauchte auf einmal ein Mann vor uns auf. Wir wollten an ihm vorbeigehen, aber er stellte sich vor uns und bedachte uns mit einem ekelhaften Grinsen, wie man es nur bei betrunkenen Lustmolchen sieht. Wir versuchten, seitlich an ihm vorbeizukommen, aber er verstellte uns erneut den Weg. Mit ihrer festen Stimme, die sie immer älter klingen ließ, als sie eigentlich war, forderte Camile den Mann auf, beiseite zu gehen. Er bedachte sie mit einem höhnischen Blick und sagte: »Ihr beiden Hübschen geht heute nirgendwo hin. Ihr kommt mit mir!« Dann schnappte er nach Camiles Arm.

Sie versuchte, sich zu befreien. Ich trat ihm so fest wie ich konnte gegen das Schienbein, und Camile biss ihm in die Hand. Der Mann ließ Camile los und riss stattdessen mich an den Haaren herum. Ich schrie auf. Es fühlte sich so an, als würde er meinen Kopf entzweispalten. Ich sah, wie Camile ein Holzbrett hochhob, das an einer der Wellblechhütten lehnte. Sie rannte auf den Mann zu und schlug ihm mit aller Wucht gegen den Kopf; ich spürte, dass er seinen Griff lockerte. Weder Camile noch ich prüften, ob er verletzt war. Wir taten, was wir schon viele Male vorher getan hatten, und sprinteten so schnell wir konnten davon. Camile rannte voraus, und ich folgte ihr. Ich drehte mich um und sah, dass der Mann hinter uns herkam. Ich schrie Camile zu, er verfolge uns. Camile bog rechts ab, wieder rechts und dann links. Dann rannte sie geradeaus. Ich war froh, dass sie den Weg vorgab, weil ich keinen guten Orientierungssinn hatte. Dann blieb sie abrupt stehen und hämmerte gegen eine Tür.

»Marina, mach auf. Bitte, mach auf!« Sie hämmerte weiter gegen die Tür.

»Er kommt, Camile!«, schrie ich panisch.

»Marina, *mach auf!*«

Ich hatte keine Ahnung, wer Marina war, aber wenn Camile ihr vertraute, genügte mir das. Die Tür öffnete sich, und Camile und ich rannten hinein und knallten sie hinter uns zu.

»Was ist los? Camile, was ist?«, fragte die Frau in der Hütte und sah besorgt drein.

»Ein Mann … er ist … hinter uns … her«, antwortete Camile atemlos.

Jemand schlug heftig gegen die Tür. »Lasst mich rein! Ich weiß, dass ihr da drin seid, ihr kleinen Nutten!«

»Schnell, versteckt euch!«, flüsterte die Frau.

Marinas kleine Wellblechhütte bestand wie die meisten Baracken in der Favela aus einem einzigen Raum. Wir versteckten uns hinter einer Art Anrichte, und Marina öffnete die Tür. Sie hatte keine Gelegenheit, auch nur ein Wort zu sagen, bevor der Mann in die Hütte gestürmt kam.

»Wo sind diese kleinen Teufel?«, schrie er besoffen.

»Was für Teufel? Falls du diese Mädchen meinst, die sind weg.«

»Verarsch mich nicht, ich weiß, dass du sie versteckst. Guck, was sie mit mir gemacht haben!«

Camile und ich sahen uns an. Wenn ein Mann derart wütend war, konnte es kein gutes Ende geben. Wir tauschten besorgte Blicke aus. Es war nur eine Frage der Zeit, bis er uns entdecken würde.

»Was kümmern dich zwei kleine Mädchen, wenn eine erwachsene Frau vor dir steht?« Marinas Stimme hatte sich verändert und klang auf einmal sanfter und verlockend. Camile und ich sahen uns betreten an: Wir wussten, dass wir diese Situation zu verantworten hatten und dass Marina dafür büßen würde.

»Zieh deine Sachen aus«, befahl der Mann.

Camile und ich legten beide die Hände über unsere Ohren, aber sein widerliches Stöhnen und die erniedrigenden Sachen, die er zu Marina sagte, drangen trotzdem zu uns durch. Ich presste meine Augen zu und versuchte an etwas anderes zu denken. Trotzdem hörte ich ihn. Als er fertig war, hofften Camile und ich, endlich unser Versteck verlassen zu können. Doch er ging nicht. Nach einigen Stunden hörten wir Marina schreien. Dann sagte der Mann etwas.

»Ihr Frauen seid doch alle Huren!«

Wir saßen auf dem Boden, hielten uns die Ohren zu und hatten die Augen fest geschlossen. Endlich ging er. Camile und ich blieben still sitzen. Wir sahen einander an und fragten uns, was wir tun sollten. Nach einer Weile sagte Marina, wir könnten hervorkommen. Sie zog sich an, machte das Bett und verhielt sich so, als sei nichts geschehen. Wir sahen jedoch, dass sie traurig war. Ihre Wange war geschwollen und ihre Hand zitterte, als sie versuchte, alles dahin zurückzustellen, wo es hingehörte.

»Ich mache Kaffee. Möchtet ihr Mädchen auch einen?«

»Ja, bitte«, antwortete Camile leise, schüchtern.

Während Marina Kaffee kochte, sah ich mich im Zimmer um. Auf einem kleinen Tisch in der Ecke stand eine Statue der Jungfrau Maria. Ihr Kopf war freundlich geneigt und ihre Arme waren in einer Willkommensgeste ausgebreitet. Ihr Herz war sichtbar: Es war rot, und ein Kranz aus Dornen umrahmte es. Vor der Statue standen einige Kerzen, und Marina hatte einen Rosenkranz um sie gelegt.

Ich kannte niemanden in den Slums, der nicht gläubig war. Zumindest behaupteten das alle von sich. Vermutlich muss man an etwas glauben, wenn niemand an einen selbst glaubt. Vielleicht müssen die Menschen einfach einen Weg finden, wie sie mit dem Alltag fertigwerden. Ohne nachzudenken brach es aus mir hervor: »Warum tust du uns so weh, Gott?« Camile warf mir einen bösen Blick zu. *Sei still.* Ich drehte mich um, Marina sah mich an.

»Gott will nicht, dass wir glücklich sind. Er will, dass wir überleben. Eines Tages wirst du das verstehen!« Als ich Marinas Blick begegnete, erkannte ich etwas, oder eher, ich bemerkte etwas, das nicht da war. Sie war ein Stück näher daran, ein Geist zu werden, genau wie meine Mutter es mir gesagt hatte. Was heute geschehen war, war die Schuld von Camile und mir.

Marina drehte sich um und holte drei Becher hervor. Wir saßen still beisammen und tranken unseren Kaffee, so als sei nichts passiert und als sei all das einfach Teil unseres normalen Alltags.

Der Slum ist wie ein unabhängiger Stadtstaat, so ähnlich wie der Vatikan, aber eben ohne Gott. Das erscheint mir geradezu ironisch, weil die Menschen im Slum das größte Gottvertrauen haben.

Nur wenige Menschen im Slum interessiert, was außerhalb des Slums passiert; genauso wie die meisten außerhalb sich nicht für die Existenz der Favela interessieren. Für diejenigen, die im Armenviertel geboren werden, ist es schwer, emporzukommen und etwas im Leben zu erreichen. »Emporkommen« bedeutet im Slum, eine Bande anzuführen, und das endet oft mit einem frühen Tod.

Ich weiß noch, dass ich jedes Mal Angst hatte, wenn ich in Kontakt mit Banden und ihren Anführern kam. Eigentlich traten nur Männer diesen Banden bei. Manchmal traf man ein weibliches Bandenmitglied, und jeder wusste dann, warum sie sich den anderen angeschlossen hatte. Junge Mädchen in Banden hatten mehr oder weniger alle den gleichen Hintergrund: keine Eltern, keine Familie, kein Geld und kein Obdach. Es war unfassbar schwer, sich gegenüber Jungen und Männern zu verteidigen, wenn man keinen Erwachsenen und keine Bande hatte, die einen beschützten. Immer und immer wieder von brutalen Fremden vergewaltigt zu werden, war wesentlich gefährlicher, als mit einigen Bandenmitgliedern Sex zu haben oder mit einem von ihnen zusammen zu sein. Auf diese Weise wurden die Mädchen im Wesentlichen vor dem Rest der Straße »beschützt«.

Das Leben konnte selbst für diejenigen, die Erwachsene an ihrer Seite hatten, schrecklich sein. Ein Erwachsener war kein Schutzgarant. Ich erinnere mich noch an ein kleines Mädchen zwischen sieben und neun Jahren. Sie trug ein dunkelrotes Kleid, das zu groß für sie war, und saß auf einem Stuhl vor einer der Baracken im Slum. Ihr Haar war kurzgeschnitten und stand in alle Richtungen ab. Sie war barfuß und hatte dunkle Augen. Ich weiß nicht, warum sie mir so genau im Gedächtnis geblieben ist.

Vielleicht liegt es am Kontrast zwischen ihrem kleinen Körper und dem großen, schmutzigen roten Kleid oder an dem Kontrast zwischen ihrem leeren Blick und ihrem niedlichen Gesicht. Etwas Besonderes haftete ihr an, und ich sehe sie immer noch vor meinem geistigen Auge. Ich habe nie mit ihr gesprochen, und unsere Blicke sind sich nur einmal begegnet. Auf einem Tisch vor ihr lag eine weiße Packung Zigaretten, und zwischen ihren Fingern hielt sie eine angezündete. Sie hatte ein Bein angewinkelt, so saß sie auf dem Stuhl, und ihr Kleid enthüllte ihre nicht vorhandene Brust. Es kam nicht selten vor, dass Kinder ohne Kleider umherliefen. Aber an ihr wirkte es irgendwie verkehrt, so viel von ihrem nackten Oberkörper zu sehen.

Ich saß auf der anderen Straßenseite und lehnte mich im Schneidersitz gegen eine Wellblechhütte, während ich auf Camile wartete. Ein Mann öffnete die Tür hinter dem Mädchen. Er trug nichts als seine Unterhosen und wirkte betrunken. Er sah das Mädchen an, riss sie an ihren Haaren vom Stuhl und zog sie mit sich in die Hütte. Sie schrie weder noch weinte sie. Es war offensichtlich, dass sie an diesen Umgang gewohnt war. Es war jedes Mal schrecklich, jemandem im Slum zu begegnen, der ein Geist geworden war, nicht länger reagierte, nichts fühlte, nur noch existierte und nicht mehr wirklich lebte.

Ich weiß noch, dass ich dort saß und darüber nachdachte, ob das, was ich gerade gesehen hatte, das war, was ich vom Leben zu erwarten hatte. Ich muss traurig ausgesehen haben, denn als Camile zurückkam, fragte sie, ob alles in Ordnung sei. Ich stand einfach auf und sagte, ich hätte einen Geist gesehen. Sie nickte verständnisvoll, und wir zogen los. Camile hatte gleich begriffen, was ich gesehen hatte.

Eines Abends saß ich mit Camile, Santos, Angelo und Javier um ein kleines Lagerfeuer. Wir teilten uns ein gegrilltes Hähnchen. Angelo und Javier waren Brüder, etwa sieben und fünf Jahre alt, und lebten in der Nähe von Santos. Am besten erinnere ich mich noch daran, dass die beiden Jungs cool sein wollten. Sie waren extrem witzig und einfallsreich. An jenem Abend baten sie Camile, eine Geschichte zu erzählen. Jedes Mal, wenn wir uns trafen, wollten sie sofort etwas von ihr erzählt bekommen.

Der Tag war schön gewesen und hatte damit geendet, dass Santos' Mutter Abendessen für uns kochte. Javier und Angelo belagerten Camile, die mit einem Lächeln reagierte. Schnell stimmten Santos und ich in das Betteln der Brüder ein und baten Camile ebenfalls, eine Geschichte zu erzählen.

»Okay! Was für eine Geschichte wollt ihr hören?«, seufzte Camile und tat so, als würden wir sie schamlos ausnutzen.

»Eine Gruselgeschichte«, rief Javier.

»Dann kriegst du bloß wieder Angst und hast Albträume«, zog Angelo seinen kleinen Bruder auf.

»Krieg ich nicht!«

»Und ob!«

»Schon gut, ich erzähle euch eine Rätselgeschichte. Aber nur, wenn ihr beiden versprecht, schön ruhig zu sein«, sagte Camile und warf den Brüdern einen strengen, aber amüsierten Blick zu.

Santos' und mein Blick trafen sich, und wir lächelten. Es war schwer, nicht in Lachen auszubrechen, wenn Javier und Angelo sich kabbelten.

»Seid ihr bereit?«, fragte Camile. »Das wird echt knifflig.«

»Ja!«, antworteten wir wie aus einem Munde.

»Es waren einmal zwei Brüder, die hießen Paulo und Pedro. Paulo tat stets das Richtige. Er war freundlich und hilfsbereit, hatte jedoch fortwährend Hintergedanken dabei. Pedro wiederum war ein ungezogener Junge. Er half niemandem, kümmerte sich nur um sich und schlug den anderen auch hin und wieder auf die Nase. Aber es tat ihm danach immer leid. Nun, meine Frage ist folgende: Wer ist der schlechte Bruder? Paulo oder Pedro?«

»Pedro«, antworteten Javier und Angelo wie aus der Pistole geschossen.

Camile sah zu Santos und mir hinüber. »Was glaubt ihr?«

»Die Sache ist klar. Ganz einfach«, antwortete Santos. »Paulo ist der schlechte Bruder!«

»Was meinst du?«, fragte Camile mich.

»Hm …«, ich räusperte mich und beäugte Camile. Ich wusste, dass es nicht so einfach sein konnte, wie es klang. Camiles Rätsel waren immer verzwickt. »Ich glaube, beide Brüder sind gleich schlecht und gleich gut. Paulo verhält sich gut, hat jedoch kein gutes Herz. Pedro tut anderen weh, möchte das jedoch eigentlich nicht.«

Nachdem ich das gesagt hatte, war es einen Moment lang still. Alle sahen mich an, und ich hatte das Gefühl, das Rätsel gelöst zu haben. Das Gefühl hielt jedoch nicht lange an, denn Santos begann zu kichern, und auch Javier und Angelo stimmten ein. Wir saßen im Stockdunklen vor unserem Lagerfeuer. Santos warf einen Hühnerknochen nach mir, und wir alle brachen in lautes Gelächter aus. Santos behauptete, ich müsse immer aus der Reihe tanzen und dass ich falsch läge.

Ich sah zu Camile, die mir eine Kusshand zuwarf und lächelte. In diesem Moment wusste ich, dass ich das Rätsel gelöst hatte.

Wenn die anderen Camile nicht ebenfalls gesehen hätten, hätte ich sie für einen Engel gehalten, der vom Himmel niedergestiegen war, um meine Freundin zu sein.

In dieser Nacht schliefen wir zufrieden und mit vollem Magen nebeneinander ein.

Am Morgen weckte uns ein Geräusch aus der Hütte, in der Santos lebte. Wir hörten, wie einiges zu Bruch ging. Dann schrie jemand. Camile hatte mit den kleinen Brüdern in einer Hängematte übernachtet, während Santos und ich unter Decken neben der Außenwand der Hütte geschlafen hatten.

Ich setzte mich auf und zog meine Beine an mich. Ich sah zu

Santos und beobachtete, wie er seinen Kopf gegen die Hauswand lehnte und die Augen schloss. Jedes Mal, wenn wieder etwas zertrümmert wurde und man hören konnte, dass seine Mutter geschlagen wurde, zuckte sein Körper.

Ich sah zu Camile hinüber. Sie war aufgestanden und hatte ihre Arme um Angelo und Javier gelegt. Camile erwiderte meinen Blick. Niemand von uns wusste, was er tun sollte.

»Santos, es tut mir leid …«, setzte ich an.

»Lass gut sein!« Seine Stimme klang abweisend.

Camile setzte sich neben ihn und legte einen Arm um ihn.

Santos schüttelte sie ab und stand auf. »Er ist ein beschissener Idiot! Er kriegt nichts auf die Kette. Alles, was er kann, ist, sie zu schlagen. Ich hasse ihn!«

»Santos, wollen wir irgendwo anders hingehen?«, fragte ich zögernd. Der Streit wurde lauter, und ich fand es schwer, zuzuhören. Wie schlimm musste es dann erst für Santos sein?

»Ich gehe nirgendwohin, außer da rein!« Er stand auf und bewegte sich in Richtung Tür, doch Camile stoppte ihn.

»Du kannst da nicht rein. Er bringt dich um! Er ist besoffen. Ich wette, er schläft bald ein.«

Santos stieß Camile beiseite. »Wenn er mich umbringt, tut er mir nen Gefallen!« Er öffnete die Tür zur Hütte, ging rein und schlug sie hinter sich zu.

Camile, Angelo, Javier und ich blieben draußen und mussten einsehen, dass das nicht gut enden konnte. Santos würde wahrscheinlich so schlimm verprügelt werden, dass er sich lange nicht normal bewegen könnte. Seine Mutter würde dafür bestraft werden, einen Sohn wie ihn geboren zu haben, und vielleicht würde man sie auch dazu zwingen, ihn rauszuwerfen. Camile sah mich an. Wir fühlten uns hilflos.

Vermutlich hatte es Santos in die Hütte getrieben, dass seine Mutter immer und immer wieder verprügelt worden war. Es war einfach zu viel für ihn. Das ging schon ewig so. Sein Stiefvater schlug seine Mutter, und auch Santos war ständig von Kopf bis Fuß mit blauen Flecken übersät. Er sagte oft, er würde nur zu Hause bleiben, damit seine Mutter nicht allein mit diesem Idioten war. Vielleicht fühlte er sich schuldig, weil er nichts dagegen tat; er kam sich in jedem Fall machtlos vor. So fühlten wir anderen uns auch, als wir so vor der Tür standen und alles mitanhörten. Wir wollten ihm beistehen, wussten aber nicht, wie. Letzten Endes waren wir doch bloß Kinder. Wir hätten alle reinrennen und den Mann angreifen können. Aber was dann? Wie hätte das Santos und seiner Mutter helfen sollen? Schlussendlich taten wir das Einzige, was wir konnten – wir standen dort und hörten zu. Wir blieben für den Fall, dass Santos uns brauchen könnte. Wir wollten ihn nicht im Stich lassen; er war einer von uns, Teil unserer kleinen Familie. Plötzlich hörten wir eine Männerstimme.

»Und was genau hast du jetzt damit vor, du Hurensohn? Du Memme kannst die doch nicht einmal halten – und erst recht nicht benutzen.«

Stille. Dann ein Geräusch, ein Geräusch, das wir nur zu gut kannten. Wir sprangen alle erschrocken hoch, und unsere Herzen klopften schneller. Es bestand kein Zweifel: Das war ein Pistolenschuss gewesen. Ich sah Camile entsetzt an, und ihr Gesichtsausdruck schien meinen zu spiegeln. Die Stille wurde von dem Schrei einer Frau durchbrochen. Camile, die Brüder und ich wichen instinktiv einen Schritt von der Hütte zurück.

»Santos«, wisperte ich Camile zu, und sie starrte mich an. Wir wussten nicht, ob er noch lebte. Niemand wagte, ein weiteres Wort von sich zu geben.

Die Tür öffnete sich, und Santos trat aus der Hütte. Er sah uns ängstlich an, seine Körperhaltung wirkte jedoch entschlossen. Dann drehte er sich um und rannte davon.

»Was hast du getan? Was hast du getan, Santos?«, schrie seine Mutter. Sie schluchzte hysterisch, und es war schaurig, eine Erwachsene derart seltsam und durchgedreht zu erleben. Einige

Leute versammelten sich um die Hütte, und wir Kinder begriffen, dass es Zeit war, sich aus dem Staub zu machen. Uns war klar, was passiert war.

Was als magische Nacht begonnen hatte, war zu einem neuen Tag geworden, der uns an unsere Realität erinnert hatte.

Santos war mit zehn Jahren zum Mörder geworden. Ich fragte mich, ob Camile und ich etwas so Schlimmes hätten tun können. Zu diesem Zeitpunkt war ich etwa sieben Jahre alt.

Wir versuchten, Santos zu finden. Tagelang durchkämmten wir die Stadt, doch niemand schien zu wissen, wo er sich aufhielt. Ich habe mich seither häufig gefragt, was für ein Leben er nun führt. Falls er überhaupt noch lebt. Ich wünschte, er hätte auf unseren Beistand vertraut, doch er wollte lieber verschwinden, und dem konnten wir nichts entgegensetzen. Ich mochte Santos und habe ihm oft gesagt, dass wir später einmal heiraten sollten. Er umarmte mich dann und meinte: »Klar, alles was du willst.« Dann schenkte er mir ein breites Lächeln.

Ich habe mir wiederholt ausgemalt, was auf Santos' Grabstein stehen würde: *Santos, ein zehnjähriger Junge, der den Mann umbrachte, der ihn und seine Mutter schlug, floh, verschwand. Mörder.*

Oder: *Santos, ein zehnjähriger Junge, der Flugzeuge liebte und der beste Fußballspieler der Welt werden wollte. Von vielen betrauert. Held.*

# Sanfte Landung

São Paulo, 2015

Endlich sind wir in São Paulo angekommen. Rivia und ich stehen am Gepäckband des Guarulhos International Airport und warten auf unsere Koffer. Der Flug verlief angenehm, und wir sind sanft gelandet. Meine Flugangst erreicht bei der Landung stets ihren traurigen Höhepunkt, und ich war dem Piloten entsprechend dankbar. Rivia hat einen brasilianischen Reisepass und konnte die Passkontrolle schnell passieren. Ich wiederum musste mich an der ungleich längeren Warteschlange für Touristen anstellen, die sich kaum fortbewegte. Herumstehen und Warten ist leider überhaupt nicht mein Ding. Und diese Warteschlange schien ähnlich der großen Mauer in China durch den kompletten Flughafen zu führen. Breit und lang und undurchdringlich. Anscheinend gibt es in Schweden eine sehr ausgeklügelte Wartekultur. Schweden zählen zu den Weltmeistern im höflichen Schlangestehen, und im Laufe der Jahre habe auch ich gelernt, mich den ungeschriebenen Gesetzen des Wartens zu fügen. Aber es fällt mir nicht leicht. Meine Kindheit in Brasilien hat ihre Spuren hinterlassen, und meistens würde ich es lieber mit der *jeitinho brasileiro* – der brasilianischen Art – versuchen, die ungefähr so aussieht: Man geht zu jemandem an der Spitze der Schlange und tischt ihm eine kleine Lüge auf, zum Beispiel, dass man spät für einen Termin dran ist und bitte vorgelassen werden muss. Ich bin nicht stolz darauf, aber als Kind habe ich das so manches Mal gemacht, um mich vorzudrängeln. Als Erwachsene beiße ich die Zähne zusammen und warte, wobei mir klar bewusst ist, dass alle anderen auch lieber woanders wären.

Ich bin müde. Draußen geht gerade die Sonne über São Paulo auf. Ich sehe mich um und beobachte die Leute um mich herum, die sich in allen möglichen Sprachen unterhalten. Dann hole ich meinen schwedischen Reisepass aus der Tasche und betrachte mein Passbild. Nach einer gefühlten Ewigkeit darf ich an den Schalter herantreten und einer extrem gelangweilt aussehenden Frau meinen Pass zeigen. Ich lächle und begrüße sie auf Portugiesisch, »*Oi*«, während ich ihr den Pass hinhalte. Sie sieht ihn an und wirft mir dann einen Blick zu. Dann schaut sie wieder auf den Pass und noch einmal zurück zu mir. Sie wirkt überrascht und fragt mich etwas auf Portugiesisch, das ich nicht verstehe. Ich antworte: »*Eu não falo português, fala inglês?*«. Sie schüttelt den Kopf, nein, sie spricht kein Englisch, und stempelt meinen Pass ab. Endlich darf ich ins Land.

Ich sehe Rivia, die auf der anderen Seite des Gepäckbands steht, und gehe in ihre Richtung. Ich remple versehentlich eine ältere Dame an und möchte mich entschuldigen, kenne jedoch keine passenden portugiesischen Vokabeln und muss aufs Englische ausweichen. Schon bin ich frustriert darüber, die Sprache nicht zu sprechen, und schäme mich, dass ich keine Zeit investiert habe, um sie neu zu lernen. Als ich bei Rivia ankomme, frage ich sie, wie man »Entschuldigen Sie bitte« auf Portugiesisch sagt. »*Desculpe*«, antwortet sie. Unsere Koffer kommen uns auf dem Gepäckband entgegen. Rivia schnappt sich ihren hellgrünen Koffer, und ich mühe mich mit meinem schweren Gepäck ab. Fast kippe ich um. Rivia grinst. Wir verlassen den Flughafen und gehen in Richtung eines Taxistands. Rivia kümmert sich um unseren Transport. Wir klettern ins Taxi und nennen dem Fahrer die Adresse unseres Hotels. Es befindet sich im Jardins-Viertel. Gleich zu Beginn der Fahrt erkenne ich die Vegetation wieder. Büsche, Bäume, sogar Gerüche und der Verkehr selbst kommen mir vertraut vor. Augenblicklich fühle ich mich entzweigeteilt. Nach vierundzwanzig Jahren bin ich plötzlich zurück, so als sei kaum Zeit vergangen. Und dennoch sind so viele Jahre vergangen. Es seltsames Gefühl überkommt mich, und ich versuche herauszufinden, was ich da genau empfinde.

Ich lächle und deute auf Dinge, die ich wiedererkenne, und Dinge, die verborgen und vergessen waren und nun plötzlich wieder klar in meinem Kopf sind. Wir überholen einen Polizeiwagen, und mich überkommt eine heftige Reaktion. Ich erkläre Rivia, dass ich die Polizei nicht mag. Manche Narben sind zu tief.

Wir fahren in die Betonstadt, und ich sehe viele Gebäude, auf denen Graffitischriftzüge prangen. Keiner davon farbig, alles ist schwarz. Es ist unfassbar hässlich, und ich versuche, meine Enttäuschung zu verbergen. Die Stadt wirkt so scheußlich, heruntergekommen und rau. Ich will das nicht sehen. Was, wenn ich inzwischen so an das schwedische Leben gewöhnt bin, dass ich damit nicht länger zurechtkomme? Doch je weiter uns das Taxi in die Stadt bringt, desto besser fühle ich mich. Die tristen Vororte weichen einer schöneren Innenstadt. Nach fast einer Stunde erreichen wir unser Hotel. Wir steigen aus dem Taxi. Obwohl es sonnig ist, ist der Tag nicht so heiß, wie ich befürchtet hatte.

Wir lassen unser Gepäck an der Rezeption stehen und begeben uns ins Frühstückszimmer. Dort nehmen wir uns Teller und bedienen uns am Büffet, wo Brot, Früchte und verschiedene Backwaren angeboten werden. Rivia deutet auf kleine Kugeln und drängt mich, eine davon zu probieren. Ich sehe das Gebäck an, es kommt mir bekannt vor. Rivia sagt, dass es *pão de queijo* sind, Käsebällchen. Ich lade drei auf meinen Teller und lege noch etwas Mango und Papaya dazu. Wir setzen uns. Die Käsebällchen schmecken fantastisch! Ich kann mich daran erinnern, sie als Kind gegessen zu haben; an das Wann kann ich mich nicht entsinnen, aber der Geschmack kommt mir definitiv bekannt vor. Mein Mund erkennt ihn wieder. Ich hole mir Nachschub. Es kommt mir so vor, als versuchte ich ganz Brasilien zu vertilgen.

Eine Stunde später steigen Rivia und ich aus dem Aufzug und betreten die Hotellobby. Nach einer langen Dusche fühle ich mich wie ein neuer Mensch, und wir wollen nun ein wenig Sightseeing in São Paulo machen. Zunächst gehen wir in einen berühmten Park namens Ibirapuera. Dort spazieren wir umher und kaufen Kokosnusswasser. Ich fühle mich leicht berauscht. Pflanzen, Palmen, Gerüche und Sprache kommen mir bekannt vor. Die Sonne scheint auf vertraute Weise warm, und auch wenn ich nicht verstehe, was die Leute um mich herum sagen, kommt mir die Sprache doch bekannt vor.

Nicht mal fünfzehn Minuten später entdecke ich einen Baum, auf den ich klettern möchte. Schnell stelle ich fest, dass meine Jeans zu eng dafür sind, und ich bleibe auf den unteren Ästen sitzen, bis Parkwächter auf uns aufmerksam werden. Ich klettere wieder nach unten, und wir setzen unseren Spaziergang fort.

Wir kommen an zwei riesigen Graffitiwänden vorbei, die wesentlich beeindruckender aussehen als das, was wir bisher gesehen haben. Wir fotografieren uns davor und ziehen weiter. An einem kleinen Stand kaufen wir Süßigkeiten. Rivia verrät mir, welche sie am liebsten mag. Manche kommen mir bekannt vor, andere nicht. Später am Abend gehen wir essen, dann schlafen.

Erschöpft und mit tausenden neuer Eindrücke und Emotionen lasse ich mich in mein Hotelbett sinken. Es fällt mir schwer einzuschlafen. Die Geräusche der Stadt und des Verkehrs scheinen direkt durch die Wand zu dringen. In diesem Moment wird mir bewusst, wie ruhig und angenehm mein Zuhause im schwedischen Umeå ist. Dort fährt höchstens einmal pro Nacht ein Schneepflug vorbei. Hier wiederum ist immer jemand wach.

# Meine beste Freundin rettet mir das Leben

São Paulo, 1980er Jahre

Ich kann mich nicht mehr an alle Einzelheiten erinnern. Ich weiß nur noch, dass Camile und ich beschlossen hatten, in einer schönen Wohngegend zu übernachten, die direkt an den ärmeren Teil der Stadt angrenzte. Es war ein Tag wie jeder andere gewesen, das heißt der typische Überlebenskampf. Wir waren durch die Straßen gerannt, hatten um Geld gebettelt, Portemonnaies gestohlen und auch sonst alles erbeutet, was wir anderen aus der Tasche stibitzen konnten. Hin und wieder flogen wir auf und rannten dann so schnell wir konnten davon. Wir hatten mehrere Verstecke in der Hinterhand, und dort trafen wir uns auch, falls wir auf der Flucht voneinander getrennt wurden. Und wir hatten immer eine Strategie ausgetüftelt, auch wenn es ums Bestehlen ging: Wenn die Person einen bemerkt, man jedoch nicht festgehalten wird – laufen! Für den seltenen Fall, dass man am Arm erwischt und festgehalten wird – so fest es geht in die Hand beißen oder gegen das Bein treten! Sobald man frei ist – um sein Leben laufen! Die Person, die man verletzt hat, wird extrem wütend sein. Wenn jemand einen erwischt und man in der Falle sitzt, kann man nicht mehr viel tun. Man muss einfach versuchen, so fest man kann zuzuschlagen. Treten, beißen, kratzen. Wenn es ein Mann ist, sollte man ihm zwischen die Beine treten. Wenn man sich doch noch freimachen kann – schneller laufen als man je zuvor gelaufen ist!

Es gab noch eine weitere Möglichkeit, wenn man gefangen wurde, und zwar, wenn man zu zweit oder als Gruppe agierte. Die anderen mischten sich in solchen Fällen ein und lenkten den Beklauten ab. In der Zeit konnte man freikommen und, wie gehabt, um sein Leben rennen.

Unser Tag war wie gewöhnlich verlaufen, ohne irgendwelche besonderen Vorkommnisse. Wir hatten miteinander gekabbelt und miteinander gelacht. Wie üblich hatten wir die gesamte Beute schwesterlich miteinander geteilt, uns von Erwachsenen und älteren Straßenkindern ferngehalten und einen großen Bogen um jedes Bandenmitglied gemacht, das wir entdecken konnten. Denn selbst wenn es sich um eine blutjunge Gang handelte, mit Mitgliedern jünger als wir, hatten wir auf die harte Tour gelernt, dass auch die uns schlimm verletzen konnte. Wir hatten keine Chance gegenüber den wildentschlossenen, miteinander verbündeten Kindern, die gelernt hatten zu treten, zu kratzen und zu beißen. Also hielten wir Abstand.

Als Straßenkinder hatten wir es nicht schwer, unbemerkt zu bleiben. Die meisten Leute taten so, als würden sie uns nicht sehen. Sie nahmen uns nur wahr, wenn wir direkt vor ihnen standen und bettelten. Wenn wir an ihren Kleidern zupften und höflich fragten, ob sie uns ein paar Münzen für Essen geben konnten. »Entschuldigen Sie, mein Herr. Haben Sie vielleicht ein bisschen Kleingeld für etwas zu essen? Ich habe schon seit Tagen nichts mehr gegessen.« Oder: »Entschuldigen Sie, schöne Dame, wir sind hungrige Kinder.« Das klappte fast nie. Aber wenn uns jemand etwas gab, überschütteten wir ihn mit Freundlichkeiten und sagten so Sachen wie, dass wir hofften, ein Heiliger würde über ihn oder sie wachen. Denjenigen, die uns nichts gaben, uns von sich stießen oder nach uns schlugen, schrien wir endlose Tiraden von Schimpfwörtern hinterher. Wir benutzen die schlimmsten Ausdrücke, die wir kannten, und das waren wirklich viele.

Genau das taten wir auch an jenem Tag. Und wie so oft wurden wir als Ratten beschimpft. Jedes Mal, wenn jemand das zu uns sagte, wandten wir uns ab und stellten uns taub. Ich weiß nicht, was schlimmer war: angespuckt und fortgestoßen oder komplett ignoriert zu werden. Wenn jemand uns anspuckte, hatte er uns zumindest wahrgenommen und somit unsere Existenz registriert. Vollkommen ignoriert zu werden war so, als würde es uns gar nicht wirklich geben, als wären wir keine Menschen unter Menschen.

Einige Leute gaben uns kein Geld, sahen uns aber zumindest an, sagten Hallo und lächelten. Das tat der Seele gut. Wir Straßenkinder erhielten selten Zuneigungsbekundungen von außen und schenkten uns gegenseitig Liebe – wir tanzten und lachten viel –, aber wir waren trotzdem noch Kinder und sehnten uns danach, unbeschwert spielen und lachen zu können.

In Schweden habe ich nur selten jenes echte, wunderschöne Lachen in mir aufperlen gefühlt. In Brasilien wirkte alles intensiver, ungefilterter. Sowohl der Schmerz als auch die Freude fühlten sich stärker an. Ich habe mich nie mehr so über etwas freuen können wie als kleines Mädchen in Brasilien. Zu jener Zeit konnte ich allein durch Kleinigkeiten wie eine richtige Mahlzeit oder ein Eis in Freudentaumel geraten. Und der Schmerz … fühlte sich grenzenlos an.

Wir spazierten gerade durch eine schönere Nachbarschaft, als wir einen Mann vor einem Laden entdeckten. Camile gab vor, ihn versehentlich anzurempeln, und er rastete gleich aus. Sie stand still vor ihm und ließ seine Schimpftirade über sich ergehen. Er schrie, sie solle die Augen aufmachen und auf ihr Umfeld achten. Camile stellte sich schüchtern und verlegen und bat um Verzeihung. Währenddessen schlich ich mich von hinten an ihn heran und stahl seine Geldbörse. Dann ging der Mann in den Laden. Als er an der Kasse stand, griff er nach seiner Geldbörse und sah zunächst verwirrt drein. Seine Hände suchten sämtliche Taschen ab. Da begriff er, dass er beklaut worden war. Er wirkte zunächst verblüfft, dann wütend.

Camile und ich standen vor dem Schaufenster und beobachteten alles. Er war derjenige, der die Augen aufmachen musste! Wir lachten, bis wir Bauchschmerzen hatten. Sobald der Mann uns sah, flitzten wir so schnell wie möglich davon. Als wir uns weit genug entfernt und in Sicherheit fühlten, setzten wir uns auf eine Bank und öffneten die Geldbörse. Es steckten ein paar Geldscheine und einige Münzen darin. Wir nahmen das Geld heraus und warfen das Portemonnaie fort. Dann gingen wir in ein Restaurant und bestellten zwei gigantische Fleischspieße mit köstlicher Soße. Ich hatte noch nie in meinem Leben etwas so Leckeres gegessen.

Wir hatten danach noch ein bisschen Geld übrig, also kauften wir bei einem freundlichen Mann Wassereis. Er schob einen weißen Wagen auf hohen Rädern und mit einem langen Griff zum Rollen vor sich her, sodass er Eis verkaufen konnte, wo immer er wollte. Das Eis war extrem lecker und schön kalt, was wegen der außerordentlichen Hitze toll war. Ich kaufte ein rosa-orangefarbenes und Camile ein gelbes. Ihres schmeckte nach Mango und meins nach Papaya. Ich mochte ihres lieber als meins; sie lachte und tauschte mit mir. Das Wassereis hatte eine Zylinderform: Jemand hatte Saft in Plastikröhren gegossen, und es schmeckte so, als würde man gefrorenes Wasser mit Saftaroma essen. Wenn man heftig daran saugte, verschwand die Farbe, und man hielt nur noch einen kristallweißen Eisstängel in der Hand, der nach Wasser schmeckte. Aber es war so gut. Wir spielten und waren bester Laune. Gegen Ende des Tages waren wir beide von all dem Spaß, der Hitze und dem schnellen Wegrennen erschöpft. Womöglich konnte eine von uns deswegen nicht mehr entkommen.

Ich war so verdammt sauer auf Camile, weil sie nicht schneller gerannt, schneller verschwunden war. Ich weiß, dass es keinen Sinn ergibt, deswegen wütend zu sein. Was passierte, war weder ihr noch mein Fehler, aber ich war die, die schneller entkommen konnte. Die, die überlebte.

Es dämmerte, und die Nacht brach herein, also war es Zeit für Camile und mich, einen Schlafplatz zu finden. Wir wussten, dass es gefährlich war, in den schöneren Teilen der Stadt zu übernachten, beschlossen aber, das Risiko einzugehen, da es in der Favela gerade richtig übel zuging. Sogar noch übler als sonst. Ab und an schlichen wir uns in die hübschen Stadtteile, gerade so weit, dass wir die reichen Leute durch ihre Fenster beobachten konnten. Wir kletterten über Mauern und Zäune, und einmal wurden wir sogar von zwei großen Hunden in die Flucht gejagt. Camile und ich schafften es gerade noch, über einen hohen Metallzaun mit Stacheldraht zu klettern. Ich konnte den Atem von einem der Hunde an meinem bloßen Fuß spüren – nur wenige Zentimeter lagen zwischen meinem Fuß und seinem Maul.

Eines Nachts krochen Camile und ich vorsichtig an ein wunderschönes weißes Haus heran und schauten durchs Fenster. Dahinter lag ein Zimmer, das uns den Atem verschlug. Es war in zarten Rosatönen eingerichtet, und überall standen Puppen und Spielzeug. Ein weißes Bett war darin, auf dem allerhand Plüschtiere lagen. Ein Mädchen, ein kleines weißes Mädchen, schlief im Bett. Sie sah so friedlich aus, dass Neid und sehnsüchtiges Verlangen nach einer solchen Geborgenheit in mir aufbrandeten. Neben ihrem Bett stand eine Lampe, die Zimmertür war leicht geöffnet.

Aber zurück zu jener Nacht, in der wir um unser Leben rennen mussten. Das war keine Nacht, in der Camile und ich neugierig durch die Fenster reicher Leute spähten. Wir beschlossen allerdings, dort zu schlafen, wo wir nicht wirklich hingehörten. Es war eine warme Nacht, so warm, dass wir nicht wie sonst Arm in Arm schliefen. Ich weiß nicht, wie spät es war. Ich hatte keine Uhr, und auch wenn ich eine gehabt hätte, hätte ich vermutlich nicht gewusst, wie man die Zeit davon abliest.

Unsere Tage bestanden eigentlich immer aus der gleichen Routine. Sobald die Sonne am Himmel erstrahlte, wurde man wach und hörte seinen Magen grummeln. Dann öffneten die Geschäfte. Manche Leute liefen herum, andere fuhren im Auto. Manche waren auf dem Weg zur Arbeit, andere schienen kein Ziel zu haben. Im Slum standen immer ein paar Frauen auf der Straße und kümmerten sich um ihre Wäsche, Kinder rannten umher, harte Kerle marschierten über die Straße, Babys weinten, jemand lachte, und irgendwer saß an seine Hütte gelehnt in der Sonne. Provisorische Feuerchen qualmten, und es roch nach Gewürzen. Bunte Kleidungsstücke wehten an Wäscheleinen, Fußbälle flogen durch die Luft, und überall, wirklich überall waren Kinder. Manchmal wirkte es so, als gäbe es nur Kinder und keinen einzigen Erwachsenen im Slum. Später am Tag grummelte der Magen wieder, alle bewegten sich langsamer, müder. Es wurde dunkel und Nacht. Die Leute legten sich dort hin, wo sie gerade ein Plätzchen fanden, das sie als hoffentlich sicher einstuften. In den schöneren Nachbarschaften liefen weniger Menschen umher, aber wir gehörten nicht dorthin.

Ich weiß nicht, wie lange Camile und ich schon geschlafen hatten, als ich von einem dumpfen Gefühl im Bauch aufwachte. Ich hatte etwas gehört. Ich stupste Camile an, um sie aufzuwecken. Sie blinzelte mich an, und ich hielt meinen Finger an die Lippen, um ihr zu bedeuten, leise zu sein. Sie verstand sofort und setzte sich auf. Ich tippte auf mein Ohr, um ihr zu zeigen, dass ich etwas gehört hatte. Dann wies ich auf die Ecke des nächststehenden Gebäudes. Camile sah besorgt und angespannt aus. Ich glaube, meine Angst hatte sie angesteckt. Wir sahen einander an und versuchten einzuordnen, was ich gehört hatte. Es dauerte nicht lange, bis wir Stimmen vernahmen. Einige Männer unterhielten sich. Wir konnten nicht viel von ihrem Gespräch aufschnappen, aber die Art, wie sie sprachen – ihre Tonlage und ihr raues Lachen –, verriet uns alles, was wir wissen mussten. Wir mussten weg, und zwar zügig. Höchstwahrscheinlich befreiten diese Männer die Nachbarschaft von »Ratten«.

Camile und ich spähten um die Ecke und versuchten unsere

Fluchtchancen abzuschätzen. Wir sahen Kinder in einer Reihe stehen. In dem Moment, als unsere kleinen Köpfe um die Ecke lugten, erblickte uns einer der Männer.

»Sieh mal einer an! Da sind ja noch zwei. Schnell, rüber da und schnappt sie euch!«, bellte er.

»Lauf, Christiana, lauf«, schrie Camile mir zu.

»Schnappt sie euch!«, war das Letzte, was ich hörte, bevor wir lossprinteten, so schnell uns unsere Beine trugen.

Camile rief immer wieder, dass ich mich beeilen solle. Ich hatte panische Angst und rannte um mein Leben. Die nackte Panik in Camiles Stimme stachelte meine Aufregung noch weiter an, sodass ich kaum mehr klar denken konnte. Allein die Angst schien mich zu lenken. Ich sah mich um und erkannte, dass Camile leicht hinter mir zurücklag. Ich verlangsamte meinen Lauf, doch sobald sie das merkte, schrie sie, ich solle schneller rennen. Ich legte wieder einen Zahn zu und merkte, dass die Männer immer näher kamen. Näher an Camile. In ihren Augen stand blanke Angst. Ich hatte keine Ahnung, wohin ich eigentlich rannte. Plötzlich tauchte eine kleine Mauer vor mir auf, und ich sprang an ihr hoch, sodass ich mich mit meinen Händen hochziehen konnte. Ich schaffte es nach oben und richtete mich auf meinen bloßen Füßen auf. Beiläufig registrierte ich, dass meine Arme und Beine zerkratzt waren, doch ich spürte nichts. Schnell wie ein Blitz drehte ich mich um und streckte meine Hand nach Camile aus, um ihr nach oben zu helfen. Ich sah, wie sie in meine Richtung rannte. Dann wurde sie von zwei Männern gepackt, und als ich ihren entsetzten Blick sah, wusste ich, dass sie es nicht schaffen würde. Die Männer hatten sie erwischt. Camile schrie und wand sich in ihren Armen, verzweifelt darum bemüht, sich zu befreien.

Ich wollte von der Mauer springen und ihr helfen, so wie wir uns immer halfen, aber sie schrie, ich solle schnell weglaufen.

Einer der Männer kam in meine Richtung, und ich wusste nicht, was ich tun sollte. Camile brüllte noch einmal: »Lauf!«

Ohne nachzudenken und ohne aktiv eine Entscheidung zu treffen, drehte ich mich um und lief davon. Ich hörte noch, wie der Mann, der Camile festhielt, zu dem anderen Mann sagte: »Hol sie der Teufel.« Ich rannte und rannte, bis mein Gehirn sich etwas beruhigt hatte und ich wieder in der Lage war, einen klaren Gedanken zu fassen.

Mir fiel auf, dass ich nicht länger verfolgt wurde, und ich hielt an. Mein Herz klopfte heftig. Es fühlte sich so an, als befände es sich in meinem Mund, und nicht in meiner Brust. Ich rang nach Luft, und meine Füße taten mörderisch weh. Ich sah an mir herunter und erkannte, dass meine Schienbeine und Knie verschrammt waren. Schmerz fühlte ich keinen. Was sollte ich tun? Ich musste zurück zu Camile. Ich musste ihr helfen! Ich lief langsam zurück und versuchte mich daran zu erinnern, wo ich hergekommen war. Irgendwann hörte ich klagendes Kinderweinen und brummende Männerstimmen und wusste, dass ich ganz in der Nähe war. Mir wurde so flau im Magen, dass ich mich schwindelig fühlte. Ich holte tief Luft und spähte vorsichtig um die Ecke. Fünf oder sechs Kinder standen dicht zusammengedrängt. Ich weiß noch, dass ein älterer Junge, vielleicht zehn oder zwölf Jahre alt, ein kleines Mädchen an der Hand hielt. Die beiden waren starr vor Furcht. Das Mädchen weinte. Camile stand neben ihr. Auch sie wirkte verschreckt. Sie sah sich immer wieder um, so als halte sie nach etwas – jemandem – Ausschau. Sie sah so klein und verängstigt aus.

Nie zuvor war Camile mir klein oder verängstigt vorgekommen. Sie war Camile – übertraf mich in allem, war klüger und auch sonst einfach besser als ich. Es war eigenartig, sie so verwundbar und klein zu sehen. Plötzlich verstand ich, dass sie sich nach mir umschaute. Sie wartete darauf, dass ich ihr half.

Die Männer standen mit dem Rücken zu mir, und ich wagte mich ein wenig weiter nach vorn. Camile drehte sich in meine Richtung, und wir sahen uns an. Ich wusste nicht, was ich tun sollte, und sah mich nach irgendetwas Nützlichem um. Wonach genau, wusste ich auch nicht. Wenn ich einen der Männer hinterrücks angriff, konnten die anderen Kinder vielleicht die anderen beiden außer Gefecht setzen? Aber die Männer waren bewaffnet, und ich hätte niemals einen von ihnen überwältigen können. Dafür hätte es eher fünf oder noch besser zehn Kinder gebraucht. Ich fühlte die Panik zurückkehren. Ich sah Camile an, und sie erkannte mit Sicherheit, was ich dachte. Sie schüttelte fast unmerklich den Kopf, und ihr Blick sagte, *Mach bloß keine Dummheiten.*

Die Männer rückten ein wenig von den Kindern ab. Einige Kinder weinten, andere schrien. Camile stand einfach dort, ihre Augen wirkten unglaublich traurig und verängstigt; doch in ihrem Blick lag etwas. Vielleicht war ich damals zu jung, um das Gefühl klar benennen zu können, aber es war ganz eindeutig da. Sie schenkte mir ein vorsichtiges Lächeln. Was danach geschah, läuft noch immer wie in Zeitlupe vor mir ab. Ich konnte sehen, wie etwas Seltsames mit ihrer Stirn passierte. Ich weiß noch, dass ihr Körper auf groteske Art zu Boden sackte und meine rechte Hand nach oben schoss und sich auf meinen Mund presste, um meinen Schrei zu unterdrücken. Das Letzte, was ich hörte, war ein Schuss. Es schien eine Ewigkeit zu dauern, bis Camiles Körper den Boden erreichte. Ich sah den leblosen Körper meiner Freundin fünfundzwanzig Meter vor mir liegen und hörte weitere Schüsse. Instinktiv drehte ich mich um und begann zu rennen.

Ich rannte. Ich rannte, so schnell ich konnte. Ich rannte so schnell, dass meine Füße, Knie und Lungen wehtaten. Ich weinte. Ich weinte so sehr. Die Tränen verhinderten, dass ich sehen konnte, wo ich hinlief, doch mein Körper bewegte sich weiter, bog links ab, dann rechts und immer geradeaus. Während meiner wahnhaften und wilden Flucht sah ich Camiles Körper zu Boden fallen. Ich sah ihr Gesicht vor mir. Ich sah ihr Lächeln. Ich sah, wie sie tief einatmete und zusammensackte, bevor sie ausatmen konnte.

Ich rannte in jemanden hinein. Ich rannte in etwas hinein. Ich hörte jemanden wütend rufen. Ich rannte einfach weiter. Weg von den Männern, von Camiles Leiche, von allem. Mein Körper hatte die Kontrolle übernommen, ich funktionierte auf Autopilot. Ich wusste nicht, was ich tun sollte oder wohin ich ging. Ich sah vor meinem geistigen Auge nur Camile immer und immer wieder zu Boden fallen.

Als ich aufwachte, lag ich in Embryohaltung mit angewinkelten Knien unter dem Kinn. Ich drehte mich um und streckte meine Arme nach Camile aus, doch sie war nicht da. Der Augenblick, in dem sie mir traurig zugelächelt hatte, blitzte in meinem Kopf auf, und ich brach zusammen. Ich war allein, und ich weinte so heftig wie niemals zuvor. Ich saß unter einer Betontreppe und war vollkommen allein. Ich würde Camile nie wiedersehen. Sie würde mich nie wieder unter der Treppe umarmen. Nie wieder würde ich ihre schöne Stimme und ihre unglaublichen Geschichten hören. Was sollte ich nur tun? Ohne sie wollte ich nicht weiterleben. Der Schmerz rumorte tief in mir und schnitt in meine Eingeweide. Das Atmen fiel mir schwer. Auf einmal kam es mir so vor, als hätte ich vergessen, wie man Luft holt. Auch mit meinem Herzen schien etwas nicht zu stimmen. Es tat weh. Es fühlte sich so an, als würden mich tausend Messer durchbohren. Dann wurde alles schwarz …

Ich weiß nicht, wie lange es schwarz war. Ich weiß nur noch, dass ich beim Aufwachen neben Erbrochenem lag, meinem eigenen Erbrochenen. Meine Augen brannten. Ich rührte mich nicht. Es war mir egal. Ich lag dort und sah Camiles Lächeln immer und immer wieder, und wie etwas mit ihrer Stirn passierte und sie dann umfiel. Ich wusste, dass mein Leben ohne Camile sehr viel düsterer sein würde. *Bitte, komm zurück. Bitte, komm zurück!*

Ich wusste, dass sie nicht zurückkommen würde. Ich blieb lange unter der Treppe. Ich weiß noch, dass es hell wurde und dann wieder dunkel. Ich kann mich daran erinnern, dass mir das mehrere Male auffiel. Als ich aus meinem Nebel erwachte, hatte ich mich verändert. Die Welt war ein dunklerer Ort geworden. Ich setzte mich auf und schlang die Arme um meine Knie. Ich sah auf das Erbrochene vor mir. Ich war müde, so müde. Ich spürte weder Hunger noch Freude noch Sorge. So wie ich dort saß, war ich nichts als eine leere Hülle. Ich beschloss, einfach dort sitzen zu bleiben, bis ich starb oder Camile zurückkam.

Mamãe hatte immer zu mir gesagt, dass ich schlafen sollte, wenn mein Herz schmerzte. Danach würde alles besser sein. Ich fragte mich, ob der Tod auch so war. Wenn man einschlief und irgendwo im Himmel aufwachte, würde sich doch bestimmt alles viel besser anfühlen.

Camile kehrte nicht mehr zurück, dafür aber meine Mutter. Sie fand mich unter der Treppe, wo Camile und ich zuvor regelmäßig übernachtet hatten. Mamãe war da. Sie streichelte mein Haar, sie umarmte mich, und sie flüsterte meine Albträume davon. Es wurde ein wenig besser und dann noch ein wenig besser. Es ist unglaublich, was die Liebe von Eltern bewirken kann. Ohne die Anwesenheit meiner Mutter wäre ich vielleicht nie wieder aus meinem Betäubungszustand erwacht. Wahrscheinlich wäre ich ein Geist geworden und auf der Straße noch verwundbarer gewesen.

Mamãe küsste mich auf Stirn und Wangen und weinte mit mir.

»Christiana, das Leben ist manchmal grausam und ungerecht. Aber gib nie auf, geh immer weiter«, sagte sie. Ich fragte mich, warum. »Trotz allem, was uns passiert ist, sehnen sich unsere Herzen nach dem Guten. Und unsere Herzen sind nicht die einzigen, denen es so geht. Du bist nicht allein, weil andere dich sehen und auf dich achtgeben. Verstehst du?«

Nein, das tat ich nicht. Wer hatte Camile gesehen? Wer hatte auf Camile achtgegeben? Das war nicht gerecht, und ich weigerte mich, es zu verstehen.

»Eines Tages wirst du es begreifen, und bis dahin musst du mir versprechen, dass du immer weiter gehst. Egal, wie sehr es wehtut, du darfst nie aufgeben!«

»Wohin soll ich denn gehen, Mamãe?«

»Das ist egal. Geh einfach weiter, okay?« Sie stand auf und reichte mir ihre Hand. Ich ergriff sie, und wir gingen gemeinsam weiter.

# Über den Wolken

2015

Wahrscheinlich überrascht es nicht, dass ich später mit dem Leichtathletik-Sport begann. Ich absolvierte Zweihundert-, Vierhundert- und Achthundertmeterläufe. Schließlich hatte ich als Kind ausreichend Lauftraining erhalten. Ich war gut im Rennen – fast immer war ich vor etwas auf der Flucht gewesen, und ich war verdammt schnell. Leider endete meine athletische Karriere jedoch nach einer Operation an meinem rechten Fuß. Mit neunzehn Jahren erhielt ich die Diagnose »hoher Verschleiß«. Ich hatte die Füße einer Fünfzigjährigen.

Von Kindesbeinen an bin ich körperlich aktiv gewesen. Ich wollte immer in Bewegung sein und liebte es zu klettern und zu rennen. Sport gab diesem Drang ein Ventil und half mir, Druck abzubauen.

Jetzt stehe ich in meinem Hotelzimmer, betrachte die Skyline von São Paulo und frage mich, ob man vom Balkon aus nach unten springen könnte.

Vor rund zwanzig Jahren habe ich davon geträumt, auf einer Wolke zu sitzen und fliegen zu können. Und dann, 2011, ging ich zum Umeå-Fallschirmsportverein und schrieb mich für einen Kurs ein. Als ich meinen Freunden erzählte, dass ich Fallschirmspringen lernen wollte, fragten einige von ihnen, ob ich noch ganz richtig im Kopf sei. Ich habe jedoch nie bezweifelt, dass ich es lieben würde zu fliegen. Natürlich ist es nervenaufreibend und verteufelt schwierig, aus einem Flugzeug zu springen. Aber diese Angst beweist doch nur, dass man einen gesunden Menschenverstand besitzt.

Außer mir haben noch sechs Männer den Kurs besucht. Nachdem wir den theoretischen Teil hinter uns gebracht hatten, war es an der Zeit zu springen, unsere Flügel (die Gleitschirme) zu öffnen und auf eine weiche Landung zu hoffen. Wir stiegen ins Auto und fuhren Richtung Süden nach Söderhamn, wo wir sieben, aufgeregt und reichlich nervös, unseren ersten Sprung vor uns hatten. Ich kann mich noch so genau daran erinnern, als sei es erst gestern gewesen. Das werde ich nie vergessen.

Fallschirmspringen ist eine sehr wetterabhängige Sportart. Der Wind sollte nicht zu stark sein, die Wolken nicht zu tief, und Regen ist auch nicht ideal.

An jenem Wochenende war es teilweise bewölkt und regnete hin und wieder. Einige Kursleiter und weitere Skydiving-Neulinge, die ebenfalls ein Zertifikat erwerben wollten, begleiteten uns. Damit es möglichst fair zuging, wurde die Sprungreihenfolge ausgelost. Am liebsten wäre ich als eine der Ersten gesprungen, aber das Los entschied, dass ich als Letzte dran war. Es wäre mir lieber gewesen, nicht zu viel Zeit zum Nachdenken zu haben. So würde man nur nervös werden. Ich wollte nicht herumsitzen und den anderen beim Absprung zusehen müssen. Wenn man einmal beschlossen hat zu springen, will man das nur noch hinter sich bringen. So ist es einfach.

Die Zeit verging, und ich saß da und sah dabei zu, wie einer nach dem anderen aufstand und sprang. Sie landeten. Manche schwärmten von dem Erlebnis, andere waren blass um die Nase. Ich saß den ganzen Tag herum und musste warten. Meine Nervosität wuchs und wuchs, und am nächsten Tag war ich extrem angespannt. Ich saß auf dem Boden und ging den Ablauf des Sprungs noch einmal gedanklich durch. Ich würde aus einem An-28-Flugzeug springen. Die Maschine war mit einer Heckrampe ausgestattet, was bedeutete, dass meine beiden Betreuer und ich aus dem Stand abspringen würden. In der Luft würde ich meinen Rücken durchdrücken und eine gespannte Fallposition einnehmen müssen. In vier Kilometern Höhe sollte ich abspringen und eineinhalb Kilometer über dem Erdboden dann meinen Begleitern per Handgeste signalisieren, dass ich plante, meinen Fallschirm zu öffnen. Dann sollte ich die eine Hand vor dem Gesicht behalten, um mein Gleichgewicht zu wahren, und mit der anderen Hand an einem kleinen Ball an meiner Ausrüstung ziehen, dem Hacky, um den Fallschirm zu öffnen.

*Da ich weiß, wie wichtig das muskuläre Gedächtnis ist, ziehe ich meine Ausrüstung an, schnappe mir den Fallschirm und lege mich auf den Boden. Dann spanne ich meinen Rücken an und blicke auf mein linkes Handgelenk, wo der Höhenmesser befestigt sein wird. Ich tue so, als würde er vier Kilometer anzeigen, mache die vorgeschriebene Handbewegung und greife dann nach dem Hacky. Das wiederhole ich mehrere Male. Meine Hand findet den kleinen Ball bei jedem Versuch mühelos, und mein Selbstvertrauen nimmt zu. Es wird keine Schwierigkeiten geben. Ich werde meinen Fallschirm öffnen können. Meine beiden Ausbilder kommen zu mir herüber. Sie überprüfen, ob ich meine Ausrüstung richtig angelegt habe, und sehen noch einmal nach meinem Reservefallschirm. Jens, mein Hauptausbilder, bittet mich, noch einmal den Ablauf durchzugehen. Ich beschreibe jedes Detail, und die Ausbilder nicken zufrieden. Anschließend dürfen alle Fallschirmspringer ins Flugzeug. Ich gehöre endlich auch dazu. Nervosität überkommt mich, meine Schweißdrüsen werden aktiv, und mein Puls beschleunigt sich.*

*Ich versuche mich cool zu geben, doch die beschwichtigenden Blicke der anderen signalisieren mir, dass sie mir meine Aufregung ansehen. Vierundzwanzig Leute sind im Flugzeug. Die Motoren beginnen zu rattern, und das Flugzeug rollt los. Mein Herz pocht ein wenig heftiger, ein wenig schneller. Ich sehe zu Jens hinüber, der mir aufmunternd zulächelt. Das Flugzeug hebt ab, jetzt gibt es kein Zurück mehr. In fünfzehn Minuten – so lange dauert es, bis wir vier Kilometer Höhe erreicht haben – werde ich mich aus einem voll funktionstüchtigen Flugzeug werfen. Bin ich etwa verrückt geworden? Was habe ich mir nur dabei gedacht?*

*Ich atme ein paar Mal tief ein und aus und versuche mich daran zu erinnern, warum ich das hier mache und was ich mir von dem Sprung erhoffe. Und irgendwo mittendrin schließe ich meine Augen und sehe meine Beine – neben denen von Mamãe – über den Rand eines Höhleneingangs baumeln. Schon als Kind habe ich den intensiven Wunsch verspürt, fliegen zu können. Und ich höre noch, wie Mamãe mir sagte, dass nichts unmöglich sei.*

*Ich öffne meine Augen und sehe zu den anderen Skydivern hinüber – wenn die das schaffen, schaffe ich es auch. Wir befinden uns inzwischen in etwa 2.500 Metern Höhe. Jens dreht sich zu mir um und bittet mich, noch einmal den Ablaufplan mit ihm durchzugehen. Ich konzentriere mich voll auf unser Gespräch und gehe den Sprung noch einmal gedanklich durch. Anschließend setzen wir unsere Schutzbrillen auf, und mit einem Mal wirkt das ganze Vorhaben extrem real. Ich beobachte die anderen Springer dabei, wie sie lachen und ihre Helme, Handschuhe und Schutzbrillen überstreifen. Sie sehen so entspannt aus. Dann ertönt die Stimme des Piloten aus den Lautsprechern. Das Heck öffnet sich, und die Rampe wird ausgefahren. Kalte Luft dringt ins Flugzeug. Ich sitze relativ weit hinten, kann jedoch durch die Rampenöffnung schon ein Stückchen Himmel erkennen. Mein Puls ist inzwischen irrsinnig schnell. Ich höre die Stimme unseres Piloten: »Grünes Licht, grünes Licht, springt, springt!« Was? Ich denke …* Wir sollen jetzt schon springen? Ich weiß nicht, ob ich schon so weit bin …

*Die Fallschirmspringer werfen sich einer nach dem anderen aus dem Flugzeug. Mein Ausbilder und ich haben unsere Position eingenommen. Meine Beine zittern fürchterlich. Ich überlasse mich dem Flow und sehe den anderen beim Absprung zu. Dann stehe ich an der Öffnung und überlege, ob ich es nicht vielleicht doch besser sein lasse. Ich schaue nach hinten und sehe, wie die anderen drängeln. Ich habe keine Wahl. Mein Blick kreuzt sich mit dem eines anderen Anwärters, und ich erkenne meine eigene Nervosität in seinen Augen. Wir stehen jetzt an der Rampe. Ich drehe mich um und gehe rückwärts in Richtung Kante. Meine Panik muss ich nun unterdrücken und mich stattdessen an das erinnern, was ich gelernt habe. Ich sehe zu Jens, er erwidert meinen Blick, und ich nicke. Er nickt zurück. Das Gleiche wiederhole ich mit meinem zweiten Ausbilder, Magnus, der auf der anderen Seite neben mir steht. Ich gehe leicht in die Knie, meine Beine zittern, und schreie schnell die Worte heraus, die ich vorher auf dem Erdboden so viele Male ruhig und langsam wiederholt habe: »Achtung, fertig, los!«*

*Dann mache ich einen Schritt aus dem Flugzeug hinaus, ins Nichts.*

*Auf dem Weg nach draußen stößt einer meiner Ausbilder gegen das Flugzeug, und ich lande verkehrt im Wind. Statt ein weiches Luftkissen zu erwischen, komme ich ins Schleudern. Ich drehe und drehe mich, sehe Boden, Flugzeug und den Himmel. Freude überkommt mich, und ich denke,* so fühlt sich also Fliegen an. *Ich lächle und vergesse ganz, dass ich mich an einen Ablaufplan halten muss. Dann spüre ich, wie mein Ausbilder Magnus mich loslässt, und bin mit einem Mal zurück in der Realität. Wir hatten über mögliche Szenarien gesprochen, in denen ein Ausbilder einen loslässt.* Moment mal, *denke ich …* Das heißt, dass irgendetwas schiefläuft … *Ich wende mich um und sehe, dass Jens fest nach meinem rechten Arm und meinem rechten Bein greift. Wir drehen uns immer noch wild durch die Luft und ich begreife, dass er versucht, meinen Fall zu stabilisieren. Ich weiß, dass es gefährlich ist, einen Fallschirm zu öffnen, wenn man nicht kontrolliert fällt. Man kann sich verheddern. Jetzt bin ich wieder hellwach, spanne meine Rückenmuskulatur an, winkle meine Beine leicht an und bilde mit meinen Armen einen Halbkreis. Innerhalb weniger Millisekunden befinde ich mich in einer stabilen*

*Fallposition. Ich sehe auf den Höhenmesser: 3.300 Meter über dem Erdboden. Ich bin fast siebenhundert Meter frei gefallen.*

*Ich beginne mit dem eingeübten Ablauf. Ich sehe zu Boden, erkenne jedoch nur Grün. Also wähle ich eine Wiese am Horizont als mein anvisiertes Ziel (ein wichtiger Orientierungspunkt für das weitere Geschehen). Etwa 2.500 Meter über dem Erdboden gebe ich den anderen das vereinbarte Signal, halte eine Hand vor mein Gesicht und will mit der anderen am Hacky ziehen. Ich finde ihn nicht. Er müsste doch da sein … Aber meine Hand findet ihn nicht. Ich werde panisch. Wo zur Hölle ist dieser Ball? Ich muss meine Reißleine ziehen.*

*Plötzlich spüre ich einen Ruck. Ich sehe nach oben und schaue meinem roten Fallschirm dabei zu, wie er Luft aufnimmt, Stück für Stück, und sich dann ganz entfaltet. Mir wird klar, dass Jens an meiner Reißleine gezogen haben muss. Der Ausbilder greift ein, wenn es einem Kursteilnehmer nicht gelingt, seinen Fallschirm auszulösen. Aber es ist noch nicht vorbei. Knapp einen Kilometer über dem Erdboden hänge ich nun unter meinem Fallschirm. Jetzt kann mir kein Ausbilder mehr helfen. Ich sehe mich nach anderen Skydivern in meiner Nähe um, dann fasse ich nach meinen Steuerleinen und der Bremsleitung und versuche auszumachen, wo ich landen kann. Mir ist panisch zumute. Vor diesem Teil hatte ich am meisten Angst: allein die Landung navigieren zu müssen. Meine Nervosität steigt, da ich keine passende Stelle erkennen kann. Ich frage mich, ob ich überhaupt richtig im Wind stehe. Muss ich entlang oder entgegen der Windkante segeln? Ich spähe auf den Boden hinunter und versuche festzustellen, aus welcher Richtung der Wind kommt. Doch der Boden ist einfach grün. Dann fällt mir ein, dass ich mit dem Rücken zur Sonne sein soll, und die ist links von mir. Wenn ich meine Position anpasse, fliege ich in die richtige Richtung. Endlich sehe ich das Landefeld. Ich bremse ab und lande sachte und akkurat auf dem Gras.*

*Die Landung verläuft so entspannt, als würde man einen Schritt von einem Bordstein herunter machen. Ich hab's geschafft! Ich habe mich aus einer Höhe von viertausend Metern aus einem Flugzeug ge-*

*stürzt. Ich bin mit einer Geschwindigkeit von siebenundsiebzig Kilometern pro Stunde durch die Luft getaumelt, bin mit einem Fallschirm gesegelt und habe eine wunderbare Landung nahe den anderen hingelegt. Ich bin so glücklich und so stolz. Und zum ersten Mal, seit ich mich erinnern kann, fühle ich mich so, als wäre ich frei.*

*Vermutlich werde ich kein Zertifikat erhalten, weil ich meinen Fallschirm nicht selbst öffnen konnte. Doch das ist mir in diesem Moment egal, ich fühle nichts als Freude.*

*Mir wurde immer wieder gesagt, ich müsse eine Todessehnsucht verspüren oder ein »echter Adrenalinjunkie« sein, um solch eine gefährliche Sportart auszuüben. Aber das ist es nicht. Ich musste mein Leben lang um meine bloße Existenz kämpfen. Ich bin Skydiverin geworden, weil ich mich frei dabei fühle und weil es über den Wolken so unendlich schön ist. Mein Gehirn muss dann zu hundert Prozent im Jetzt sein. Das heißt, dass ich in den sechzig Sekunden, bevor ich meinen Fallschirm öffne, nicht an das Gestern oder Morgen denken kann. Das gelingt mir ansonsten so gut wie nie: Momente, in denen ich einfach nur im Jetzt sein kann, sind rar.*

Adrenalin rauschte in meinem Blut, während ich meinen Fallschirm einsammelte und mich in Richtung der anderen bewegte. Alle fragten, wie es gewesen sei. Ich lachte nur und sagte, ich sei vermutlich durchgefallen. Dann kam Jens zu mir herüber und bat mich, den Sprung noch einmal mit ihm durchzugehen. Ich erzählte ihm alles, woran ich mich noch erinnern konnte. Als ich fertig war, sah er mich überrascht an und sagte, dass es ungewöhnlich sei, so detaillierte Erinnerungen an seinen ersten Sprung zu haben. In dem Moment dachte ich nur, dass es für mich nicht das erste Mal gewesen war, dass ich mich in einer potenziell lebensbedrohlichen Situation befunden hatte. Und ich bestand meinen ersten Sprung.

Nur wenige Schweden betreiben Extremsportarten, ich bin eine von ihnen. Etwa tausendfünfhundert Skydiver haben eine Lizenz erworben, und nur zwanzig Prozent davon sind Frauen. Ich habe mich schon oft gefragt, was uns fallschirmspringende Frauen wohl verbindet. Abgesehen von unserer gemeinsamen Leidenschaft für den Sport sind wir sehr unterschiedlich, haben verschiedene Hintergründe, Persönlichkeiten, Alter und entstammen gemischten sozialen Schichten. Ich nehme mal an, dass jede dieser Frauen ihre eigenen Gründe für den Fallschirmsport hat. Für mich hat es im Kindesalter auf der anderen Seite des Atlantiks über dem Eingang einer kleinen Höhle begonnen. Mit den Worten meiner Mutter, die ich mein Leben lang im Herzen trug: »Nichts ist unmöglich.« Ich habe versucht, mein Leben danach auszurichten. Und Ängste sind dafür da, dass man sie besiegt. Ich hätte mir schon mit achtzehn den Wunsch zu fliegen erfüllen können, doch es dauerte zehn Jahre, bis ich meine Flügel ausbreiten konnte. Ich glaube, dass die Dinge geschehen, wenn wir bereit sind, und dass man eine einmal geöffnete Tür nicht so leicht wieder schließen kann. Ich gehe meistens hart mit mir ins Gericht, wenn ich keinen Erfolg habe oder nicht besonders gut in etwas abschneide. Doch selbst als ich dachte, ich hätte etwas vermasselt, von dem ich so lange geträumt hatte, fühlte ich nichts als Glückseligkeit, absolute Freiheit.

Fallschirmspringen zählt noch immer zu meinen Hobbys. In jeder Wolke, durch die ich falle, spüre ich Mamãe und Camile an meiner Seite. Ich springe zwar nicht von Wolke zu Wolke, so wie ich mir das früher gerne ausgemalt habe, aber ich falle glücklich durch sie hindurch. Bei jedem Sprung trage ich ein breites Grinsen zur Schau. Als ich das erste Mal durch eine Wolke fiel, lachte mich mein Ausbilder Gunlög aus, weil ich versuchte, mein Gesicht mit der Hand zu schützen. Ich wusste zwar, dass Wolken aus keinem festen Material bestehen, aber meine Kindheitsfantasie von begehbaren Wolken war so fest in mir verankert, dass ich mein Gesicht instinktiv vor einem harten Aufprall schützte. Günlog lachte noch mehr, als ich das beim nächsten Sprung wiederholte.

# Die Geschichte der Wolkenmenschen

São Paulo, späte 1980er

Beim Fallschirmspringen denke ich oft an Camile. Sie hat mir einmal eine Geschichte erzählt, die sich tief in mein Gedächtnis eingebrannt hat. Als ich jünger war, habe ich sie sogar aufgeschrieben, so anhaltend hat sie mich beschäftigt. Womöglich kann ich mich noch so gut daran erinnern, weil es die letzte Geschichte war, die Camile mir erzählt hat, bevor ich sie verlor.

Camile und ich saßen auf einem Stück Pappe unter einer Betontreppe. Es war Nacht, und unser Unterschlupf war dunkel und gemütlich. Wir saßen vor irgendeiner Fabrik – was dort hergestellt wurde, wussten wir nicht. Ich habe die Dunkelheit immer gemocht, vor allem als Mamãe und ich noch im Wald lebten. Von der Dunkelheit umgeben zu sein hatte etwas Warmes und Sicheres an sich. Draußen im Wald konnte man die Sterne und Glühwürmchen sehen. Eine Weile lange habe ich sogar gedacht, die Sterne seien Glühwürmchen, die zu hoch geflogen und an einem Stück schwarzen Fliegenfängerstreifen kleben geblieben sind. Inzwischen wusste ich es besser, weil Mamãe mir erklärt hatte, dass Glühwürmchen nicht so hoch fliegen konnten und dass die Sterne, die ich sah, riesige, brennende Feuerbälle waren, die nur so klein wirkten, weil sie weit von uns entfernt waren. Ich wusste auch, dass die Dunkelheit, so sehr ich sie auch mochte, Böses mit sich bringen konnte. Nachts geschahen Dinge, die tagsüber nicht passierten. Die Dunkelheit verbarg das Böse, und wenn das Licht wieder zurückkehrte, war es oft so, als sei es nie dunkel gewesen.

Unser Abendessen bestand aus einer Orange, einem Stückchen Brot und zwei angenagten Würstchen, die ich aus einer Abfalltonne hinter einem Restaurant gefischt hatte. Wir teilten alles gerecht untereinander auf.

»Erzähl mir was«, bat ich Camile, den Mund voller Brot. Camile erzählte immer die wundersamsten Geschichten über seltsame Tiere, böse Menschen und fremde Welten. Geschichten, die meistens glücklich endeten.

»Okay.«

Wir saßen eine Weile schweigend nebeneinander, und ich wusste, dass sie sich nun eine Geschichte ausdachte. Ich war ungeduldig, wie immer, aber ich wusste, dass ich abwarten und ruhig sein musste, wenn ich etwas erzählt bekommen wollte. Einige Minuten vergingen, und es kam mir wie eine Ewigkeit vor. Dann begann sie endlich mit ihrer Geschichte, ich machte es mir bequem und spitzte die Ohren. Camiles Stimme klang wie ein sanftes Flüstern, als sie zu sprechen begann: »In einer Welt über dem Boden, irgendwo zwischen Erde und Himmel, lebten die Wolkenmenschen.«

Ich lächelte, weil ich alles liebte, was mit Wolken zu tun hatte, und Camile das genau wusste. Das ist die Geschichte, die sie mir erzählte:

*Die Wolkenmenschen*
*von Camile*

*In einer Welt über dem Boden, irgendwo zwischen Erde und Himmel, lebten die Wolkenmenschen. Über die Wolkenmenschen solltest du wissen, dass sie alle gut waren. Sie diskriminierten niemanden wegen seiner Hautfarbe, weil sie selbst aus allen Farben des Regenbogens gemacht waren, und bezeichneten sich selbst als* Die Bunten. *Hass und Schmerz gab es nicht in ihrer Welt, aber Tränen sah man schon hin und wieder. So unterschieden sie zwischen dem Guten und dem Schlechten, das die Menschen einander antaten. Wenn sie jemanden dabei beobachteten, wie er etwas Schlechtes tat, wurden sie so traurig, dass sie weinen mussten. Wenn sie eine gute Tat beobachteten, kamen sie alle zusammen und hielten einander an den Händen. Dann formten sie das Schönste, was sie zustande brachten – einen Regenbogen.*

*Eines Tages stiegen zwei Söhne der Wolkenmenschen hinab auf die Erde. Der eine war gelb, der andere blau. Man hatte ihnen aufgetragen, die Menschen zu studieren. Der Gelbe sollte das Gute untersuchen, der Blaue das Schlechte. Der Gelbe wurde zu den Menschen des Waldes entsandt, einem Indianerstamm, der in Harmonie mit dem Wald und seinen Tiere lebte. Der Blaue wiederum musste sich in der Stadt São Paulo umsehen, wo er sich einer Straßengang anschließen sollte. Die Indianer halfen dem Gelben, ihr kleines Dorf zu finden. Sie kümmerten sich um ihn, gaben ihm Essen und eine kleine Hütte, in der er schlafen konnte. Und sie sagten ihm, er könne so lange bleiben, wie er wolle. Der Gelbe lebte ein glückliches Leben und erlebte alles Schöne, was die Menschen zu geben hatten. Dadurch begann er zu leuchten. Um seinen Kopf herum strahlte er geradezu. Der Häuptling des Stammes fragte ihn, wer er sei, und der Gelbe erzählte von seiner Heimat und vom Grund seines Besuchs. Der Häuptling fragte ihn, ob der Stamm ihn enttäuscht habe, und der Gelbe antwortete: »Wir leuchten nur, wenn wir von Freude und Liebe umgeben sind.« Der Gelbe bedankte sich bei den Indianern und kehrte zu seinem eigenen Volk zurück, doch bevor er verschwand, erstrahlte noch der schönste Regenbogen über den Indianern, den sie je gesehen hatten.*

*Der Blaue suchte nach den bösen Menschen von São Paulo. Er beabsichtigte, die Herzen der Verkommenen und Gemeinen wieder mit Liebe zu füllen. Bald traf er auf eine Bande und beobachtete sie. Je mehr schlimme Sachen die Mitglieder anstellten, desto mehr verzweifelte er. Er erkannte, dass er etwas Grässliches anrichten musste, wenn er ihnen näherkommen wollte. Eines Tages befahl der Banden-*

*führer, der Blaue solle einen kleinen Jungen töten, der der Bande etwas gestohlen hatte. Dann würde man den Blauen in den inneren Kreis aufnehmen. Der Blaue spürte, wie mit jedem Tag auf der Erde etwas Böses in ihm wuchs. Eines Tages lauerte er dem kleinen Jungen auf und tötete ihn. Dann ließ er sich zu Boden sinken und weinte. Er weinte die ganze Nacht. Es fühlte sich an, als sei etwas in ihm gestorben, als sei ein Licht erloschen. Endlich kam der Tag, an dem er nach Hause zurückkehren durfte. Als er dort eintraf, sahen ihn die anderen voller Abscheu an. Seine Tat ekelte sie so sehr an, dass sie ihn in einer Wolke einschlossen und zehn Wachmänner abstellten, die auf ihn aufpassen sollten. Da begann der Blaue zu hassen, und dieser Hass wurde mit jedem Tag, der verging, stärker, bis nichts anderes mehr in seinem Herzen übrig war als Hass. Er schaffte es, Dunkelheit in die Herzen der Wachmänner zu streuen und sie davon zu überzeugen, ihn freizulassen. Die Wolke war nun so sehr von Hass durchwirkt, dass Feuer aus ihr schoss. Endlich erkannten* Die Bunten *die Gefahr und mussten sich zur Wehr setzen. Bis heute dauert der Kampf zwischen* Den Bunten *und den bösen Wolkenmenschen an.*

»Deshalb gibt es helle und dunkle Wolken am Himmel«, erklärte Camile. Und so endete eine weitere wunderbare Geschichte.

»Camile?«, fragte ich.

»Hm«, gab sie vorsichtig zurück. Sie wusste, dass ich nun hundert Fragen auf sie abfeuern würde.

»Es muss komisch sein, keinen Namen zu haben und nur der Gelbe und der Blaue genannt zu werden. Woher soll man denn da wissen, wer wer ist? Woher würdest du wissen, wer ich bin? Wie würde ich nach dir rufen, wenn ich dich verliere?«

Camile lächelte und antwortete mit einer Gegenfrage: »Warum solltest du mich verlieren?«

»Wir werden vielleicht voneinander getrennt.«

»Christiana, glaubst du, die Indianer haben den Gelben vergessen?«

»Nein!«

»Na also, dann haben sie ihn nicht verloren, oder? Und genauso wenig werden wir beide uns aus den Augen verlieren.«

Camile war wie eine kleine Kopie meiner Mutter, und manchmal nervte es mich, dass sie klüger war als ich. Vor allem, weil sie nicht so viel älter war. Camile war wie eine weise kleine Dame, eine alte Seele. Sie gab mir auch ständig Rätsel auf, für die ich viel zu lange brauchte. Meistens kam ich mir dann recht dumm vor.

»Sind wir beide der Gelbe und der Blaue?«, fragte ich sie.

»Wie kommst du darauf?«

»Weil du meistens Geschichten von zwei Leuten erzählst und es sich dann immer so anfühlt, als würdest du über uns beide reden.«

»Nein, ich hab nicht über uns gesprochen. Ansonsten wären beide gelb gewesen.« Sie lächelte und griff nach meiner Hand. In der Nacht schliefen wir wie so oft auf plattgetretenen Kartons und hielten einander dabei im Arm.

Wenn ich heute an Camile denke, stelle ich fest, dass es kein Zufall sein kann, dass ich Fantasy-Romane liebe. Ich lese sie, um mich Camile nahe zu fühlen und um in einer Welt voller Magie zu versinken, in der alles möglich ist, aber auch, weil die Geschichten einen über das Leben und die Menschen nachdenken lassen. Patrick Rothfuss' Epos *Der Name des Windes* liegt auf dem Nachttisch meines Hotelzimmers. Wenn ich an das denke, was mit Camile geschehen ist, und an das unendlich tiefe Loch, in das ich danach gefallen bin, finde ich in seinen Worten Trost. Rothfuss sagt, dass wir ein bemerkenswertes Talent haben, mit Schmerz und Leid umzugehen, und dass wir dabei vier Phasen durchwandeln. Zunächst kommt der Schlaf, der uns Schutz und Abstand schenkt. Dann folgt das Vergessen, denn manche Wunden sind zu tief, um zu heilen. Als Drittes ist dann die Verrücktheit an der Reihe: Wenn die Realität nur aus Schmerz besteht, muss man daraus flüchten. Die letzte Phase ist der Tod. Wenn wir erst einmal tot sind, kann uns nichts mehr verletzen.

Ich weiß genau, wie es sich anfühlt, die drei ersten von Rothfuss beschriebenen Phasen zu durchlaufen. Die letzte kenne ich noch nicht, aber manchmal hat sich der Schmerz so schlimm angefühlt, dass ich glaubte, dem Tode nahe zu sein.

Wenn ich jetzt auf diese Betonstadt hinabsehe, wo ich eine Zeitlang Schmerz und Trauer, Freude und Freundschaft erlebt habe, tröstet es mich zu denken, dass Camile nicht nur in mir weiterlebt, wenn ich von unserer gemeinsamen Geschichte erzähle. Sie lebt für immer. Während zahllose Kinder verschwinden, sterben und ihre Namen vergessen werden, wird ihr Name bestehen bleiben, und ein Teil ihrer Geschichte wird durch mich und das Erzählen meiner Geschichte weiterleben. Ich wusste, wie sehr sie sich gewünscht hat, dass die Wahrheit ans Licht kommt. Und die Wahrheit ist, dass die Militärpolizei, also diejenigen, die die Menschen beschützen sollten, ganze Stadtteile von Straßenkindern »gesäubert« haben. Wenn man das heute hört, könnte man glauben, es handle sich um ein böses Märchen. Leider hat es sich jedoch wirklich so zugetragen. Und leider passiert es immer noch.

Lange habe ich mich dafür geschämt, dass ich mich nicht hinter meiner Ecke hervorgewagt habe, der Ecke, hinter der ich mich versteckt hielt. Ich bereute es, nicht zu Camile gegangen zu sein und ihre Hand auf dem letzten Teil ihrer Reise zu halten. Leider verfolgt unser größtes Bedauern uns für den Rest unseres Lebens. Ich weiß, dass das irrational ist. Camiles Tod war sinnlos, und meiner wäre es ebenso gewesen. Aber man lässt seine Freundin und Schwester nicht einfach so im Stich. Und doch habe ich genau das getan. Absurderweise habe ich mich jahrelang schlecht und schuldig für die böse Tat eines anderen gefühlt. Es macht mich wütend, dass man mir nicht nur eine unerträgliche Trauer auferlegt, sondern mich auch noch als Sechs- oder Siebenjährige dazu gezwungen hatte, mich zwischen einem gemeinsamen Tod mit meiner Freundin oder einem Weiterleben voller Schuldgefühle zu entscheiden.

Wir können unser Handeln und unser Selbst in allerlei Schubladen einordnen und mit den unterschiedlichsten Begriffen etikettieren. Aber das sind nur Worte, und Worte sind keine Taten. Unsere Taten definieren uns. Man sagt, dass man loslassen soll, was man liebt, und dass es, wenn man Glück hat, danach zu einem zurückkehrt. Ich glaube, dass das Gleiche für den Hass gilt: Wenn du den Hass loslässt, wirst du frei. Hass vereinnahmt dich. Jahrelang habe ich diese Männer dafür gehasst – für das, was sie meiner besten Freundin und mir angetan hatten. Sie haben Camiles Leben ausgelöscht und einen Teil meines Lebens geraubt. Diesen Männern schenke ich kein Stück mehr von mir oder meinem Leben, das sind sie nicht wert.

## *Kinder schenken Worten Flügel*

Camile hat mir so viel bedeutet und tut es immer noch, bis heute. Wir haben während unserer Kindheit viele Abenteuer und schmerzliche Erfahrungen geteilt. Ich werde mich immer voller Freude, Lachen und Zuneigung an sie und unsere gemeinsamen Jahre erinnern. Sie war ein intelligentes kleines Mädchen und eine geborene Geschichtenerzählerin, und sie schenkte jedem, den sie kannte, Wärme und Glück. Neben den düsteren und schlimmen Erinnerungen denke ich auch gerne an folgende Szene zurück:

Eines Tages schaute Camile zu mir herüber, schnappte sich einen Kieselstein und warf ihn nach mir.

»Warum schmollst du schon wieder?«, fragte sie spöttisch.

»Ich frag mich, warum es so schwer ist, die Worte von Erwachsenen zu verstehen. Warum verstehen die sich untereinander so gut, und ich komme kaum mit? Bin ich dumm?«

»Ein bisschen vielleicht«, gab sie mit einem schrägen Grinsen zurück. »Aber ich glaube, du meinst nicht ihre Worte, sondern das, was sie eigentlich sagen wollen. *Das* verstehst du nicht.«

»Das habe ich doch gerade gesagt!«

»Nein, Christiana. Du hast gesagt, ihre *Worte* seien das Problem. Das sind zwei verschiedene Dinge.«

»Das habe ich auch gesagt.«

»Jetzt bist du wirklich dumm!«

»Nein, *du* bist dumm!«, schoss ich zurück und streckte ihr die Zunge raus. Sie verdrehte die Augen. Ich griff nach dem Kiesel, den sie nach mir geworfen hatte, und pfefferte ihn in Camiles Richtung zurück. Camile begann zu lachen. Wir saßen beide im Schneidersitz auf dem Boden. Wir hockten nah nebeneinander und spielten auf der roten Erde, wo wir kleine Häuschen bauten und versuchten, winzige Schlammtiere zu formen. Camile hörte nicht auf zu lachen und ich sagte ihr, sie solle sich einkriegen. Ich merkte, dass sie es versuchte, und auch, dass sie dadurch nur noch mehr lachen musste. Ich versuchte, böse zu gucken, aber es wurde immer schwieriger, weil ihr Lachen so ansteckend war. Schließlich hielten wir beide uns die Bäuche vor Lachen.

Als Camile endlich nicht mehr lachen musste, sagte sie: »Gott hat uns die Worte geschenkt.«

Sie gestikulierte mit beiden Händen und beschrieb einen großen Kreis, um zu zeigen, wie krass das war.

»Die Erwachsenen versuchen, sie zu verstehen« – sie deutete mit dem Zeigefinger auf ihren Kopf – »aber wir Kinder schenken ihnen Flügel.«

Sie wackelte mit den Ellbogen, so als sei sie ein Hühnchen.

»Wir lassen die Worte fliegen.«

Sie stand auf und reichte mir die Hand.

Ich ergriff sie und stand ebenfalls auf. Camile rannte los und hielt ihre Arme seitlich vom Körper abgewinkelt, so als sei sie ein Flugzeug. Sie neigte ihren Körper nach rechts und dann wieder nach links, und ich rannte hinter ihr her und tat das Gleiche. Wir lachten beide, sie drehte sich zu mir um und schenkte mir ein breites Grinsen. Dann rannte sie direkt gegen einen Laternenpfahl und plumpste auf ihren Hintern.

Ich bremste ab. Zuerst war ich entsetzt, aber als ich sah, dass alles okay war, lachte ich sie aus. Sie schaute mich griesgrämig an, und ich schaffte es, zwischen zwei Lachern herauszupressen: »Vielleicht denkt Gott, dass du lieber am Boden bleiben solltest. Sonst hätte er dich wohl nicht so fest umgeworfen.«

Camile streckte mir die Zunge heraus, und ich hörte auf zu lachen. Dann kicherte sie.

So war Camile.

# Die Favela

São Paulo, 1989–1991

Während unserer Zeit in der Höhle hatte Mamãe mir beigebracht, wie man eine Steinschleuder baut. Man muss genau auf das Holz und das Gummi achten, das man nimmt, um eine stabile, treffsichere und gute Steinschleuder anzufertigen. Santos hatte bereits eine eigene Steinschleuder, und ich half Camile, ebenfalls eine eigene zu bauen und damit schießen zu lernen. Unsere Beute bestand in der Favela meistens aus anderen Kindern, Tieren oder irgendeinem Zeug auf der Straße.

Ich weiß nicht, ob ich eine miese Lehrerin oder ob Camile einfach irrsinnig untalentiert war, aber sie war eine richtig schlechte Schützin. Einmal zielte sie auf eine Flasche, pfefferte den Stein stattdessen in die entgegengesetzte Richtung und traf sich selbst am Auge. Bis heute habe ich keine Ahnung, wie sie das angestellt hat.

Santos und ich hatten unsere Schleudern immer in der Hosentasche stecken. Wir holten sie oft hervor und spielten damit, wenn Camile gerade nicht dabei war. Schließlich wollten wir nicht riskieren, unser Augenlicht zu verlieren.

Eines Tages haben Camile und Santos mich gefragt, ob ich auch wüsste, wie man einen Drachen bastelt. Ich hatte meiner Mutter einmal dabei zugesehen, hatte aber nicht wirklich gelernt, wie es ging. Wir suchten verschiedene Materialien zusammen:

Santos schleppte Bambus an, Camile ein Stück Schnur, und ich suchte nach Müllsäcken aus Plastik. Sobald wir alles zusammen hatten, setzten wir uns hin und begannen zu arbeiten. Santos sollte den Bambus zu zwei dünnen Stäben bearbeiten. Sie durften nicht zu schwer sein, weil der Drachen sonst nicht abheben und fliegen würde. Und sie durften auch nicht zu dünn sein, weil sie sonst zerbrechen würden. Camile entwirrte die Schnur, die sie gefunden hatte, und wickelte sie um eine leere Flasche, damit sie sich nicht von Neuem verknotete. Ich riss rechteckige Stücke aus den Müllsäcken. Dann begannen wir, unseren Drachen zusammenzusetzen. Santos hatte zwei schöne Bambusstäbe schön zurechtgeschnitzt und befestigte nun die Müllsäcke daran. Camile und ich wickelten kleinere Fetzen vom Müllsack um die Schnur, das sollte der Schwanz des Drachens werden. Dann banden wir den Schwanz an den Drachen und befestigten ein längeres Stück Schnur als Halteleine an der Stelle, wo die beiden Bambusstäbe sich überkreuzten. Santos hob den Drachen hoch und hielt ihn stolz Richtung Himmel, während Camile und ich einen kleinen Freudentanz aufführten. Nun war es an der Zeit, unseren Drachen steigen zu lassen. Santos durfte es zuerst versuchen. Mit dem Drachen in der einen und der Flasche mit der aufgewickelten Schnur in der anderen Hand rannte er los. Camile und ich flitzten barfuß nebenher und sahen zu, wie der Drache Wind fasste und in den Himmel aufstieg. Ich weiß noch, dass ich ebenfalls ein Drache sein wollte, da ich endlich auch fliegen wollte.

## *Der tragische Kampf*

Der Junge starb. Es war meine Schuld. Ich weiß, dass es nicht meine Absicht war, aber es ist trotzdem eine Schuld, mit der ich bis ans Ende meines Lebens leben muss.

Ich bin nachts schon oft schweißgebadet aufgewacht und habe seinen entsetzten Blick vor mir gesehen, der sich in meine Augen bohrte. Das Gefühl ist unsagbar grauenvoll und frisst mich auf: zu wissen, dass ich das Leben einer anderen Person ausgelöscht habe. Eines Menschen, der unter den gleichen armseligen Bedingungen lebte wie ich. Ich sehe immer den gleichen Ausdruck vor mir, wenn ich aus meinen Albträumen hochschrecke, und mich überkommt immer der derselbe Gedanke: Wenn ich niemals glücklich werde in meinem Leben, liegt es daran, dass ich es schlicht nicht verdiene.

Es wird gemeinhin behauptet, die Stärksten würden überleben. Ich frage mich jedoch, ob es nicht eher die am stärksten Verzweifelten sind. Nie war ich so hungrig und so geschwächt wie damals. Ich glaube, meine Verzweiflung war ausschlaggebend dafür, dass die Dinge derart aus dem Ruder liefen. Ich hatte sowohl Santos als auch Camile verloren, also meine beiden besten Freunde, und meine Mutter und ich hatten auch schon sehr viel durchmachen müssen. Ich konnte keine weitere Ungerechtigkeit mehr hinnehmen, noch nicht einmal, wenn sie von jemandem verübt wurde, der ebenso schlecht dastand wie ich.

Man kann nichts zu mir sagen, was mich noch mehr runterzieht, als ich selbst es in den darauffolgenden Jahren getan habe. Jeden Morgen aufzustehen, mich selbst im Spiegel zu sehen und zu ignorieren, was mir dabei ins Auge sticht, ist nicht einfach. Es ist da, es ist ein Teil von mir, und ich kann davor nicht davonlaufen. Eigentlich möchte ich das auch nicht; das wäre zu einfach. Ich hatte keine Vorstellung davon gehabt, wie schwach und wie verwundbar der menschliche Körper doch ist. Und davon, dass jemand, der atmet, spricht, lächelt, rennt und einfach *da* ist, so schnell fort sein kann. Dass etwas, was wir als selbstverständlich hinnehmen, so einfach verschwinden kann. Für einen Erwachsenen klingt das vielleicht eigenartig, aber als Kind wirkte das alles vollkommen abwegig. Ich war sieben Jahre alt, und natürlich wusste ich, dass es blutete, wenn ich mich schnitt. Wenn ich auf den Asphalt stürzte, bekam ich eine Schramme, und das tat weh. Ich wusste, dass Menschen starben; das hatte ich gesehen. Aber an jenem Tag wusste ich nur, dass ich Hunger hatte.

Hunger war mein ständiger Begleiter, und ich bettelte ständig um Essen. Oft schnüffelte ich Klebstoff, um das Hungergefühl zu unterdrücken, aber wenn es erst einmal ein bestimmtes Niveau erreicht hatte, konnte es nicht mehr betäubt werden. Ich weiß nicht mehr, wie lange ich nichts mehr gegessen hatte, aber ich glaube, es waren mehrere Tage. Es war schönes Wetter an jenem Tag, und die brasilianische Sonne brannte so unerträglich heiß, dass es schmerzte, sich draußen aufzuhalten. Ich suchte nach etwas Essbarem, wie so oft. Ich vermisste Camile, so wie jeden Tag, seit ich sie verloren hatte. Ich weiß nicht mehr, wo meine Mutter war, ich glaube, sie hat nach einem Job gesucht. Ich ging in einen schmalen Hinterhof, in dem Restaurants ihre Abfallcontainer aufbewahrten. Außer mir war niemand dort, und ich begann, den Müll zu durchwühlen, weil ich hoffte, dort etwas zu essen zu finden. Wenig später fand ich ein angeknabbertes Stück Brot, so eine Art Pita-Brot, das mit frittierten Bohnen bestrichen war. Ich weiß noch, wie sehr ich mich darüber freute. Es war ein großes Stück. Das Wasser lief mir im Mund zusammen, und ich konnte es kaum erwarten, endlich wieder satt zu sein.

Plötzlich hörte ich die Stimme eines Jungen sagen, dass das sein Brot sei und dass ich es herausrücken solle – *mein Essen herausrücken!* Ich antwortete, es sei mein Essen, da ich es gefunden hätte. Er solle die anderen Container durchsuchen. Es war offensichtlich, dass er mich nicht mit meinem Essen in Ruhe lassen würde, und ich spürte, dass sich Ärger anbahnte. Ich stellte mich auf einen Kampf ein, obwohl der Junge größer und älter war als ich. Er kam zu mir und versuchte mir das Brot aus der Hand zu reißen. Ich verteidigte mich, indem ich ihn trat und biss. Er schaffte es trotzdem, mir das Brot wegzunehmen, also biss ich ihn so fest ich konnte in die Hand. Er ließ das Brotstück fallen, schrie auf und schlug mir fest ins Gesicht. Wir kämpften, ja kämpften, aber unser Kampf war nur von kurzer Dauer. Obwohl ich alle Tricks anwandte, die ich kannte, war er mir kräftemäßig überlegen. Er stieß mich so heftig, dass ich nach hinten fiel und eine der Mülltonnen umwarf. Ich schürfte mir beim Versuch, mich abzufangen, die Hände auf, und der Schotter auf dem Boden riss meine Handflächen kaputt. Ich hörte ein Klirren neben mir. Es war ein Stück Glas, eine Scherbe, die aus einer Flasche herausgebrochen war. Ich setzte mich auf und stützte mich auf meine Hände, eins meiner Beine hing noch immer über der Mülltonne. Überall lag Abfall verstreut, doch ich sah nur noch das Stück Glas. Ich nahm es mit der rechten Hand. Ich war so wütend, traurig und hungrig, aber vor allem hatte ich das Gefühl, unendlich ungerecht behandelt zu werden. Das war *mein* Essen! Ich würde es mir zurückholen. Ich stand auf und rannte auf den Jungen zu. Er hatte das Brot vom Boden aufgehoben und sich zum Gehen gewandt. Ich schrie, dass es mein Essen war, und rannte ihm so schnell ich konnte hinterher. Der Junge drehte sich um, und ohne nachzudenken rammte ich ihm noch in der Rennbewegung so fest ich konnte die Scherbe in den Bauch.

Er war barfuß, genau wie ich, und trug knielange Jeanshosen und kein Hemd. Ich war sieben Jahre alt, er etwa acht oder neun. Er hatte hellere Haut als ich. Er hatte braune Augen, meine waren schwarz. Er hatte kurzes, glattes, mittelbraunes Haar und abstehende Ohren. Er sah niedlich aus. Ich weiß noch, wie er mich anschaute und seine Augen erst überrascht wirkten, dann spiegelte sich Schock und schließlich Schmerz darin. Die ganze Zeit über hatte ich die Glasscherbe festgehalten. Zunächst spürte ich nichts. Dann wurde meine Hand warm, und in dem Moment ließ ich die Scherbe los. Das Ganze dauerte nur wenige Sekunden, aber mein Gehirn erinnert sich daran, als habe es sich wesentlich länger hingezogen. Ich wünschte, ich könnte behaupten, mein Verstand wäre in dem Moment wachgeworden, aber ich verspürte nichts als Angst, Angst davor, etwas Schlimmes getan zu haben. Dann wurde aus der Angst die Erkenntnis, dass ich etwas Unaussprechliches getan hatte. Ich nahm das Brot aus der Hand des Jungen, er leistete keinen Widerstand. Dann rannte ich weg. Ich drehte mich noch einmal um und sah, wie er auf dem Boden saß, schrie und weinte. Aber ich hörte nichts. Ich rannte und rannte und schaffte Abstand zwischen uns.

Nachdem ich ein großes Stück gerannt war, setzte ich mich auf den Boden und begann zu essen. Das Brotstück war faulig. Sobald ich den letzten Bissen heruntergeschluckt hatte, setzte ein heftiger Brechreiz ein. Ich schaute auf meine blutige Hand und musste mich wieder und wieder übergeben … Dann begriff ich plötzlich, was ich getan hatte, und ich weiß noch, dass ich dachte, *Verzeih mir, Camile. Verzeih mir, Gott.*

Später hörte ich die anderen Kinder in der Nachbarschaft über den Jungen sprechen, den man tot in einem Hinterhof entdeckt hatte. Ich sagte nichts, nicht einmal meiner Mutter vertraute ich mich an. Wenn Camile noch gelebt hätte, hätte ich vielleicht mit ihr gesprochen. Ich bekam mit, wie die anderen Kinder spekulierten, was wohl mit dem Jungen passiert sein mochte. Und da war ich, mitten unter ihnen, und kannte die Antwort. In dem Moment beschloss ich, niemals darüber zu reden, es niemals jemandem gegenüber zu erwähnen. Denn wer könnte schon eine Mörderin lieben?

Brutalität habe ich nie verstanden. Damit meine ich, dass ich böse Menschen nie verstanden habe. Gewalt hingegen begreife ich. Meiner Ansicht nach ist Gewalt ein probates Mittel zur Selbstverteidigung. Handgreiflich zu werden, um jemand anderen zu beschützen, finde ich auch nachvollziehbar. Gewalt sollte immer das letzte Mittel sein, aber sobald mein Leben oder das eines anderen in Gefahr und Gewalt der letzte Ausweg ist, werde ich mich dem nicht verschließen. Mit meinen Erfahrungen ist es schwierig, anders darüber zu denken. Ich werde nie die Diskussion vergessen, die wir an meiner Schule in Schweden geführt haben. Der Lehrer beauftragte uns, über die Todesstrafe zu diskutieren. Wir hatten eine Dokumentation über einen Mann gesehen, der in einem US-amerikanischen Todestrakt saß und auf seine Hinrichtung wartete. Ich wollte nicht über die Todesstrafe diskutieren. Einige meiner Mitschüler waren dafür, andere dagegen und manche unschlüssig. Die eigentliche Frage lautete, ob es Umstände gab, die die Tötung eines anderen Menschen erlaubten.

Als Kind hatte ich genug gesehen, um zu wissen, dass es Menschen gibt, die nicht in einer Gemeinschaft mit anderen Menschen leben sollten. Leute, die buchstäblich verdorben sind. Man kann natürlich darüber diskutieren, ob es die Todesstrafe geben sollte, aber ich weiß sicher, dass unser Dasein selten Schwarz oder Weiß ist. Ich weiß noch, wie ich meine Mitschüler beobachtet habe und dachte: *Wenn die wüssten, wie das Leben als Straßenkind ist. Vor allem die, die meinen, genau zu wissen, was richtig und was falsch ist. Wenn die wüssten, wie es ist, mit Blut an den Händen zu leben … Würden sie dann genauso schnell antworten? Woher könnten sie auch wissen, dass es einen kaputtmacht, ein anderes Leben auszulöschen, und dass manche Dinge nie wiedergutzumachen sind?*

Zu sich selbst kann man schwer »Ich verzeihe dir« sagen. Es fällt mir schwer, »Ich habe jemanden umgebracht« zu sagen, und sei es nur zu mir selbst. Der Einzige, der mir vergeben könnte, ist der Junge, und er ist nicht mehr da. Genau wie ich wollte er einfach nur leben. Wie soll ich weitermachen? Wie kann ich mir vergeben? Ich weiß es nicht! Ich versuche mich zu einer besseren Person zu entwickeln, doch ich bin auch nur ein Mensch. Der größte Trost ist, dass ich tief in meinem Herzen weiß, dass ich ihn nicht wirklich verletzen wollte. Ich muss mich daran erinnern, dass ich nur ein Kind war und dass meine Lebensumstände eine entscheidende Rolle gespielt haben. An dem Punkt, an dem ich nun in meinem Leben stehe, kann ich mich selbst im Spiegel ansehen, mich eingehend betrachten und immer noch mögen, was ich dort sehe. Ich habe meinen Weg aus der Dunkelheit gefunden, und inzwischen schaffe ich es, das zu mögen, was ich in mir erkenne, weil ich weiß, dass da auch Gutes ist. Wenn der Junge mich irgendwie sehen könnte und wüsste, was ich empfinde, würde er hoffentlich auch einen Weg finden, mir zu verzeihen.

Es hat über zwanzig Jahre gedauert, bis ich über diesen Vorfall reden konnte. Als ich das erste Mal mit jemandem darüber sprach, war das unglaublich befreiend, doch gleichzeitig fühlte ich mich enttäuscht. Ich hatte in Büchern gelesen und auch schon andere sagen hören, dass die Wahrheit einen erlöse, aber so fühlte es sich für mich nicht an. Andererseits hatte ich gelernt zu akzeptieren, dass es passiert ist. Auf einer rationalen Ebene habe ich mir vergeben, auf der emotionalen fällt es mir noch immer schwer. Der Junge hat mich mein Leben lang verfolgt, und ich habe mir nicht gestattet, ihn zu vergessen. Um seinetwillen, aber auch um meinetwillen, damit ich immer daran denke, wozu der Mensch unter gewissen Umständen fähig ist. Ich weiß nicht, ob er noch Familie hat, jemanden, der ihn vermisst, jemanden, der etwas über ihn oder sein Leben erzählen könnte. Ich empfinde es als Verpflichtung, mich an ihn zu erinnern und Zeugnis abzulegen. Wären die Umstände anders gewesen, seine wie meine, wären wir in einem Alter gewesen, in dem unsere größten Probleme die Scheidung unserer Eltern oder die Frage nach den Weihnachtsgeschenken gewesen wären. Aber unsere Realität war anders als die der meisten Kinder. Wir hangelten uns irgendwie so von Tag zu Tag.

Ich konnte mir nur aus dem Grund selbst vergeben, dass ich weiß, dass ich nicht wollte, dass der Junge stirbt. Ich wollte nur mein Essen zurück.

# Geburtstag in Brasilien

2015

Rivia und ich wachen in unserem Hotelzimmer auf. Wir sind in São Paulo, und ich habe Geburtstag. Heute werde ich zweiunddreißig. Ich weiß, dass viele Leute mit der Zeit aufhören, eine große Sache aus ihrem Geburtstag zu machen. Vielleicht ist das auch richtig, aber ich liebe es, Geburtstag zu haben. Ich wache früh auf und überlege, ob ich Sportsachen und Turnschuhe anziehen und durch die Stadt joggen soll. Aber mit meinem schlechten Orientierungssinn würde ich mich bestimmt verlaufen. Stattdessen brechen Rivia und ich zu einem frühen Spaziergang auf. Sobald wir das Hotel verlassen, stelle ich überrascht fest, wie kalt es draußen ist. Ich hatte mit höheren Temperaturen gerechnet und hoffe, dass die Sonne bald stärker scheint und Wärme mit sich bringt. Ich habe nicht nur viel zu viel, sondern auch falsch gepackt. Ich habe nichts Warmes dabei. Es erstaunt mich, wie anders als sonst ich mich auf diese Reise vorbereitet habe. In den letzten Jahren bin ich viel und oft gereist und hätte es besser wissen müssen, aber ich war vor der Abreise mit den Gedanken woanders. Ich habe den weltgrößten Koffer dabei – so fühlt es sich zumindest an, als ich versuche, ihn hochzuheben –, er ist voller Kleidung, und doch habe ich nichts anzuziehen. Rivia hat den gleichen Fehler gemacht, wenn auch mit kleinerem Koffer. Von ihr kann ich mir also auch nichts ausleihen.

Wir entdecken ein kleines Café, wo wir einkehren und belegte Baguettes bestellen. Wir unterhalten uns, lachen und vergießen zusammen ein paar Tränen. Zum ersten Mal, seit ich acht bin, feiere ich meinen Geburtstag auf »heimischer Erde«. Später werden wir das Kinderheim besichtigen, in dem mein Bruder und ich ein Jahr lang lebten, bevor wir adoptiert wurden.

Wir haben das Kinderheim vor unserer Abreise nach Brasilien über eine Onlinerecherche gefunden. Ich habe Rivia mehrfach besucht, und wir haben nach Hinweisen geforscht. Ich hatte lediglich meine Adoptionspapiere und habe das schwedische Familiengericht, das schwedische Gesundheitsamt, die schwedische Behörde für internationale Adoptionsangelegenheiten, die brasilianische Botschaft und das brasilianische Konsulat angerufen.

Als ich die Hoffnung schon fast aufgegeben hatte, fand ich bei meinem Vater in Ramsele einen Umschlag, auf dem ein Logo prangte. Er steckte inmitten alter Fotoalben und Zeitungen. Meine schwedische Mutter Lili-ann hat glücklicherweise fast alles von damals aufgehoben, zum Beispiel Quittungen für neue Sandalen und Babynahrung. Was fehlte, war die Adresse des Kinderheims. Doch als ich das Logo sah, hatte ich gleich ein gutes Gefühl. Rivia studierte es genauer und meinte, irgendetwas mit »Haus der Kinder« stehe dort. Sie gab den Namen und die Adresse in eine Suchmaschine ein, und plötzlich hatten wir die Webseite eines Kinderheims vor uns. Dort war fast nur Text zu sehen, und Rivia fragte mich, ob es das richtige Kinderheim sei. »Ich weiß es nicht«, gab ich zurück. Obwohl ich mir sehnlichst wünschte, das richtige Heim zu entdecken, wollte ich mich keiner falschen Hoffnung hingeben. Ich wollte sicher sein.

Wir diskutierten, was man noch vorab recherchieren konnte, bevor wir Kontakt zu dem Kinderheim aufnahmen. Rivias Freund Jens saß neben uns am Küchentisch und schlug vor, wir sollten die Adresse bei Google Maps eingeben. Rivia tippte die Adresse in die Suchmaske, und ein Foto des Kinderheims erschien auf dem Bildschirm. Ich kramte in meinen Erinnerungen. Eigentlich war ich immer stolz darauf gewesen, was ich noch alles aus meiner Kindheit wusste, und das, obwohl manche Erinnerungen an Brasilien mir Angst machten. Und nun saß ich dort und starrte das Bild eines Kinderheims an, in dem ich vielleicht einmal gelebt hatte, und war mir nicht sicher. Das Gebäude kam mir bekannt vor, aber die Farben waren ein wenig anders. Das kleine Tor vor dem Kinderheim war nicht schwarz, so wie in meiner Erinnerung, sondern gelb gestrichen. Außerdem sah es auf dem Foto kleiner aus, als ich es in Erinnerung hatte. Ich bat Rivia, die Bildnavigation anzuwerfen. Nach ein paar Versuchen schafften wir es, einen virtuellen Gang um das Gebäude zu machen. Plötzlich erkannte ich den Hügel, die Tür und die Mauer – und hörte mich selbst sagen, dass ich dort gelebt hatte. Ich sah zu Rivia hinüber, Tränen rannen über meine Wangen. Das war mein Kinderheim, und ich hatte ein Stück meiner Geschichte bei Google Maps gefunden.

Als Rivia mich jetzt fragt, wie ich mich beim Gedanken an den geplanten Besuch des Kinderheims fühle, steigt Freude in mir auf. In mir toben allerhand Gefühle, und ich kann nicht alle identifizieren. Etwas sagt mir, dass es nicht mein schönster Geburtstag werden wird, aber dass ich eines der besten Geschenke bekommen werde, die man mir je machen könnte.

# Das Kinderheim

São Paulo, 1990

Meine Mutter, mein Bruder und ich betraten eine kleine Straße, in der wir unsere Kartons ausbreiten und schlafen wollten. Mamãe und ich lehnten uns gegen eine graue Betonwand, sie hielt meinen Bruder im Arm. Er war so niedlich, wie er dort schlief. Er sah absolut entspannt aus. Ich fragte mich, ob ich auch so entspannt ausgesehen hatte, als ich als Baby in Mamães Armen gelegen hatte. Wahrscheinlich, denn Mamãe war so lieb. Patrique hatte runde Babybäckchen und kurze schwarze Locken. Seine Ärmchen und Beinchen waren proper, und sein Kopf wirkte im Vergleich zu seinem restlichen Körper nahezu riesig. Ich fragte mich, ob er schon verstanden hatte, wie die Welt war – dass wir kein Geld hatten und auch kein Zuhause. Ich fragte mich, ob er wusste, wer ich oder wer Mamãe war. Wir mussten ihm noch so viel beibringen und ihn vor so vielem beschützen. Die Liste war lang. Mamãe würde auf ihn aufpassen, so wie sie auf mich aufgepasst hatte, und ich würde ihr dabei helfen.

Wir saßen schweigend nebeneinander. Es war eine heiße Nacht, und der Himmel war dunkel. Ich konnte keine Sterne sehen, aber ich wusste, dass sie da waren. Es war eigenartig, dass manches existieren konnte, ohne dass wir es wahrnahmen. Wie konnte es sein, dass man die Sterne manchmal sehen konnte und dann wieder nicht? Warum konnte ich sie tagsüber nicht sehen? Mamãe meinte, dass die Sonne am Tag so hell scheinen würde, dass man die vergleichsweise blassen Sterne dann nicht erkennen könne. Das klang logisch, aber ich verstand immer noch nicht, wie etwas da sein konnte, ohne dass man es sah. Sie erklärte, dass auch die Liebe da sein konnte, ohne dass man sie sah; wir konnten sie nur fühlen. Danach saß ich lange still da. Eins meiner Beine schlief ein. Es war ungewöhnlich, dass ich so lange schwieg. Mamãe sagte mir ständig, ich müsse wohl jeden Tag tausend Fragen stellen und sie tausend Antworten geben.

Ich sah meine Mutter an, die einfach neben mir saß und ins Nichts starrte. Es gelang mir nicht, zu erkennen, worauf ihr Blick gerichtet war, also sah ich wieder zu ihr und stellte fest, dass sie traurig war. Ich wollte sie aufheitern und versuchte, an etwas zu denken, das sie glücklich machen würde. Es verursachte mir immer Bauchschmerzen, wenn sie so traurig aussah, und ich sagte das Einzige, das mir einfiel.

»Mamãe?«

»Ja?«

»Morgen verdiene ich einen Megariesenbatzen Geld, und dann können wir uns was Tolles kaufen.« Ich wusste zwar, dass ich wahrscheinlich nichts verdienen würde, aber ich würde mein Bestes geben. Oft hatte ich den Impuls, in einen Laden hineinzumarschieren, verschiedene Dinge aus den Regalen zu nehmen und dann so schnell wie möglich damit davonzurennen. Mamãe hatte gesagt, dass ich das nie tun dürfe, ich solle ihr mein Wort darauf geben. Also hatte ich es versprochen. Dieses Versprechen brach ich jedoch mehrfach und musste jedes Mal einen hohen Preis dafür bezahlen.

Mit einem traurigen Lächeln antwortete Mamãe, es sei bereits Morgen. Es war noch dunkel, und ich verstand nicht, dass schon ein neuer Tag sein sollte. Sie erklärte mir, dass die Zeit wie ein Kreis war und dass jede vierundzwanzigstündige Phase sowohl Tag als auch Nacht umfasste, also Hell und Dunkel. Dann fragte ich, was zuerst kam. Woher wusste man, wo der Kreis begann und wo er endete? Sie lächelte. Sie sah schon ein bisschen glücklicher aus, was mich auch glücklich machte.

»Du weißt, dass Uhren rund sind?«

»Ja.«

»Darf ich deine Kreide haben?«

Ich hatte bei einem Kampf gegen einen Jungen ein Stück Kreide erbeutet. Ich liebte Kreide und malte oft auf dem Asphalt damit. Ich konnte nicht buchstabieren, geschweige denn meinen Namen schreiben. Das machte mich ein bisschen traurig. Camile hatte gesagt, dass nur reiche Leute schreiben könnten, und dass wir Ratten es nie lernen würden, weil wir nie reich sein würden. Es war kaum noch etwas von der Kreide übrig, aber ich holte den letzten Stummel hervor und gab ihn meiner Mutter. Sie malte einen Kreis auf den Boden und schrieb Zahlen hinein. Oben in der Mitte trug sie eine Zwölf ein, dann folgten die restlichen Zahlen.

»So sieht eine Uhr aus«, erklärte sie. Ich hatte schon ein paar Uhren gestohlen und wusste, wie sie aussahen. Aber ich hatte nie verstanden, wie sie eigentlich funktionierten.

Dann schrieb sie eine Null über die Zwölf.

»Mamãe, warum stehen da zwei Zahlen?«

»Pst! Jetzt warte mal einen Moment, ich erkläre es dir schon. Du musst aber kurz ruhig sein.« Sie grinste mich schelmisch an, und ich erkannte, dass sie nicht wirklich böse auf mich war. Ich lächelte zurück. »Also, mein süßes, neugieriges, nerviges kleines Äffchen, jetzt erkläre ich dir, wie die Zeit funktioniert.« Sie nannte mich immer ihr süßes Äffchen, weil ich so gerne kletterte. »Der neue Tag beginnt in der Nacht.« Ich wollte etwas fragen, aber sie brachte mich mit ihrem Blick augenblicklich zum Schweigen. »Schau, ich habe eine Null hier oben hingeschrieben.«

»Hm.«

»Die Null markiert den Beginn des Tages. Dann ist es ein Uhr, dann zwei, drei, vier, fünf, sechs, sieben – da wird es langsam hell, also beginnt der Tag. Dann zeigt die Uhr die Tageszeit an. Neun, zehn, elf, zwölf. Wenn die Uhr zwölf schlägt, ist Mittagszeit. Dann fängt man wieder an, neu zu zählen. Zunächst ist es ein Uhr mittags, dann wird es Nachmittag. Also zwei, drei, vier, fünf, sechs, sieben, und dann wird es wieder dunkel. Dann schlägt die Uhr acht, neun, zehn und elf. Und schon sind wir wieder bei null, und ein neuer Tag beginnt. Und so geht es immer weiter. Die Uhr beginnt einfach von vorne. Verstehst du das?«

Ich dachte kurz nach und betrachtete die Uhr, die sie für mich gemalt hatte.

»Mamãe, ist ein Tag zwei Mal um die Uhr?«

»Ja, richtig.«

»Und jede Zahl steht für eine Stunde?«

»Ja, auch richtig.«

Ich zählte von der Null bis zur Zwölf und begann dann noch einmal von vorn. »Also besteht ein Tag aus dreiundzwanzig Stunden?«

»Nein, der Tag hat vierundzwanzig Stunden. Du hast die Null nicht mitgezählt.«

»Aber, Mamãe, die Null steht für Nichts. Das hast du mir beigebracht.«

»Wenn es um die Uhrzeit geht, steht die Null für eine Stunde.«

»Aber wie kann das sein, wenn die Null nichts ist? Wenn ich null Geld habe, habe ich kein Geld.«

Sie lächelte. Dann deutete sie wieder auf den Kreis und ließ mich jede Zahl laut vorlesen. Irgendwann verstand ich, dass ich erst wieder zur Eins kam, wenn ich die Null mitzählte. Ich begann von vorn. Als ich dieses Mal zur Null kam, hatte ich vierundzwanzig Stunden gezählt.

»Was passiert also mit dem Tag, wenn du bis vierundzwanzig gezählt hast?«, fragte mich meine Mutter.

Ich war mir nicht ganz sicher. Zwei Umdrehungen waren ein Tag. Also mussten zwei neue Umdrehungen ein neuer Tag sein.

»Dann beginnt ein neuer Tag?«, fragte ich unsicher.

»Ganz genau. Du bist ein schlaues kleines Äffchen«, sagte sie lächelnd. »Jetzt weißt du, wie ein neuer Tag beginnt.«

Wir verfielen erneut in Schweigen, und ich dachte daran, dass ich nun wusste, wie Uhren funktionierten, und fühlte mich sehr stolz deswegen. Ich sah zu meiner Mutter. Sie wirkte wieder traurig.

»Christiana, ich muss dir etwas erzählen. Es gibt etwas, über das wir reden müssen.«

»Was?«

»Kannst du dich noch daran erinnern, dass ich mich letzte Woche für einen Job beworben habe? Nun, ich hab die Stelle gekriegt.«

»Oh, wirklich?« Ich war außer mir vor Freude. Ich hatte mitbekommen, wie sehr sich meine Mutter um einen Job bemüht hatte und wie niedergeschlagen sie jedes Mal gewesen war, wenn sich nichts ergeben hatte. Sie musste ihre letzte Stelle wegen mir beziehungsweise dem, was passiert war, aufgeben. Jetzt hatte sie etwas Neues in Aussicht, und ich würde sie nach Leibeskräften unterstützen.

»Ich werde als Dienstmädchen bei einer reichen Familie arbeiten. Dich und Patrique kann ich allerdings nicht mit zur Arbeit nehmen.«

»Aber Mamãe, ich kann dir doch helfen!«

»Ich weiß, dass du das kannst, aber die Familie möchte nicht, dass ich meine Kinder mitbringe.«

Ich war traurig. Es war schwer, wenn sie fortging und ich allein auf der Straße zurechtkommen musste. Camile fehlte mir. Wenn man allein auf der Straße war, war man leichte Beute. Und wer sollte ab jetzt für Patrique sorgen?

»Mamãe, soll ich mich um Patrique kümmern?«

»Nein, Christiana, ich kann dich nicht allein mit ihm auf der Straße lassen. Das ist gefährlich. Ich habe mit einem Kinderheim gesprochen, das ihn vielleicht aufnehmen kann. Da gehe ich morgen hin und hoffe, dass sie ihn dabehalten. Ich werde fragen, ob sie noch Platz für dich haben.«

»Verlässt du uns?«

»Nein, ich verspreche dir, dass ich zu Besuch komme, sobald ich kann.«

Ich sagte nichts weiter. Sie merkte jedoch, dass ich traurig war, und nahm mich in den Arm.

»Bisher bin ich doch immer zu dir zurückgekommen, oder, Christiana?«

»Ja …«

»Also sehen wir uns wieder. Wir sehen uns immer wieder.«

Mehr sagten wir nicht in jener Nacht. Ich schlief mit einem seltsamen Gefühl im Bauch ein, einem Gefühl, das mir überhaupt nicht behagte. Es war ein Vorgeschmack von Veränderung und der Ungewissheit, was genau passieren würde.

Am nächsten Tag zog Mamãe los und nahm Patrique gleich mit. Ich blieb lange auf unseren Pappen in der Straße sitzen, in der wir übernachtet hatten, und sah auf die Uhr, die Mamãe gezeichnet hatte. Ich war wütend, weil sie darüber nachdachte, uns zu verlassen. Diesbezüglich hegte ich keinerlei Zweifel. Ich saß einfach dort und weigerte mich, irgendetwas zu tun. Ich hatte Hunger, war aber zu wütend, um mich darum zu kümmern. Nach ein paar Stunden kehrte meine Mutter zurück. Patrique war nicht mehr bei ihr. Sie setzte sich neben mich.

»Hast du schon was gegessen?«, fragte sie mich.

»Nein!«

»Hier hast du etwas.« Sie reichte mir eine Banane.

»Wo ist Patrique?«

»Er ist im Kinderheim. Das habe ich dir doch gestern erklärt.«

»Also hast du ihn einfach abgegeben, und mich verlässt du jetzt auch noch?«, brüllte ich.

»Christiana, du weißt ganz genau, dass ich euch nie verlassen würde. Ich liebe euch. Aber es ist gefährlich auf der Straße. Willst du etwa, dass ihm was Schlimmes passiert?«

»Natürlich will ich das nicht«, antwortete ich.

»Da, wo er jetzt ist, kümmern sich Leute um ihn, geben ihm etwas zu essen und einen sicheren Schlafplatz.«

»Aber ich kann ihn nicht mehr sehen!«

»Ich habe mit der Hausmutter gesprochen. Sie meinte, dass sie noch einen Platz für dich haben.«

»Ich will da nicht hin.«

»Erinnerst du dich noch daran, was mit Camile passiert ist? Ich will nicht, dass dir so was geschieht. Willst du das?«

»Nein!«

»Dann ist das Kinderheim die einzige Lösung, die ich dir bieten kann. Unser Leben wird nicht besser, wenn wir nichts verändern, Christiana. Wenn du älter bist, wirst du das verstehen. Mein Leben ist kein Leben für dich, zumindest nicht, solange es Aussicht auf etwas Besseres gibt. Wir sehen uns ganz oft, und du bekommst ein Zuhause. Das verspreche ich dir.«

Ich saß schweigend neben ihr. In gewisser Weise begriff ich, dass sie recht hatte. Ich wusste ja, was mit Camile und so vielen anderen passiert war. Aber ich wollte nicht von meiner Mutter getrennt werden. Wenn man jemanden liebt, bleibt man zusammen. Das dachte ich damals zumindest.

***

Kurz darauf nahm mich das Kinderheim auf. Zuallererst sah ich nach meinem kleinen Bruder. Es schien ihm bestens zu gehen. Er hatte ein eigenes kleines Bett mit Schutzgitterchen bekommen und schlief mit ein paar anderen Babys im Zimmer. Ich ging zu seinem Bett und redete mit ihm.

»Mamãe kommt uns bald besuchen. Das hat sie versprochen. Sie hat mir gesagt, dass ich dir sagen soll, dass sie bald zurückkommt.

Sie verdient ein bisschen Geld, damit es uns besser geht. Sie hat versprochen, uns nicht zu verlassen.« Als ich ihm das erzählte, spürte ich Angst in mir aufsteigen. Ich war mir keineswegs sicher, dass das alles stimmte. Würde Mamãe tatsächlich zurückkommen? Ich erinnerte mich daran, wie ihr Gesicht beim Abschied ausgesehen hatte. Sie hatte niedergeschlagen gewirkt und weinte.

»Christiana, ich komme zurück. Kümmer dich gut um Patrique und pass gut auf dich auf. Mach keinen Ärger. Versprichst du mir das?« Das war das Letzte, was sie sagte. Dann nahm sich mich lang und fest in den Arm. Die Hausmutter führte mich in das Gebäude hinein, und das Tor schloss sich hinter mir. Ich drehte mich um und sah meine Mutter am Gatter stehen und weinen. Tränen brannten in meinen Augen und ergossen sich über meine Wangen. Die Hausmutter führte mich in ihr Büro. Sie bat mich, auf einem braunen Stuhl vor ihrem Schreibtisch Platz zu nehmen. Dann sah sie mich nachdenklich an. Ich wischte meine Tränen fort und setzte mich gerade hin.

»Wie heißt du?«

»Christiana Mara Coelho.«

»Weißt du, warum du hier bist?«

»Weil meine Mutter kein Geld hat und es auf der Straße nicht sicher ist für mich.«

»Wie alt bist du?«

»Ich bin sieben Jahre alt.«

»Seit wann lebst du schon auf der Straße?«

»Schon ziemlich lange.«

»Weißt du, was ein Kinderheim ist?«

»Ein Zuhause für Kinder, die keine Mutter und keinen Vater haben.«

Sie sah mich lange an. Es schien so, als würde sie über etwas nachdenken. Es war komisch, dass sie lauter Fragen stellte, von denen sie die Antwort schon kannte. Dann warf sie mir einen weiteren langen Blick zu.

»Möchtest du hier sein, Christiana?«

Die Frage kam mir heikel vor – wegen der Art, wie sie sie stellte, und auch wegen des Tons in ihrer Stimme. Ich war vielleicht nicht gerade das schlauste kleine Mädchen, aber ich war auch nicht auf den Kopf gefallen. Inzwischen hatte ich schon zu lange auf der Straße gelebt, um nicht zu wissen, dass eine Frage oder auch ein ganz normaler Satz wesentlich mehr bedeuten konnten als die Worte, die darin vorkamen. Mir war klar, dass ich jetzt nur nichts Falsches sagen durfte. Wenn ich sagte, ich sei gerne im Kinderheim, würde ich meine Mutter verlieren. Vielleicht würde ich sie dann nie wiedersehen. Aber wenn ich sagte, ich sei nicht gerne dort, würde man mich auf die Straße zurückschmeißen. Dann wäre Patrique allein, meine Mutter wäre sehr enttäuscht von mir, und ich würde mein Versprechen bezüglich Patrique brechen. Irgendetwas musste ich antworten, und etwas zu sagen, das weder ein eindeutiges Ja noch ein Nein war, wäre bestimmt nicht ganz verkehrt, dachte ich.

»Ich möchte bei meinem Bruder sein, aber ich möchte auch meine Mutter bald wiedersehen. Beide sind mir wichtig. Es ist so gut von Ihnen, teure Dame, dass Sie uns Schutz vor der Straße gewähren.« Ich hielt den Atem an. Hatte ich das Richtige gesagt? Ich hatte so höflich geantwortet, wie ich konnte, und ihren Blick die ganze Zeit über erwidert, damit sie wusste, dass ich die Wahrheit sagte. Sie sah mir tief in die Augen. Dann kam eine Frage, mit der ich nicht gerechnet hatte.

»Warum, glaubst du, habt ihr auf der Straße gelebt, deine Mutter und du?«

»Weil wir allen egal sind.«

»Warum glaubst du, dass ihr allen egal seid?«

»Weil die Menschen, die Geld haben, uns nichts davon abgeben. Weil wir keine Jobs bekommen und weil die Leute uns hassen.«

»Hm«, sagte sie und schien mir damit zu bedeuten, dass ich fortfahren sollte.

»Die nennen uns Ratten und schlagen uns. Der Polizei sind wir auch egal, und die schlägt uns auch.«

»Das war eine schwierige Antwort. Du bist sehr schlau für dein Alter. Du musstest zu schnell erwachsen werden, wie so viele Kinder.«

Sie holte Papier hervor und begann, sich Notizen zu machen. Ich saß schweigend daneben, während sie schrieb, und dachte darüber nach, ob ich das Richtige gesagt hatte.

»Christiana, du wirst von jetzt an hier wohnen. Das ist vorerst dein neues Zuhause. Du schläfst mit den anderen Mädchen in deinem Alter in einem Raum. In diesem Kinderheim leben Mädchen und Jungen verschiedener Altersgruppen, von kleinen Babys bis hin zu ein paar Fünfzehn- und Sechzehnjährigen. Es gibt ein paar Regeln, an die du dich halten musst. Wenn du sie brichst, musst du wieder auf der Straße schlafen. Weißt du, was Regeln sind, Christiana?«

»Ja, weiß ich.«

»Erklär's mir.«

»Regeln sind etwas, das alle befolgen müssen. Wer die Macht hat, legt die Regeln fest, und alle müssen sich daran halten.«

»Genau! Und hier bin ich diejenige, die die Entscheidungen trifft. Ich und alle anderen, die hier arbeiten. Du machst das, was wir dir sagen. Verstanden?«

»Ja!«

»Störenfriede können wir hier nicht gebrauchen. Es gibt einige Dinge, zu denen du pünktlich erscheinen musst. Du musst zur Schule gehen und dich dort ordentlich anstrengen. Verstanden?«

»Ja!«

»Gut! Dann kannst du jetzt dein neues Zuhause kennenlernen.«

Ich fühlte mich etwas überfordert. In meinem Kopf schwirrten hundert Fragen umher, aber ich wusste, dass ich nur eine würde stellen können. Und es gab auch nur eine, die wirklich wichtig war. Die anderen würden bestimmt früher oder später sowieso noch beantwortet werden. Ich versuchte, meine Frage so geschickt wie möglich hervorzubringen.

»Entschuldigen Sie, verehrte Dame. Ich würde gerne wissen … Also, ich würde gerne wissen, wann Patrique und ich unsere Mutter wiedersehen können?«

Sie erhob sich von ihrem Platz und umrundete den Tisch, bis sie vor mir stand. Mir war nicht besonders angenehm zumute, und ich musste meinen Kopf in den Nacken legen, um ihren Gesichtsausdruck erkennen zu können.

»Jeden Sonntag kommen einige Eltern vorbei und besuchen ihre Kinder. Sie können für ein paar Stunden da bleiben. Wenn eure Mutter zu Besuch kommen möchte und es einrichten kann, darf sie das, und sie weiß davon. Ich würde jedoch nicht darauf hoffen, dass sie vorbeikommt, Christiana.« Sie warf mir einen seltsamen, nachdenklichen Blick zu. Dann wandte sie sich um und verließ das Zimmer.

Ich folgte ihr schweigend. Ich hatte mich überwunden, die Frage zu stellen, und eine Antwort erhalten. Sie glaubte nicht, dass Mamãe uns besuchen kommen würde. Aber Mamãe hatte es versprochen. Ich war mir sicher, dass sie nach uns sehen würde. – Wobei, ganz sicher war ich mir nicht.

Ich hatte Angst, also tat ich das, was ich gut konnte: Ich stellte mich kerzengerade auf, verbannte meine Gefühle tief nach innen und folgte der Hausmutter in ein Zimmer voller Kinder. Als wir den Raum betraten, wurde es mit einem Mal ganz leise, und alle sahen mich an. Ich starrte auf meine nackten Füße. Weit weg hörte ich die Hausmutter sagen, ich hieße Christiana, würde von nun an in dem Heim leben und sei ihre neue Freundin.

Zu Beginn lief es gut im Kinderheim. Ich freute mich auf die Sonntage. Und ich fand schnell eine Freundin. Ihr Name war Patricia, und sie wurde meine engste Vertraute im Kinderheim. Sie war das schönste Mädchen, das ich je gesehen hatte. Ich glaube, sie war ein Jahr jünger als ich, aber vielleicht war sie auch ein Jahr älter. Sie hat mir bestimmt erzählt, wie sie ins Kinderheim kam, doch ich kann mich nicht mehr an die genauen Gründe erinnern. Patricia war schüchtern, zurückhaltend und still – also genau das Gegenteil von mir. Sie war weiß, hatte braune Augen und goldblonde Locken. Ihr Haar war kürzer geschnitten als meins. Alle Kinder im Kinderheim hatten recht kurzes Haar, Jungen wie Mädchen, weil man so leichter den Läusen Einhalt gebieten konnte. Patricia war nett, und die anderen Kinder ließen sie meist in Frieden. Sie tat nie jemandem weh, und ich habe sie sehr bewundert. Aber ganz an mich heranlassen konnte ich sie auch nicht. Ich hatte den Schmerz wegen des Verlusts meiner besten Freundin noch nicht vergessen. So etwas wollte ich nie wieder fühlen müssen. Aber Patricia und ich wurden so enge Freundinnen, wie es unter den gegebenen Umständen eben möglich war. Auch sie sang gerne, und wir setzten uns oft zusammen und stimmten Lieder von Xuxa an. »Ilarie« war unser Lieblingssong. Xuxa war die Moderatorin einer Kindersendung, die wir einmal wöchentlich sehen durften. Zu Beginn musste Patricia oft lachen, wenn ich sang. Einmal meinte sie, dass ich mein mangelndes Singtalent mit Lautstärke wettmache. Nach vielen, vielen Liedern und noch mehr Gelächter verstand ich, dass sie damit sagen wollte, dass ich falsch sang. Es hat viele Jahre gedauert, bis ich akzeptieren konnte, dass ich kein Gesangsstar werden würde. Patricia war eine der wenigen in meinem Leben, der ich zuhörte, wirklich zuhörte. Sie war außerdem schon länger als ich im Kinderheim und hatte Erfahrung mit der Schule. Ich konnte mich immer auf ihre Hilfe verlassen.

Ich konnte mich glücklich schätzen, dass es Patricia gab. Bei so vielen Kindern auf einem Haufen war Ärger unausweichlich. Nach und nach dämmerte mir, dass es allerhand Regeln zu befolgen gab. Die Tage waren eintönig. Jeder begann mit Anstehen vor dem Badezimmer und alle Kinder mussten nacheinander duschen. Es gab nur wenige Handtücher, und niemand landete gerne am Ende der Schlange. Wenn man Pech hatte, bekam man nur noch kalte, nasse Handtücher, um sich abzutrocknen. Normalerweise machten die stärksten und lautesten Kinder die Spitze der Schlange aus. Ich war eins davon und ließ Patricia immer zu mir nach vorn. Ein einziges Mal hatte ich die Dusche erst als Letzte benutzen können und mir anschließend geschworen, dass das nie wieder vorkommen sollte. Das lag nicht nur daran, dass es ekelig war, sich mit einem kalten, nassen Handtuch abzutrocknen, oder dass kein warmes Wasser mehr da war. Es ging ums Prinzip und war eine Frage der Ehre. Die Schlange vor den Duschen und auch alle anderen Warteschlangen im Kinderheim folgten einem einfachen Grundsatz: Das stärkere Kind stand vor dem schwächeren. Wenn man in der Reihe vorrücken wollte, musste man der Person vor sich den Kampf ansagen. Wenn man den gewonnen hatte, durfte man den Besiegten überholen. Patricia durfte vorrücken – nicht, weil sie die anderen Kinder besiegt hatte, sondern weil ich sie zu mir holte –, und ich hatte die anderen allesamt bezwungen. Wenn man in einen Kampf geriet und verlor, riskierte man, sich ganz hinten anstellen zu müssen.

Im Kinderheim herrschte eine klare Hierarchie, genau wie auf der Straße, und niemand wollte am unteren Ende sein. Ich erkannte, dass es nicht leicht für mich werden würde. Einige Kinder konnten mich nicht ausstehen, weil viele Aufpasser mich bevorzugten. Meine Mutter hatte mich gute Manieren gelehrt und mir beigebracht, hilfsbereit und höflich zu sein. Diese Eigenschaften bringen einen weit im Leben. Aber wenn man unter den anderen Kindern überleben wollte, musste man sich mit den richtigen zusammentun, damit die einem den Rücken freihielten und umgekehrt. Alleine war man schwach – das hatten wir auf der Straße gelernt. Ich war schon immer ein klein wenig berechnend und gewieft gewesen, was mir manchmal mehr und manchmal weniger zum Vorteil gereichte. Im Kinderheim profitierte ich meist davon.

Aber ich machte mir auch schnell Feinde. Gabriela gehörte zu ihnen.

Es gibt einige ungeschriebene Regeln im Kinderheim. Nummer eins: Quatsch nicht mit den Aufpassern. Nummer zwei: Freunde dich nicht mit den falschen Leuten an. Nummer drei: Schleim dich nicht bei denen vom Personal ein. Nummer vier: Besitze nichts, was niemand anders hat (Geschenke von der Familie oder Mitarbeitern wurden von den anderen Kindern zerstört). Nummer fünf: Stell nichts an, wofür die Aufpasser dich bestrafen.

Das waren einfache Regeln, die andauernd gebrochen wurden. Manchmal auch von mir.

## *Sonntag ist mein Lieblingstag*

Mamãe kam sonntags zu Besuch. Wir trafen uns auf dem Hof hinter dem Kinderheim. Dort gab es einige Büsche und Avocadobäume sowie eine kleine Bühne. Der Hof war ziemlich groß, aber wir Kinder durften nur selten dort spielen. Die Sonntage zählten zu den wenigen Ausnahmen – zumindest für diejenigen von uns, die von Eltern, Verwandten und engen Familienfreunden besucht wurden. Einige Kinder, die niemanden hatten, der zu Besuch kommen konnte, blieben lieber im Haus. Ein paar andere verließen es und beobachteten die Kinder mit Besuch mit einer Mischung aus Eifersucht und Sehnsucht. Ich liebte diese Sonntage. Das waren gute Tage, und ich wünschte sie mir immer herbei.

Manchmal führten wir Kinder kleine Stücke für unsere Besucher auf. Einmal versuchten wir uns an der Aufführung eines Buches mit dem Titel *Marcelo, Marmelo, Martelo*. Das Buch handelte von einem Jungen, einem Schuh und einem Hammer. Wir sollten die Geschichte auf die Bühne bringen, und ich war extrem aufgeregt deswegen. Noch nie zuvor hatte ich vor einer größeren

Gruppe gestanden oder gesprochen. Und was noch schlimmer war: Ich sollte auch noch so tun, als sei ich jemand anders. Ich kann mich nicht mehr daran erinnern, welche Rolle mir zugeteilt worden war. Das ist reichlich seltsam, vor allem, weil ich so nervös war und das Buch auch immer noch in meinem Besitz ist. Aber ich fühlte mich auch glücklich und wollte, dass meine Mutter stolz auf mich ist. Ich wollte sie lächeln sehen, und ich wollte besser als all die anderen Kinder sein. Mamãe sagte immer, ich könne alles erreichen, was ich wolle.

Während die anderen Kinder mich in den Tagen vor der Aufführung immer wieder aufzogen und versuchten, meine Nervosität anzustacheln, dachte ich nur an das, was meine Mutter mir gesagt hatte. Ich konnte alles erreichen, was ich wollte. Und ich hatte beschlossen, die Beste zu sein. Also las ich das Buch immer und immer wieder. Ich las es langsam, sehr langsam. Nicht, weil die Worte so an Gewicht gewannen oder ich mich so tiefer in den Text hätte einarbeiten können, sondern weil ich kaum lesen konnte.

Der Sonntag nahte heran, und ich wurde immer aufgeregter. Ich konnte nur noch daran denken, dass ich Mamãe stolz machen wollte. Ich sah sie ja nur ein paar Stunden pro Woche und wollte, dass sie das Kinderheim mit dem Gefühl verließ, eine tolle, talentierte Tochter zu haben. Mit einem Gefühl, das sie den Sonntag darauf wieder zu uns führen würde. Am Tag vor unserer großen Aufführung probten wir im Hof, und während ich auf meinen Einsatz wartete, saß ich neben einem der Büsche und pflückte die Beeren, die daran wuchsen. Sie sahen aus wie kleine Perlen. Ich wusste nicht, wie sie hießen, aber man konnte bestimmt hübsche Armbänder daraus machen. Sie waren grün, fast so hart wie Stein, und hatten ein Loch genau in der Mitte, weswegen man sie leicht zu einem Armband aufziehen konnte. Ich saß dort und machte ein Armband für meine Mutter. Ich erinnere mich noch, dass ich überlegte, wie viele Perlen ich dafür brauchen würde. Mamães Handgelenk war größer als meins, also durfte ich das Armband nicht zu klein machen, sonst würde sie es nicht tragen können. Andererseits durfte es auch nicht zu groß sein. Am Nachmittag war ich noch immer nicht fertig, hatte jedoch genug Beeren gesammelt, um am Abend weiterzumachen.

In jener Nacht war ich kein bisschen müde. Die Vorfreude und die Aufregung wegen des nächsten Tages hielten mich wach, außerdem war ich nervös. Ich schlief sehr unruhig, und als der Morgen anbrach, war ich kaum ausgeruht.

Nachdem wir geduscht, uns angezogen und wie jeden Morgen reichlich herumgeblödelt hatten, gingen wir zum Frühstück in den Speisesaal hinunter. Wir trugen unsere schönsten Sachen. Unten angekommen setzte ich mich neben Patricia. Ich war zu aufgeregt, um etwas zu essen, und trank nur eine Tasse Kaffee mit Milch und Zucker. Einer Menge Zucker! Mein Bauch beruhigte sich durch den Kaffee, und ich fühlte mich ein wenig besser. Wobei ich mir nicht sicher bin, ob der Kaffee oder Patricia mich beruhigten, denn sie hielt meine Hand unter dem Tisch.

Es dauerte ewig, bis der Mittag endlich da war. Das war die Zeit, zu der unsere Eltern und Verwandten kommen würden. Mit jeder Minute wurde ich nervöser. Ich versuchte, langsam zu atmen und positiv zu denken. Und dann schlug die Uhr endlich zwölf. Alle Kinder, die am Stück mitwirkten, hatten sich bereits im Hof versammelt. Und alle anderen Kinder durften ebenfalls nach draußen kommen und dort spielen, wenn sie wollten. Heute waren auch viele Kinder draußen, die keinen Besuch erhielten. Sie wollten sich das Stück ansehen. Einige waren da, weil sie sich auf die Aufführung freuten, andere hofften, dass wir uns auf der Bühne blamieren würden. Gabriela und ihre kleine Clique hatten sich auch auf dem Hof versammelt. Sie sah mich und stieß ein lautes Johlen aus. Als ich an ihr vorbeikam, zischte sie: »Viel Glück, du dreckige Ratte! Gib dein Bestes – das wird eh Mist!«

Unser Besuch traf ein, und ich hielt nach meiner Mutter Ausschau. Ich wollte ihr wie jeden Sonntag entgegenrennen und mich in ihre Arme werfen, dann würde sie mich ganz fest an sich drücken. Aber ich konnte sie nirgendwo entdecken. Alle waren da, am Tor stand niemand mehr. Wo war meine Mutter? War sie nicht gekommen? Hatte ich etwas falsch gemacht? Vielleicht war sie einfach ein wenig spät dran. Das musste es sein. Mamãe hatte sich verspätet. Ich setzte mich neben meinen Perlenbusch und wartete und wartete, bis ich begriff, dass sie nicht kommen würde. Aus irgendeinem Grund wollte oder konnte sie nicht. Ich saß dort und sah zu den anderen Kindern hinüber, die glücklich und zufrieden wirkten. Gelächter und Umarmungen erfüllten die Luft. Ich saß da, traurig, mit lauter Zuneigungsbekundungen vor der Nase. Jetzt verstand ich endlich, wie sich die Kinder fühlten, die nie besucht wurden. Ich fragte mich, warum meine Mutter nicht da war.

»Oh, arme, kleine Christiana! Hat deine Hurenmutter dich verlassen?«, spottete Gabriela. Wut überkam mich, und ich musste an mich halten, ihr nicht vor allen Eltern an die Gurgel zu springen. Wenn ich das getan hätte, hätte mich eine schlimme Bestrafung erwartet. Also warf ich ihr lediglich einen finsteren Blick zu. »Weißt du was?«, fuhr Gabriela fort. »Wir wissen, wo deine Mutter ist. Sie steht am Straßenstrich und kümmert sich einen feuchten Dreck um dich.«

Ich stand auf, kurz davor, sie anzuspringen und ihr alle Zähne auszuschlagen, aber ich sagte nur: »Du wirst noch bereuen, dass du das gesagt hast.« Dann machte ich auf dem Absatz kehrt und ging von ihr und ihrer Clique weg.

»Hast wohl Bock auf ne Tracht Prügel, was?«, schrie sie mir hinterher, und die Gruppe brach in Gelächter aus.

Ich war wütend, traurig und enttäuscht von meiner Mutter. Ich konnte hören, wie die Hausmutter mit den Kindern und Erwachsenen im Hof sprach. Sie stand auf der Bühne und erklärte, dass die Kinder ein Stück vorbereitet hätten und es nun aufführen würden. Pah, ich wollte nur noch weglaufen und mich verkriechen! Aber ich wusste, dass das keine Option war. Dann hätten

Gabriela und ihre Freunde mich noch mehr geärgert. Das Letzte, woran ich mich von diesem Tag erinnere, ist, dass ich die Bühne betrat.

Ich hielt mein Versprechen. Als ich Gabriela das nächste Mal sah, schlug ich zu. Viele Kinder bekamen es mit, und schnell bildete sich ein Kreis Schaulustiger um uns. Ich war froh, dass so viele zusahen, denn ich wollte, dass möglichst viele Gabrielas Demütigung beiwohnten. Während ich auf sie eindrosch, rief ich: »Ich bring dich um! Ich bring dich um!« Und zum ersten Mal in meinem Leben wollte ich das wirklich.

»Bist du wütend, weil ich deine Mutter eine Hure genannt habe? Warum? Genau das ist sie doch!«, stichelte Gabriela weiter.

Das war zu viel. Jetzt gab es kein Halten mehr für mich. Ich sprang auf sie und stieß sie auf den kalten, harten Boden. Irgendwo im Hintergrund hörte ich die Rufe und das Anfeuern der anderen Kinder. Das war mir egal. Wir lagen dort, rangen miteinander, und ich wusste, dass ich in jedem Fall gewinnen würde. Ich trat Gabriela so, dass sie auf den Rücken fiel, dann setzte ich mich rittlings auf ihren Bauch. Sie trat um sich und versuchte mich abzuschütteln, aber ich war zu schwer. Ich hielt ihre Hände fest und schaffte es, ihren linken Arm mit meinem rechten Knie zu Boden zu pressen. Ich hielt ihren anderen Arm fest und reckte dann meinen freien Arm in die Luft. Angst stand in ihren Augen. Ich glaube, sie sah blanken Hass in mir aufblitzen. Ich schlug ihr mitten ins Gesicht. Blut spritzte aus ihrer Nase, aber das war mir egal. Sie schrie laut auf, und ich schlug erneut zu, so fest ich konnte. Ich landete noch einen weiteren Treffer, dann kam eine Aufpasserin angerannt und zog mich von Gabriela herunter. Ich trat und schlug um mich und schrie, dass ich sie umbringen würde.

»Wart's nur ab! Wenn du's am wenigsten erwartest, bring ich dich um!«, brüllte ich.

Wenn ich später an diese Szene zurückdachte, jagte mir der

Gedanke, was ohne das Eingreifen der Aufpasserin passiert wäre, Angst ein. Hätte ich aufhören können, auf Gabriela einzuschlagen? Ich hatte so einen intensiven Hass verspürt und keinen anderen Gedanken mehr gehabt, als Gabriela töten zu wollen. Jede einzelne Zelle in meinem Körper wollte sie leiden sehen, sie von der Oberfläche der Erde tilgen und Menschen wie sie ein für alle Mal auslöschen. Ich hatte so viele boshafte, gemeine Menschen getroffen und fühlte mich verlassen. Zum Glück hat die Aufpasserin rechtzeitig eingegriffen.

Sie hielt mich fest, und ich beruhigte mich ein wenig. Ich sah zu Gabriela hinüber und fühlte mich besser. Überall war Blut, und Zufriedenheit wallte in mir auf. Die Frau fragte, wer den Kampf begonnen habe. Sie musste noch entscheiden, wer von uns bestraft werden sollte. Gabriela lag auf dem Boden und blutete. Sie sah schlimm aus, aber die Frau wusste, dass diejenige bestraft werden musste, die den ersten Schlag ausgeführt hatte. So lauteten die Regeln. Die Mitarbeiter statuierten ein Exempel an denen, die angefangen hatten, und versuchten so, die anderen Kinder vom Brechen der Regeln abzuschrecken. Sie fragte noch einmal und erinnerte die umstehenden Kinder daran, dass alle eine Tracht Prügel bekommen würden, wenn sie nicht auspackten.

Absolutes Schweigen.

Jedes einzelne Kind hatte nun eine Heidenangst vor mir. Sie wussten, dass der Verräter Schlimmes von mir zu befürchten hatte. Aber ich wusste auch, dass die Kinder mich hassen würden, wenn ich nichts sagte und sie deshalb Prügel bekamen. Also entschied ich mich, klug zu handeln. Nicht, weil es mir richtig vorkam, sondern aus Taktik. Die anderen Kinder würden mir dankbar sein, weil sie so keine Schläge bekommen würden. Es würde außerdem beweisen, dass ich keine Angst vor den Aufpassern hatte und mutig genug war, Schmerzen hinzunehmen. Und die Leute würden in Zukunft zwei Mal darüber nachdenken, ob sie mich aufziehen sollten.

Gabriela wurde fortgebracht und versorgt. Ich wusste, was mir nun bevorstand. Eine große Schar Kinder versammelte sich, kleine wie große. Die Aufpasserin, die den Kampf beendet hatte, fragte mich, warum ich damit angefangen hatte. Ich gab keine Antwort. Sie fragte erneut, und dieses Mal klang ihre Stimme eiskalt. Ich gab keine Antwort. Ich hielt meinen Kopf so gut ich konnte erhoben.

Ich wollte beweisen, dass ich keine Angst hatte, und meinen Stolz wahren. Ich wollte ihre Frage nicht beantworten. Ich wusste, dass meine Situation sich durch trotziges Verhalten und ausbleibende Antworten noch verschlimmern würde, aber ich war bereit, die Konsequenzen in Kauf zu nehmen. Niemals würde ich vor all den anderen wiederholen, was Gabriela über meine Mutter gesagt hatte. Selbst wenn sie es nicht wagen würden, mich damit aufzuziehen, würden sie doch hinter meinem Rücken darüber tuscheln. Ich weigerte mich, Dinge über meine Mutter zu sagen, die nicht der Wahrheit entsprachen.

Die Aufpasserin befahl mir, T-Shirt und Hose auszuziehen. Dann stand ich nur noch in Unterhosen vor den anderen, und die Aufpasserin hielt mich mit dem Rücken zu ihr gewandt. Ihre andere Hand umfasste einen Gürtel, mit dem sie meinen Rücken und meine Beine auspeitschte. Das führte dazu, dass ich immer und immer um sie herum lief, während sie weitere Schläge austeilte. Ich versuchte mich zu ducken oder fortzulaufen. Ich versuchte den Schlägen auszuweichen, aber es hatte keinen Zweck.

Es tat weh. Sehr. In dieser Nacht konnte ich nicht auf dem Rücken liegen. Ich konnte nicht einmal mehr sitzen. Mein ganzer Körper war geschwollen. An Rücken und Beinen hatte ich offene Wunden, die brannten, und aus manchen rann Blut. Doch ich bereute nichts. Meine Mutter wäre bestimmt nicht begeistert von diesem Vorfall gewesen, geschweige denn von meinem Verhalten, aber das war mir egal. Warum sollte ich mich um ihre Meinung scheren? Sie hatte mich und Patrique enttäuscht. Sie war nicht gekommen, obwohl sie das versprochen hatte. Sie hatte mich verlassen, obwohl sie versichert hatte, dass es nie dazu kommen würde. Ich weinte still vor mich hin. Die Aufpasserin hatte gesagt, ich solle um Vergebung bitten und versprechen, so etwas nie wieder zu tun. Doch ich weigerte mich. Nicht, weil ich zu stolz gewesen wäre. Ganz ehrlich, die Gürtelschläge taten so sehr weh, dass ich in jenem Moment nahezu alles versprochen hätte. Aber sie hatte mir gesagt, ich solle mich bei jemandem entschuldigen, der die Prügel verdient hatte. Ich sollte zugeben, dass ich etwas Falsches gemacht hatte und dass meine Mutter genau das war, als das Gabriela sie bezeichnet hatte. Und da weigerte ich mich. Ich dachte, Gabriela habe genau das bekommen, was sie verdient hatte.

Im Laufe der Jahre hat sich meine Meinung geändert, und ich empfinde nichts als Mitleid für Gabriela, aber auch für Christiana. Wir lebten beide in einer Welt, in der Wut und Frustration zum Alltag gehörten. Kinder sollten nicht so aufwachsen müssen, und im Nachhinein würde ich sehr viel darum geben, zu wissen, was Gabriela erlebt hat, bevor sie ins Kinderheim kam. Kein Kind wird ohne Grund hasserfüllt und wütend. Ich weiß, wovon ich rede. Wenn ich als Achtjährige nicht so aufgebracht und frustriert gewesen wäre, hätte ich mich als Erwachsene nicht fragen müssen, ob ich ohne fremde Einwirkung hätte aufhören können, auf das Mädchen einzuschlagen. Ein Mädchen, das genau wie ich und all die anderen Straßenkinder so viel mehr verdient hatte. So viel mehr Liebe und so viel mehr vom Leben.

Jahre später in Schweden lernte ich eine Brasilianerin kennen, die mich fragte, aus welchem Teil Brasiliens ich stammte und wo ich gelebt hätte. Ich erklärte, dass ich im Slum aufgewachsen und ein Straßenkind gewesen sei. Sie sah mich an, lächelte und meinte: »Oh, Straßenkinder sind so glücklich. Die haben eine Begabung zu echter Freude.«

Was soll man dazu noch sagen? Sie hat nicht unrecht. Es steckt sehr viel Freude in diesen Kindern, aber auch unsagbarer Schmerz und schlimmes Leid.

## *Warum darf ich Mamãe nicht sehen?*

Nach der heftigen Auseinandersetzung mit Gabriela wurde ich in das Büro der Hausmutter zitiert und sollte erklären, was passiert war und warum ich die Prügelei angezettelt hatte.

Ich log nicht. Sie hörte mir zu, und als ich fertig war, meinte sie, sie könne nachvollziehen, dass ich wütend gewesen sei, aber dass mein Verhalten inakzeptabel sei. Sie meinte, sie wolle nie wieder so etwas zu Ohren bekommen. Dann sagte sie, dass ich meine Mutter nicht mehr sehen könne und dass sie nicht mehr kommen und mich und meinen kleinen Bruder besuchen dürfe. Mamãe war am Sonntag nicht da gewesen, weil sie nicht länger im Kinderheim willkommen war.

Ich verstand nicht, was sie da sagte … Was? Mamãe war doch jeden Sonntag zu Besuch gekommen, genau wie die anderen Eltern. Ich wusste, dass Mamãe uns sehen wollte. Warum durfte sie nicht mehr zu uns kommen? Hatte ich etwas falsch gemacht? Etwas ausgefressen? Hatte die Hausmutter mitbekommen, dass ich draußen Avocados gepflückt und sie in der Küche versteckt hatte? Bestrafte sie mich jetzt dafür? Mein kleiner Bruder durfte Mamãe wegen mir nicht mehr sehen. Ich war schrecklich aufgewühlt. Ich versuchte, meine Tränen zurückzuhalten, doch es fiel mir schwer. Wie immer, wenn ich meine Gefühle unterdrückte, kullerte eine einzelne Träne über meine Wange. Ich musste fragen, ob ich etwas falsch gemacht hatte.

»Nein, Christiana, das hast du nicht!«

»Aber warum bestrafen Sie mich und meinen Bruder? Ich hab

doch immer versucht, lieb und hilfsbereit zu sein. Ich hab mich in der Schule angestrengt. Warum darf ich meine Mutter nicht mehr sehen?«

»Ich bestrafe dich nicht. Ich versuche dir zu helfen!«

»Dann darf meine Mutter doch wieder zu Besuch kommen?«

»Das habe ich nicht gesagt. Versteh doch, Christiana, deine Mutter ist krank. Sie ist sehr krank.«

»Meine Mutter hat mir nicht gesagt, dass sie krank ist! Er geht ihr gut! Sie hat einen Job und bringt mir schöne Dinge mit.«

Die Hausmutter schwieg einen Moment. Sie schien nachzudenken. Dann holte sie tief Luft und fuhr sich mit der Hand durch ihr glattes schwarzes Haar. Normalerweise trug sie es zu einem Zopf gebunden, aber heute war es offen. Sie trug eine weiße Bluse und einen leichten dazu passenden Rock. Sie sagte meinen Namen, doch ich hörte sie kaum. Sie hatte gesagt, Mamãe sei krank. Wie konnte sie das nur behaupten? Mamãe erzählte mir alles, und sie hatte mich fast noch nie angelogen. Wieder hörte ich meinen Namen und sah auf.

»Christiana, deine Mutter hat eine psychische Krankheit. Weißt du, was das bedeutet?«

Ich hatte keine Ahnung, was das bedeutete, hatte aber den Ausdruck schon einmal gehört. Meine Mutter hatte mir erzählt, dass ich zwei ältere Brüder hatte, Zwillinge. Einer hieß Humberto, an den Namen des anderen kann ich mich nicht erinnern; ich nenne ihn einfach Gilberto. Meine Mutter hatte gesagt, dass die beiden ein wenig »komisch« zur Welt gekommen seien und eine psychische Krankheit hätten.

Ich hatte gefragt, was das bedeute, und sie hatte darauf geantwortet, dass es nur heiße, dass sie ein wenig anders seien. Aber sie habe die beiden trotzdem lieb.

Jetzt saß ich mit der Hausmutter hier, und sie sagte mir, dass meine Mutter ebenfalls »komisch« war. Aber Mamãe war nicht »komisch«. Ich kannte meine Mutter, und sie war nicht »komisch«.

»Christiana, wir haben beschlossen, dass sie euch nicht gut tut, weder dir noch deinem kleinen Bruder. Wir haben außerdem beschlossen, dass sie euch nicht mehr besuchen kommen darf. Das haben wir ihr schon erklärt.«

Ich konnte es nicht mehr ertragen und war wütend auf die Hausmutter. Wie konnte sie mir das nur antun? Ich hatte so viel mitgeholfen – in der Küche, bei den Kleinkindern, der Wäsche und dem Putzen. Nur damit man mich mochte, und trotzdem wurde ich bestraft. Das Leben war so verdammt ungerecht. Wut kochte in mir hoch, bis ich explodierte und schrie.

»Meine Mutter ist nicht ›komisch‹! Sie können nicht einfach bestimmen, ob ich sie sehen darf oder nicht! Sie sind der Teufel, und ich hasse Sie! Ich hoffe, dass Sie für immer in der Hölle brennen!«

Die Hausmutter versteifte sich. Sie wirkte überrascht – bisher hatte sie mich noch nie so erlebt. Ich hatte jede Bestrafung und jede Tracht Prügel wegen Kämpfen und anderem Fehlverhalten akzeptiert. Wenn ich geschlagen wurde, schrie ich vor Schmerz, aber ich hielt meine Tränen zurück. Die meisten Kinder schrien und weinten, wenn sie verprügelt wurden. Für mich war es ein Zeichen von Schwäche, wenn man vor anderen weinte, und ich hatte gelernt, dass man mit Schwäche nicht weiterkommt im Leben. Dann wurden die Leute noch fieser, und sobald sie erkannt hatten, dass man verletzlich war, nutzten sie einen gnadenlos aus. So sollte mich niemand zu Gesicht bekommen. Mein Stolz erlaubte das nicht. Außerdem wollte ich demjenigen, der mir gerade eine Tracht Prügel verabreichte, nicht auch noch die Befriedigung geben, dass er mir ernsthaft wehgetan hatte.

Und nun stand ich im Büro der Hausmutter und wurde grundlos bestraft. Ich hatte nichts falsch gemacht, und trotzdem tat man mir weh. Glaubte sie, ich würde die Trennung von meiner Mutter einfach so hinnehmen? Ich hatte schon so viel von dem verloren, was ich liebte. In jenem Moment hasste ich die Hausmutter mehr als alles andere. Ich schrie erneut, wie sehr ich sie verabscheute, dann riss ich die Tür auf und stürmte aus dem Büro. Sie rief meinen Namen und beorderte mich zurück, doch ich rannte so schnell ich konnte davon.

Wenn ich derart wütend wurde, vergaß ich mich manchmal. Erst wenn ich mich beruhigt hatte, konnte ich dann wieder klar denken. Während eines Wutausbruchs fühlte ich nichts als Zorn. Das machte sowohl mir als auch anderen Menschen Angst, als ich noch klein war, vor allem nach meiner Ankunft in Schweden. Sture, mein schwedischer Vater, sagte einmal zu mir: »Du hast unglaublich schöne Augen, Christina. Aber wenn du wütend bist, werden sie komplett schwarz, wie bei einer Hexe. Das macht mir Angst.«

Vielleicht ist es nichts Außergewöhnliches, dass ich diesen Teil von mir nicht kontrollieren konnte, als ich noch klein war. Ich trug so viel in mir herum, das extrem wehtat, und ich hatte niemandem, mit dem ich über den Schmerz, die Trauer und die Verzweiflung sprechen konnte. Gefühle, die auch für einen Erwachsenen eine Herausforderung sind. Stattdessen verkroch ich mich in eine einsame Ecke und weinte dort. Ich ließ mich vom Schmerz überwältigen und saß einfach da, still, schniefend, verweint und gedanklich meilenweit entfernt.

Dann träumte ich mich in eine von Camiles Märchenwelten und stellte mir vor, wir würden gemeinsam reiten gehen oder Fußballspiele gewinnen. Dort konnten wir mit Tieren sprechen und Süßigkeiten und sonstiges Essen futtern, so viel wir nur wollten. Ich träumte von Mamãe und davon, dass wir irgendwo im Himmel auf einer Wolke saßen und von dort oben auf Brasilien hinuntersahen. Wir flogen dort herum und stellten allerhand Unsinn an, genau wie damals im Wald. Ich stellte mir vor, bei den Engeln zu leben, in einem friedlichen, schönen Land.

Irgendwann beruhigte ich mich auch nach meinem Wutausbruch gegenüber der Hausmutter. Als ich wieder in der Realität anlangte, saß ich auf einem Toilettendeckel und hatte die Arme um meine angewinkelten Beine gelegt. Ich hatte die Beine hochgezogen, damit niemand sehen konnte, dass ich in der Kabine war. Die Tür hatte ich auch verschlossen und weinte still vor mich hin. Ich weiß noch, dass ich mich damals so kraftlos fühlte, als sei jede Energie aus mir gewichen, und dass mir das Leben schwer vorkam. Ich weiß noch, dass ich nicht mehr weiterleben wollte. Ich wollte wie ein Stern am Tageshimmel sein – da, aber doch nicht sichtbar. Ich wollte nicht, dass irgendjemand mich sah oder ansprach. In diesem Moment wollte ich nur noch mit meiner Mutter und meinem kleinen Bruder zusammen sein. Ich wünschte uns in den Wald zurück, wo ich spielen, klettern, umherrennen und schwimmen konnte. Ich weiß nicht, wie lange ich dort saß. Hin und wieder kam ein Kind rein und benutzte eine der anderen Toiletten. Ich saß stocksteif da und hielt den Atem an. Nach und nach konnte ich wieder normal denken. Ich versuchte, das Geschehene und Gesagte zu verarbeiten. Obwohl ich jedes Wort so gemeint hatte, verstand ich doch, dass es nicht klug gewesen war, gegenüber der Hausmutter derart die Fassung zu verlieren. Also begann ich nachzudenken. Es musste doch eine Möglichkeit geben, meine Mutter wiederzusehen. Vielleicht sollte ich abhauen. Aber die Mauern waren zu hoch, um darüber zu klettern, und das Tor war immer abgeschlossen. Man ließ uns nur für den Besuch des Schulunterrichts nach draußen, und das Schulgebäude war nicht weit entfernt. Vielleicht konnte ich mich während der Unterrichtszeit aus dem Staub machen und wegrennen, bevor irgendwer etwas bemerkte. Doch dann fiel mir Patrique ein. Ich konnte ihn nicht einfach so zurücklassen. Das würde Mamãe mir nie verzeihen. Wer würde sich dann um ihn kümmern? Er war noch ein Baby und konnte nicht wegrennen oder eigene Entscheidungen treffen. Wie konnte ich fliehen und ihn mitnehmen?

Ich wurde zunehmend frustriert. Mein Plan war nicht durchführbar. Ich konnte das Kinderheim nicht ohne Patrique verlassen.

Und es wollte mir keine Möglichkeit einfallen, ihn mitzunehmen. Selbst wenn ich aus meinem Zimmer zu ihm hinüberschleichen könnte und ihn zu fassen bekäme – was dann? Ich könnte vielleicht versuchen, die notwendigen Schlüssel zu stehlen. Immerhin war ich eine geübte Taschendiebin. Ein paar andere Kinder, denen ich vertraute, würden mir bestimmt dabei helfen. Sie könnten das Personal ablenken, und ich würde in der Zwischenzeit die Schlüssel stibitzen. Aber das würden sie sicherlich spätestens am Abend merken. Ich könnte mit Patricia sprechen. Vielleicht würde ihr noch etwas einfallen. Womöglich könnte sie sogar mit mir mitkommen und dann mit mir, Mamãe und Patrique zusammenleben. Mein Gehirn ratterte förmlich. Ich würde Essensvorräte für ein paar Tage beschaffen. Ich würde mich weiterhin in der Schule anstrengen. Ich würde so tun, als sei alles in bester Ordnung, und dann, wenn man es am wenigsten erwartete, wären Patrique und ich weg.

Ich verließ das Badezimmer, ging zum Büro der Hausmutter und klopfte an ihre Tür. Sie rief »Herein«, und ich öffnete die Tür, verbeugte mich leicht und hielt meine Schultern dabei gesenkt. Wahrscheinlich sah ich in etwa so aus wie ein Hund, der seinen Schwanz unterwürfig zwischen die Beine geklemmt hat. Ich betrat das Büro und bat um Entschuldigung für mein Geschrei und dafür, dass ich plötzlich abgehauen war. Ich sagte, ich würde meine Mutter einfach schrecklich vermissen.

Dann musste ich weinen und war wütend auf mich, dass ich die Tränen nicht zurückhalten konnte.

Die Hausmutter stand auf, kam zu mir herüber und umarmte mich. Sie sagte, sie könne verstehen, dass ich meine Mutter vermisste, und versprach, dass bald alles wieder in Ordnung sei. Jetzt würde alles besser werden. Mein einziger Gedanke war: *Hätte ich jetzt ein Messer, würde ich ihr damit in den Rücken stechen.*

Dann ging ich zu Patrique und hob ihn aus seinem Bettchen. Ich drückte ihn eng an mich, was ihm nicht zu gefallen schien, also lockerte ich meinen Griff ein wenig. Ich hielt ihn in den Armen und wiegte ihn sacht hin und her. Während wir so dasaßen, flüsterte ich in sein Ohr: »Ich werde einen Weg finden, uns hier rauszubringen, Patrique. Wir werden Mamãe wiedersehen. Mir wird schon was einfallen, deine Schwester ist clever.«

Was ich nicht wusste, was ich nicht wissen konnte, war, dass die Hausmutter schon Pläne für mich hatte. Zu diesen Plänen zählte, dass ich das Kinderheim verlassen sollte. Aber nicht zurück zu Mamãe oder zu meiner vertrauten Welt. Ich bekam nie die Gelegenheit, abzuhauen, und vielleicht sollte ich mich diesbezüglich glücklich schätzen. Als Kind habe ich nicht begriffen, dass die Hausmutter sich um mich sorgte und dass ihre Absichten gegenüber mir und meinem Bruder gut waren. Später haben mir Lili-ann und Sture erzählt, dass die Hausmutter sie während ihres fünfwöchigen Aufenthalts in Brasilien mehrfach angerufen hatte, um sich nach mir und Patrique zu erkundigen und zu fragen, wie der Adoptionsprozess und die Vorbereitungen zur Ausreise liefen. Es tat mir gut, das zu hören. Trotz allem habe ich auch viele gute Erinnerungen an das Kinderheim.

# Den Arm voll Schokolade

2015

Rivia und ich verlassen das Hotel und nehmen in dem Wagen Platz, der uns zum Kinderheim bringen wird. Wäre ich zehn oder fünfzehn Jahre eher in dieses Auto gestiegen, wäre eine Menge Wut mit mir an Bord gekommen. Jetzt verspüre ich keine; das tue ich schon lange nicht mehr. Wir sitzen im Auto und gehen, je nach Verkehrslage, von einer etwa einstündigen Fahrt aus. In São Paulo und Umgebung wohnen etwa zweiundzwanzig Millionen Menschen, und die Straßen sind oft überlastet. Wir haben den Fahrer gebeten, uns an einem Süßwarenladen in der Nähe des Kinderheims abzusetzen. Ich möchte nicht mit leeren Händen dort auftauchen. Schon in Schweden habe ich darüber nachgedacht, was ich den Kindern mitbringen soll. Letzten Endes habe ich mich dafür entschieden, jedem Kind Schokolade zu schenken. Darüber habe ich mich damals im Kinderheim am meisten gefreut. Ich werde nie vergessen, wie Mamãe mir einmal eine Schachtel Bon-O-Bon-Leckereien mitbrachte, als sie zu Besuch kam. Ich war so glücklich darüber! Ich weiß, dass eine einzelne Schachtel voll Schokolade weder das Leben der Kinder noch ihre Zukunft verändern wird, aber vielleicht freuen sie sich zumindest einen Moment lang so sehr darüber wie ich damals.

Ich sehe aus dem Fenster und blicke auf die gewaltige Autobahn, über die wir gerade fahren. Ein Bus schießt in überhöhter

Geschwindigkeit an uns vorbei. Der Verkehr in Schweden gefällt mir besser, auch wenn ich persönlich eher im São-Paulo-Stil fahre. Wir haben die Wolkenkratzer und schicken Galerien inzwischen hinter uns gelassen, und die Straßen werden nun von niedrigeren Gebäuden, kleinen Läden und hohen Telefonmasten aus Holz gesäumt, an denen so irrsinnig viele Kabel raushängen, dass es gefährlich aussieht. Wir verlassen die Autobahn und biegen in eine schmalere Straße ab. Die Menschen tragen Flip-Flops, und an einem kleinen Stand wird Kokoswasser angeboten. Jemand verkauft gegrillte Maiskolben. Das alles fühlt sich sehr vertraut an. Mein emotionaler Zustand lässt sich schwer beschreiben. Es ist so, als würde ich diese Welt kennen, doch gleichzeitig fühlt sich alles fremd an.

Der Fahrer hält vor einem Laden. Wir steigen aus und betreten das Geschäft, um nach Bon-O-Bon-Süßigkeiten Ausschau zu halten. Ich gehe die Regalreihen ab, und auf einmal entdecke ich die gelben Verpackungen. Sie sehen fast genauso aus, wie ich sie in Erinnerung behalten habe. Ich zeige Rivia, dass ich fündig geworden bin, und hebe eine der Schachteln hoch, um sie mir genauer anzusehen. Sie kommt mir kleiner vor als vor vierundzwanzig Jahren. Ich lächle und merke, dass mir Tränen in die Augen steigen. Es ist albern, dass mich eine Packung Schokolade zum Weinen bringt, aber das tut sie. Eifrig greife ich nach den Schachteln. Wir stellen fest, dass es schwer wird, sie alle zu tragen, und Rivia bittet einen der Mitarbeiter um einen Karton. Etwa zwanzig Kinder leben im Kinderheim, und ich kaufe dreißig Schachteln für sie. Dann kehren wir zum Auto zurück. Es ist nicht mehr weit. Während der kurzen Fahrt überlege ich, warum nur noch zwanzig Kinder im Kinderheim wohnen. Als ich dort lebte, waren wir sicherlich zwei- oder dreihundert. Ich habe nie nachgezählt, aber mehr als zwanzig waren wir auf jeden Fall.

Ich weiß, dass ich mich auf die meisten meiner Erinnerungen verlassen kann, aber mir ist auch bewusst, dass Kinder die Dinge anders wahrnehmen. Beispielsweise sind meine Mutter und ich einmal während des Karnevals durch Diamantina gelaufen. Plötzlich tanzte ein Teufel über die Straße. Mamãe hatte mir Geschichten über Gott, Jesus und den Teufel erzählt, und auf einmal war er da und tanzte über die Straße. Ich hatte panische Angst, er würde mich schnappen, und weiß noch, dass ich mich hinter Mamãe versteckte. Lange habe ich geglaubt, tatsächlich den Teufel gesehen zu haben. Etwas, das sich für mein vierjähriges Ich täuschend echt angefühlt hatte, kam mir als Erwachsene albern vor. Heute kann ich darüber lachen. Aber das ändert nichts daran, wie ich es ursprünglich wahrgenommen habe. Also frage ich mich jetzt im Auto mit dem riesigen Karton voll Schokolade auf dem Schoß: *Trügt mich die Erinnerung? Wie viele Kinder waren wir?* Ich hatte Angst vor meinen Erinnerungen, aber ich habe mich auch auf sie verlassen. Nun, da ich wieder hier bin, ist es mir wichtig, dass sie richtig sind.

Wir steigen aus dem Auto, und ich stehe vor dem Kinderheim und warte. Ich sehe auf das kleine gelbe Tor vor mir. Zu meiner Zeit war das Tor schwarz gestrichen. Die gelbe Farbe ist an einigen Stellen abgeplatzt, und an den Stellen, wo nichts mehr ist, schimmert Schwarz durch. Ich stelle fest, dass ich das Tor noch immer krampfartig fest umgreife.

# Acht Jahre alt und ganz allein auf der Welt

1991

Ich wusste wirklich nicht, was passiert war. Was hatte sich verändert? Warum ging man plötzlich davon aus, dass meine Mutter keine gute Mutter war? Offenkundig war nur, dass ich nicht mehr länger ihre Tochter sein durfte und dass man heftig und entschieden gegen weitere Begegnungen vorging.

Nachdem die Hausmutter erklärt hatte, dass meine Mutter und ich uns nicht mehr sehen durften, wurde das Leben im Kinderheim ziemlich hart. Ich weiß noch, wie alles anfing. An einem schönen Sonntag saßen die Kinder, die besucht wurden, mit ihren Familien im Hof, und wir anderen, die nicht besucht wurden, begannen umherzurennen. Manche tuschelten miteinander, andere schrien, und alle waren aufgedreht. Irgendetwas war im Gange, und Patricia und ich wurden neugierig. Wir folgten den anderen Kindern zur Vorderseite des Kinderheims. Am Tor hatte sich schon eine große Traube Schaulustiger versammelt, und da wir hinten standen, konnten wir zunächst nichts sehen. Die Aufpasser schrien, wir sollten das Feld räumen und wieder reingehen. Patricia fragte ein Mädchen neben uns, was los sei. Das Mädchen meinte, am Tor würde jemand stehen und nach seiner Tochter rufen. Patricia versteifte sich und warf mir einen Blick zu. Wir dachten beide das Gleiche, und sie fasste nach meiner Hand und drückte sie fest. Ich weiß nicht, woher ich es wusste. Vielleicht bestand eine besondere Mutter-Tochter-

Verbindung, die es mir mitteilte. Vielleicht war es all die Liebe, die meine Mutter mir geschenkt hatte und die mir jetzt tief in meinem Inneren zuflüsterte, dass sie mich trotz allem noch liebte. Jedenfalls wusste ich, dass die Person vor dem Tor meine Mutter war. Ich kämpfte mich durch die Menge und schrie den anderen zu, sie sollten beiseite gehen. Als ich mich dem Tor näherte, hörte ich die Stimme meiner Mutter. Ich hatte sie noch nie so schreien gehört. Ihre Stimme klang verzweifelt, voller Angst, Wut und Hilflosigkeit. Ich konnte hören, dass sie nach mir rief.

»Christiana, wo bist du? Ich will meine Tochter sehen! Ich habe das Recht, meine Tochter zu sehen. *Christiana!*«

»Sie ist nicht hier«, antwortete eine wütende Frauenstimme.

»Ich weiß, dass sie hier ist! Ihr könnt sie mir nicht einfach so wegnehmen!«, gab meine Mutter zurück. Sie fuhr fort, hysterisch nach mir zu schreien.

Es war schrecklich, sie so zu sehen, aber ein Teil von mir war auch erleichtert. Meine Mutter war gekommen. Sie hatte mich doch nicht im Stich gelassen. Sie liebte mich. Sie war hier. Ich rannte, stieß die anderen beiseite, bis zum Tor, bis ich sie sah. Sie stand komplett neben sich. Sie weinte und schrie; ich hatte sie noch nie so aufgebracht gesehen. Ich brüllte nach meiner Mutter, aber eine Hand griff nach mir. Da ertönte wieder die Stimme von Mamãe. Die Hand hielt mich zurück, und eine der Aufpasserinnen umfasste mich fest. Ich wurde wütend und frustriert und trat wild um mich. Ich trat die Frau so fest ich konnte gegen das Schienbein und schlug mit meiner freien Hand nach ihrem Gesicht. Sie lockerte den Griff, und ich machte mich los und rannte zum Tor. Ich streckte meine Arme durch die Gitterstäbe und ergriff die Hände meiner Mutter.

»Mamãe!«

»Christiana!«

»Mamãe!« Ich heulte und schluchzte, und auch meine Mutter weinte.

Ich spürte, wie jemand nach mir griff und mich fest an sich zog. Meine Mutter drückte meine Hand umso fester, und ich streckte die linke, freie Hand nach dem Tor aus. Die Aufpasserin begann, mich von dort wegzuziehen. Ich klammerte mich mit aller Kraft an Mamãe und dem Tor fest, und Mamãe hielt meine Hand fest umschlossen. Sie schrie, die Frau solle mich loslassen, und ich rief wieder und wieder nach Mamãe. Dann schrie ich die Frau an, sie solle mich gehen lassen. Ich trat in die Luft und versuchte, mich ihrem Griff zu entwinden. Eine zweite Aufpasserin kam herbeigeeilt, zog an meiner linken Hand und befahl, ich solle das Tor loslassen. Ich schrie »Nein!«, immer und immer wieder, und Mamãe rief, sie sollten mich loslassen, sie sollten mich in Ruhe lassen.

Eine der Frauen löste einen meiner Finger nach dem anderen vom Tor. Ich schrie und schrie. Meine Finger taten weh, aber ich versuchte mich weiter festzuhalten. Sie musste beide Hände gebrauchen, um meinen Griff zu lockern, und schrie, ich solle mit dem Blödsinn aufhören. Ich brüllte, dass ich sie hasste. Sie bellte einigen anderen Kindern zu, sie sollten ihr helfen. Ich schaffte es, ihr meine linke Hand zu entwinden, und griff wieder nach Mamãe, die sie mit beiden Händen umschloss. Einige Kinder zogen nun ebenfalls an mir, und schlussendlich schafften es die beiden Frauen, Mamãe und mich voneinander zu lösen. Sie hoben mich hoch, und Mamãe schrie nach mir und ich nach ihr. Ich hörte, dass Mamãe schrie, sie würde mich lieben, und ich schrie zurück. Ich schlug und trat nach allem und jedem in meiner Reichweite. Während ich durch das Meer aus Kindern getragen wurde, hörte ich Mamães Schreie leiser und leiser werden, bis ich ihre Stimme nicht mehr hören konnte. Als Letztes nahm ich wahr, wie die Hausmutter den anderen Kindern befahl, vom Tor zu verschwinden. In diesem Moment habe ich sie gehasst. Ich hasste jeden einzelnen Mitarbeiter des Heims und die anderen Kinder. Ich war mehr als wütend; ich war von Hass erfüllt.

Ich wollte allen wehtun, weil alle mir wehtaten und ich nicht verstand, warum. Ich schrie. An den Rest kann ich mich nicht erinnern.

Ich wachte in meinem Bett auf und lag zusammengrollt da. Patricia saß neben mir, und ich sah, dass sie geweint hatte. Sie fragte, wie es mir gehe. Ich antwortete nicht, schüttelte nur den Kopf. Mein Hals tat weh, mein Kopf tat weh, meine Augen taten weh, mein Körper tat weh. Meine Finger schmerzten, und ich war komplett erschöpft. Aber was am allermeisten wehtat, war mein Herz. Ich dachte an all das, was passiert war, wie Mamãe dort gestanden, geschrien und geweint und versucht hatte, mich festzuhalten. Ein Schluchzen stieg in mir auf, und Patricia streichelte meine Hand. Ich ging nicht zum Abendessen, und sie blieb bei mir. Ich weinte und schlief, wachte auf und weinte, schlief und wachte wieder auf. So verlief der restliche Abend. Patricia blieb die ganze Zeit an meiner Seite. Als es Schlafenszeit wurde und die anderen Kinder zu Bett gehen mussten, betraten sie ganz leise den Raum. Ich hörte sie flüstern und tat so, als würde ich schlafen. Das Licht wurde gelöscht, und es wurde dunkel. Das Flüstern verstummte allmählich, und die Kinder schliefen ein. Ich war wach und weinte, aber ich versuchte, leise zu weinen. Patricia hörte mich dennoch und fragte, ob sie zu mir ins Bett kommen solle. Ich sagte Ja, und sie legte sich neben mich und nahm mich in den Arm.

Von diesem Tag habe ich seither oft geträumt. Die Erinnerungen daran und meine damaligen Gefühle lassen sich schwer in Worte fassen. Man riss mich fort von meiner Mutter und nannte mir keine Begründung. Ich war acht Jahre alt, und mein Herz war gebrochen. Das Gefühl der Einsamkeit wurde immer schlimmer. Vor allem fühlte ich, und fühle es immer noch, Mitleid mit meiner Mutter. Ich habe keine eigenen Kinder, doch der Gedanke, man würde mir mein Kind aus den Armen reißen, lässt mein Herz schwer werden. Es gibt keine Worte, die beschreiben könnten, wie grausam das war, was man mir und meiner Mutter an jenem Tag und an den folgenden antat.

Als ich am nächsten Morgen aufwachte, lag Patricia noch immer neben mir und hielt einen Arm um mich geschlungen. Ich war müde und fühlte mich gebrochen und leer. Alle Kinder standen auf, aber nur wenige sahen in meine Richtung. Denjenigen, die es taten, stand Mitgefühl ins Gesicht geschrieben. Das hasste ich, und ich tat so, als würde ich nichts merken. Ich würde niemandem zeigen, wie aufgebracht ich war. Gabriela und ihre Clique grinsten mich spöttisch an; damit kam ich zurecht. Ich hasste sie, und das machte es erträglich. Ich wollte nicht, dass die anderen mich bemitleideten. Das tat ich selbst schon zur Genüge. Patricia und ich marschierten in Richtung Badezimmer und stellten uns für die Dusche an. So ziemlich jeder kannte seinen Platz, und es lief entsprechend ruhig ab. Das Duschen an sich ging immer schnell: ab unters Wasser, raus aus der Dusche, schnell mit dem nassen Handtuch abrubbeln, anziehen. Wir gingen hinunter und aßen Frühstück. Ich kann mich an kein einziges Frühstück im Kinderheim erinnern. Ich weiß nicht mehr, was wir zu essen bekamen. Mir ist nur im Gedächtnis geblieben, dass es Kaffee mit viel Milch und Zucker gab.

Nach dem Frühstück war es Zeit für die Schule. Wir liefen zum Tor, wo die Hausmutter und eine der Aufpasserinnen auf uns warteten. Das war eigenartig. Die Hausmutter stand normalerweise nicht dort, wenn wir den Schulweg antraten. Sobald alle Kinder am Tor standen, rief sie mich zu sich hinüber. Das verwirrte mich. Was wollte sie von mir? Was hatte ich nun schon wieder falsch gemacht? Ich ging zu ihr, und sie bedeutete mit der Hand, dass ich mich neben sie stellen solle. Dann wandte sie sich an die anderen Kinder und forderte sie auf, einen Kreis und dann noch einen weiteren Kreis um mich zu bilden. So sollten wir zur

Schule laufen. Ich war in der Mitte und wurde von einem Kreis aus fünf oder sechs Kindern umgeben, die sich an den Händen hielten. Um diesen innersten Kreis war ein weiterer, noch ein weiterer und dahinter noch einer. Alle Kinder hielten einander an den Händen. Die Hausmutter hatte mich sozusagen in ein Gefängnis aus Kinderkörpern gesteckt. Sie zeigte den anderen genau, wie sie stehen sollten: Die Kleinsten bildeten den innersten Kreis, und die Größten und Stärksten den äußersten. Die Hausmutter gab genaue Anweisungen, und ihre nächsten Worte schockierten mich. Sie sagte den Kindern, sie sollten auf keinen Fall die Hände voneinander lösen oder meine Mutter zu mir vordringen lassen.

Die Hausmutter sagte, eine schreckliche Strafe erwarte die Kinder, wenn es meiner Mutter gelingen würde, in meine Nähe zu kommen. Ich stand entsetzt in der Mitte des ersten Kreises und verstand kaum, was da vor sich ging. Das Tor wurde geöffnet, und wir machten uns auf den Schulweg, ich in der Mitte und die anderen Kinder Hand in Hand um mich herum. Etwa auf der Hälfte der Strecke hörte ich die Stimme meiner Mutter. Ich schaute mich um und sah, dass sie auf uns zugerannt kam. Die Kinder liefen schneller, und einige blickten besorgt drein. Meine Mutter rief mehrfach nach mir und schrie den anderen zu, sie sollten sie zu mir durchlassen. Die Kinder liefen inzwischen sehr schnell, und ich wurde mit dem Strom mitgezogen. Mamãe weinte und begann, an den Händen und Armen der Kinder zu zerren. Die Kinder stießen sie beiseite. Ich schrie, sie sollten aufhören, schrie, sie sollten meine Mutter zu mir lassen. Ich versuchte, mich zu Mamãe durchzukämpfen, konnte mich jedoch gegen die Masse der anderen nicht zur Wehr setzen. Ich sah, wie einige von ihnen nach meiner Mutter traten und sie wegstießen.

Das Bild von meiner weinenden Mutter, die verzweifelt versucht, zu mir zu gelangen, verfolgt mich seither in meinen Albträumen. Das Leid in ihren Augen und in meinem Herzen zählt zu dem Schlimmsten, was ich je gesehen und gefühlt habe.

Als wir an der Schule ankamen, wartete schon das Lehrpersonal auf uns. Sie halfen den Kindern, mich in die Schule zu schleifen. Das Tor zum Schulhof wurde verriegelt, und ich hörte Mamãe weinen und schreien, man dürfe ihr das nicht antun, man dürfe ihr nicht das Kind wegnehmen. An diesem Tag tat ich nichts in der Schule. In der Pause spielten die anderen Kinder auf dem Pausenhof. Er war gepflastert, und ein Klettergerüst stand dort. Viele Pausen hatte ich damit zugebracht, dort zu klettern und meine Technik und Balance zu verbessern. Es gab drei Schaukeln, um die sich oft gestritten wurde. Aber an diesem Tag verbrachte ich die Pause in einer ruhigen Ecke versteckt und weinte.

Ich verstand nicht, warum man mir und Mamãe das antat. Ich verstand nicht, warum alle so grausam waren. Ich konnte einfach nicht verstehen, wie sie alle – die Hausmutter, das Kinderheim, die Aufpasser, die anderen Kinder – so grausam zu meiner Mutter sein konnten. Alle anderen Kinder, die Eltern oder sonstige Angehörige hatten, durften von ihnen besucht werden. Was unterschied diese Familien von mir und meiner Mutter? Nach der Schule schlossen die anderen Kinder mich wieder in einem Kreis ein, und wir gingen zum Kinderheim zurück. Ein Teil von mir war froh, dass meine Mutter nicht noch einmal auftauchte. Sie so traurig zu sehen und nicht zueinander gelassen zu werden, tat unglaublich weh. Sobald wir wieder im Kinderheim waren, lösten sich die Kreise um mich herum auf, und eine der Aufpasserinnen fragte die Kinder, wie es gelaufen war. Ich ging, bevor sie antworteten, und sah nur, dass einige Kinder des äußersten Kreises mir böse Blicke zuwarfen.

Am Abend kamen vier dieser Kinder zu mir. Es kam zu einer Schlägerei. Jetzt würde ich gerne behaupten, ich hätte gewonnen, aber tatsächlich wurde ich übel von den anderen verdroschen. Zu guter Letzt sagte eins der Kinder, sie würden erwarten, dass meine »verdammte Mutter« am nächsten Tag keine Probleme mehr machen werde.

Mein einziger Gedanke war, *Am nächsten Tag? Das wird morgen wieder genauso ablaufen? Wie lange soll das so weitergehen?*

In dieser Nacht lag ich wach im Bett und überlegte, wie ich am besten aus dem Kinderheim ausbrechen konnte.

Ich schlief ein und wachte am nächsten Morgen wie gerädert auf. Mein Kopf schmerzte, und meine Knöchel waren von der Schlägerei wund. Es war Dienstag, und die Morgenroutine war genau die gleiche wie die am Tag zuvor und auch an allen anderen Tagen: Wir duschten, zogen uns an und aßen Frühstück. Dann war es an der Zeit, zur Schule zu gehen, und zu meinem Entsetzen wiederholte sich die Prozedur vom Vortag tatsächlich. Die Kinder stellten sich in Ringformation um mich, und wir verließen das Gelände des Kinderheims. Mamãe tauchte auf und versuchte, zu mir durchzudringen, und ich versuchte, zu ihr nach außen zu kommen. Am Abend wurde ich wieder verprügelt. So ging es eine Woche lang. Jeden Tag war Mamãe da, weinte und schrie, und jeden Tag versuchte ich zu ihr zu gelangen. Die Pausen verbrachte ich schluchzend in irgendwelchen abgelegenen Ecken. Ich machte keine Hausaufgaben und aß nichts mehr. Ich sprach nur noch mit meinen Freunden, die meinetwegen ebenfalls verprügelt oder zumindest in Schlägereien verwickelt wurden.

Am Freitag war ich ein körperliches und nervliches Wrack. Gabriela hatte mir in den Tagen zuvor bei jeder Gelegenheit ins Ohr geflüstert, dass meine Mutter verrückt und eine Hure sei. Ich sagte nichts. Am Freitag aß ich zum ersten Mal wieder und sprach mit niemandem außer Patricia. Sie umarmte mich oft, und wir weinten zusammen. Als es Nacht wurde und die anderen Kinder schliefen, lag ich wach in meinem Bett.

Ich stand auf und ging zu Gabrielas Bett hinüber. Ich ballte meine rechte Faust fest zusammen, hob den Arm nach hinten und schlug ihr dann so fest ich konnte ins Gesicht. Ich traf sie an der Wange, und sie wachte schreiend auf. Ich schlug wieder und wieder zu. Auch die anderen Kinder wurden wach, und kurz darauf kam es zu einem riesigen Handgemenge. Alle kämpften miteinander. Gabriela erhielt eine heftige Abreibung von mir, und mit jedem Schlag, den ich ihr versetzte, schien ein wenig meiner Wut zu verpuffen. Schlagen tat gut. Eine Aufpasserin, die der Lärm geweckt hatte, kam in den Schlafsaal gerannt. Die meisten Kämpfe endeten in dem Moment, doch Gabriela und ich machten weiter.

Nachdem die Aufpasserin uns voneinander getrennt hatte, fragte sie, wer angefangen hatte. Ich schrie, Gabriela habe mit dem Streit begonnen, und sie schrie, ich sei es gewesen. Die Aufpasserin sah zu den anderen Kindern hinüber und schien eine Antwort zu erwarten, doch sie schwiegen. Die meisten wussten nicht, wer angefangen hatte, und die, die es wussten, wussten auch, dass sie die Klappe zu halten hatten. Ich tischte der Frau eine Lüge auf. Ich sagte, Gabriela sei wütend auf mich gewesen, weil meine Mutter versuche, mich aus dem Kinderheim zu befreien, und sie geschlagen habe. Deswegen wolle sie sich an mir rächen. Gabriela beteuerte, dass ich log. Die Aufpasserin glaubte mir. Ich weiß nicht, ob das war, weil ich gut log, oder weil sie einfach schnell den Streit beendet sehen wollte. Vielleicht glaubte sie mir auch, weil sie wusste, wie schwer die Woche für mich gewesen war, und mir nicht noch eine zusätzliche Tracht Prügel verpassen wollte. Als Gabriela sich wieder hinlegen durfte und einen Blick in meine Richtung warf, bedachte ich sie mit meinem breitesten Grinsen. Die Aufpasserin drohte uns, sie würde jedes einzelne Kind mit ihrem Gürtel versohlen, wenn sie noch einen einzigen Mucks aus unserem Schlafsaal hörte, und löschte dann das Licht. Es herrschte eine Totenstille im Raum. Wir hörten, wie die Tür sich schloss. Ich schlief mit einem wohligen Gefühl ein und wachte am folgenden Samstagmorgen angenehm ausgeruht auf. Gabriela hat mich danach nie wieder blöd angemacht.

Ich verstand, dass ich nachgeben musste. Ich musste eine Rolle spielen. Also gab ich den anderen Kindern keine Widerworte mehr und gab vor, ihnen zuzustimmen, um Ärger zu vermeiden.

Mein seelisches wie leibliches Wohl hätte im Kinderheim zu sehr gelitten, wenn ich mich nicht angepasst hätte. Unter keinen Umständen wollte ich riskieren, meinen Platz in der Hackordnung zu verlieren. Nachts weinte ich und bat Gott um Vergebung, und tagsüber gab ich vor, mich anzupassen. Ich hatte keine Kraft mehr zu kämpfen. Ich wollte nicht mehr in Prügeleien verwickelt werden und dabei zusehen müssen, wie meine Freunde Schläge kassierten und sich nach und nach von mir abwandten. Also spielte ich eine Rolle, eine Rolle, die darauf aufbaute, genau wie die anderen zu behaupten, meine Mutter sei »nicht ganz richtig im Kopf«. Ich schämte mich vor den anderen, wenn meine Mutter wieder einmal schreiend am Tor stand. Nur Patricia wusste, wie ich mich wirklich fühlte und wie traurig ich war. Irgendwann ist das Maß dessen, was ein Mensch an Schlägen, Schmerzen und Leid ertragen kann, voll. Vielleicht war es schwach von mir, nachzugeben, aber ich sah ein, dass ich mich nicht länger für meine Mutter ins Kreuzfeuer begeben konnte.

Viel schlimmer war, dass es nicht reichte, sie nicht länger zu verteidigen. Ich ging noch weiter und pflichtete den anderen bei, etwas würde mit ihr nicht stimmen. Mir war bewusst, dass das nicht wahr war, aber ich konnte die Auseinandersetzungen nicht mehr ertragen. Ich hatte begriffen, dass ich diese Schlacht nicht gewinnen konnte, und beschlossen, dass mein Mund zwar schlimme, unwahre Dinge über meine Mutter sagte, aber mein Herz immer die Wahrheit bewahren würde. Von Anfang an tat mir jedes unfreundliche Wort weh, das ich über sie verlor. Und ich sprach derlei nur aus, wenn ich mich in die Ecke gedrängt fühlte. Mit der Zeit baute ich einen hohen Schutzwall um mein Herz, um zu verhindern, dass die boshaften Worte dort eindrangen. Ich befriedigte das Bedürfnis der Mitarbeiter, immer wieder zu hören, dass ich nicht bei meiner bösen Mutter sein wollte und dass sie genau das Richtige taten. In gewisser Hinsicht begriff ich, dass Menschen, insbesondere Erwachsene, kein Interesse an der Wahrheit an sich hatten, sondern vielmehr an der Wahrheit, wie sie ihnen schmeckte. Sie wollten nur das hören, was ihnen das Leben leichter machte. Es machte nichts, dass ich Teile von mir hinter einem Schutzwall vergrub und zu einer anderen, schlechteren Person wurde. Es war ihnen nicht wichtig, ob ich glücklich war oder mich nachts in den Schlaf weinte. Niemand sah hin. Zum ersten Mal in meinem Leben fragte ich mich, warum ich überhaupt noch lebte und ob mir etwas an meinem Dasein lag. Schließlich schien sich niemand für meine Gedanken oder Gefühle zu interessieren – warum sollte ich das also tun?

Abgesehen von meinen wenigen Freunden im Kinderheim waren alle, denen ich wichtig gewesen war, tot oder aus meinem Leben vertrieben worden. Was hatte ich getan, um das zu verdienen? Ich betete jeden Abend zu Gott und bat ihn um Vergebung. Ich betete, er möge meine Mutter und meinen kleinen Bruder beschützen. Nach einiger Zeit bat ich nicht mehr um Vergebung, sondern nur noch für meine Mutter und meinen kleinen Bruder. Ich wünschte mir, dass es ihnen gut ging und dass sie glücklich waren. Allmählich glaubte ich, dass ich nicht glücklich sein sollte. Es war eigenartig, als Achtjährige davon auszugehen, dass mir nichts Gutes vergönnt, dass ich nichts wert war. Ich durfte weder mein wahres Ich zeigen, noch das fühlen, was ich fühlte. Und mir blieb nicht einmal die Liebe meiner Mutter.

Bis zu diesem Zeitpunkt hatte ich immer ich selbst sein dürfen. Ganz gleich, ob ich mit meiner Mutter, meinen Freunden oder Fremden zusammen war: Ich hatte immer ich selbst sein dürfen. Diese neue Erkenntnis, dass meine Gefühle, Gedanken und Wünsche unterdrückt werden mussten, war unangenehm. Ganz so als sei es erst gestern gewesen, erinnere ich mich daran, dass es sich anfühlte, als würde ein warmer, feuchter, zäher Nebel meinen Körper umschließen, so als hätte man mich in Plastikfolie gewickelt. Doch obwohl dieser Nebel unangenehm war, brachte er auch etwas Positives mit sich. Fakt ist, dass ich im Kinderheim zwar Stück für Stück eine äußere Fassade aufgebaut hatte, doch tief in meinem Inneren, hinter dem Nebel, versteckte ich mein wahres Ich. Christiana war im Nebel verborgen, aber sie war nicht tot; eines Tages würde sich der Nebel verflüchtigen, und sie würde wieder zu sich finden.

Im Kinderheim eignete ich mir zwei Überlebensstrategien an, an denen ich lange Zeit festhielt. Beide hatten ihren Ursprung auf der Straße und reiften nun weiter heran. Die erste Strategie war meine Fassade – meine Fähigkeit zur Anpassung und Lüge. Die zweite war mein Vermögen, weiterhin an dem Guten und Schönen in mir festzuhalten und so zu verhindern, zu einem Geist zu werden. Natürlich hatten beide Strategien ihre Vor- und Nachteile. Offenkundig waren sie das, was meine Seele und mein Ich in zwei Teile spaltete. Christiana war im Nebel verborgen, und eine neue Person trat hervor, ein Mädchen, das man irgendwann Christina nannte.

Später erfuhren meine schwedischen Eltern und ich von einem brasilianischen Lehrer, dass viele Kinder, die in höherem Alter adoptiert wurden, Schwierigkeiten hatten, sich an ihr neues Leben zu gewöhnen. Um es anders zu sagen: Sie drehten entweder durch oder stumpften ab. Ich glaube, ich bin nur deshalb nicht verrückt geworden, weil ich ein neues Ich entwickelt hatte und zugleich an meinem alten Ich festhalten konnte. Ich konnte nicht beides auf einmal sein. Als ich adoptiert und nach Schweden geholt wurde, gab es niemanden, der mich anleitete oder mir dabei half, alles, was ich auf der Straße und im Kinderheim erlebt hatte, zu verarbeiten. Ich war nicht bereit, das alles einfach so mit meinen neuen Eltern oder Freunden zu besprechen. Das Leben hatte uns solch unterschiedliche Erfahrungen zuteilwerden lassen, dass ich es nicht wagte, meine Seele vor ihnen zu entblößen.

Eines Tages wurde ich von der Hausmutter in ihr Büro beordert. Sofort fürchtete ich, etwas falsch gemacht zu haben, etwas, das sie wütend gemacht hatte. Auf dem Weg zu ihrem Büro versuchte ich aufzulisten, was ich alles falsch gemacht hatte, aber mir fiel kein einziger Fehltritt ein. Als ich den Raum betrat, war ich höflich, aber wachsam. Die Hausmutter lächelte und bat mich herein. Ich sollte auf einem der braunen Stühle vor ihrem Schreibtisch Platz nehmen. Ich entspannte mich etwas. Wenn ich etwas falsch gemacht hätte oder sie böse auf mich gewesen wäre, wäre sie nicht so nett zu mir gewesen.

Sie begann, über das Leben im Kinderheim zu sprechen, und sagte, dass es schwierig sei für diejenigen, die dort aufgewachsen waren, später erfolgreich zu sein. Sie sprach über das Leben auf der Straße und darüber, wie schwer es war. Sie wollte offenkundig, dass ich ihr zustimmte, also nickte ich und murmelte leise Bekräftigendes. Das schien ihr zu gefallen. Ich wunderte mich über dieses eigenartige Gespräch. Normalerweise holte sie mich nur zu sich, wenn ich etwas Dummes angestellt hatte oder besonders freundlich und hilfsbereit gewesen war. Und nun saß sie dort und schwatzte vor sich hin. Sie sprach mit mir, als sei ich eine Erwachsene, eine gänzlich andere Person und keins von den Kindern im Kinderheim. Sie holte ein weißes Fotoalbum hervor. Ich hatte noch nie ein Fotoalbum gesehen, aber ich wusste, was Fotos waren, und dieses Album war überraschend umfangreich. Bevor sie mir das Fotoalbum gab, fragte die Hausmutter, ob ich das Kinderheim eines Tages verlassen wolle. Ich sagte Ja, ohne nachzudenken oder zu zögern und vielleicht auch ein wenig zu enthusiastisch. Ich wollte das Kinderheim nicht verlassen, weil es ein schlechter Ort war. Das Leben dort war immer noch tausend Mal besser als auf der Straße. Trotz der Streitereien und den Auseinandersetzungen mit den anderen Kindern habe ich viele lustige, glückliche Erinnerungen an das Kinderheim. Aber ich setzte das Verlassen des Kinderheims mit einem Wiedersehen mit Mamãe gleich. Sie fehlte mir schrecklich. Die Hausmutter lächelte und sah zufrieden drein. Sie bat mich, das Fotoalbum zu öffnen. Dann kam sie um den Schreibtisch herum und zog einen Stuhl für sich heran, sodass sie neben mir sitzen und mit mir zusammen das Album ansehen konnte. Auf dem Deckel stand *Fotoalbum*, gefolgt von einigen seltsamen langen Worten. Die Hausmutter erklärte, dass das eine Sprache namens Schwedisch sei und dass Schweden ein weit, weit entferntes Land sei. Die Leute sprächen dort eine andere Sprache, und auch sonst seien viele Dinge dort anders. Ich fragte sie, ob Schweden ein Ort wie aus einem Märchen sei. Sie warf mir einen seltsamen Blick zu; dann lächelte sie mir freundlich zu und sagte, ja, Schweden sei ein Land wie aus einem Märchen. Ich mochte Märchen.

»Ist Schweden ein gutes Märchenland?«, fragte ich die Hausmutter.

»Ich denke schon, ja«, antwortete sie.

»Gibt es da Zauberwesen?«

»Auf jeden Fall leben dort viele Tiere, die wir hier in Brasilien nicht kennen«, erwiderte sie.

»Sind die Tiere dort freundlich?«

»So freundlich wie hier in Brasilien.«

»Aber nicht alle Tiere bei uns sind freundlich!«

»In Schweden auch nicht«, gab sie amüsiert zurück.

Ich mochte es, wenn die Hausmutter so lieb und gut gelaunt war.

»Möchtest du nach Schweden?«, fragte sie mich.

Ich dachte einen Moment lang nach. Schon immer hatte ich in Camiles Märchenländer reisen und neue und aufregende Dinge erleben wollen. Vielleicht konnte ich in Schweden eine Prinzessin sein und lange weiße, elegante Kleider und eine Krone sowie wunderschöne weiße Schuhe mit Absatz tragen. Vielleicht konnte ich dort große Süßigkeitenberge essen. Mamãe und Patrique würde es in dem Märchenland Schweden bestimmt auch gut gefallen.

Schweden war womöglich das beste Märchenland von allen, und ich wollte gerne dorthin gehen.

»Ja, ich will nach Schweden! Wie komme ich da hin?«, fragte ich.

»Mit einem Flugzeug«, erklärte die Hausmutter.

*Ein Flugzeug?!*, dachte ich. Wow, wie luxuriös! Nur reiche Leute reisten mit diesen großen Metallvögeln, die kreuz und quer über den Himmel flogen.

»Kommen die anderen Kinder auch mit nach Schweden?«, fragte ich.

»Nein, Christiana, nur du. Und ich möchte dich noch etwas fragen: Soll dein kleiner Bruder dich begleiten?«

Was für eine dumme Frage. Natürlich sollte Patrique mitkommen! Ich würde ihn für nichts und niemanden im Stich lassen.

»Ohne Patrique gehe ich nirgendwo hin!«, sagte ich entschlossen.

Die Hausmutter lächelte und sagte, sie hätte nichts anderes erwartet. Sie bat mich, das Fotoalbum zu öffnen und mir die Bilder anzusehen. Bevor ich es aufklappte, sah ich, dass auf der Hülle ein Kaninchen abgedruckt war. Das kam mir lustig vor, und ich fragte mich, ob das Absicht war. Mein Nachname war immerhin Coelho, was der portugiesische Ausdruck für Kaninchen ist. Der kleine Nager sah zufrieden aus. Ich fragte mich, ob es in Schweden Kaninchen gab. Dann klappte ich das Album auf, das randvoll mit Bildern war. Ich sah eine weiße Dame und einen weißen Mann, die an verschiedenen Stellen in ihrem Haus und dem dazugehörigen Grundstück standen. Alles sah sehr eigenartig aus. Auf kleinen Papierstreifen prangten portugiesische Sätze in schwarzer Schrift. Ich begann, die Sätze zu lesen. Dort stand:

*Sture na cozinha* (Sture in der Küche)

*Sture no nosso quarto* (Sture in unserem Schlafzimmer)

*Lili-ann ocupada no nosso escritório* (Lili-ann fleißig in unserem Arbeitszimmer)

*Lili-ann joganda badminton no jardim com Sture* (Lili-ann spielt mit Sture im Hof Badminton)

So ging es weiter. Ich fand es etwas seltsam, dass sie auf den Fotos nur in den verschiedenen Zimmern ihres Hauses herumstanden und lächelten. Aber vielleicht zählte das einfach zu den Dingen, die reiche Weiße so taten? Die Hausmutter deutete auf die Bilder und setzte zu einer Erklärung an.

»Christiana, das wird dein neues Zuhause.« Sie tippte auf ein rotes Haus mit weißen Fenstern. Das Haus sah schön aus; es war von einem großen gepflegten Rasen umgeben. Nur reiche Leute hatten so schönen Rasen. Auf einem anderen Foto sah ich ein weißes Zimmer mit weißen Möbeln, rosafarbenen Vorhängen und einem rosafarbenen Überwurf auf dem Bett. Ich blätterte um. Was ich nun sah, verblüffte mich: ein großes weißes Bett, auf dem ein Haufen Kuscheltiere und eine Puppe saßen. Die weiße Dame, Lili-ann, saß auch dort und grinste zufrieden. Über dem Bett war ein Baldachin. Ich hatte mir schon immer solch ein Himmelbett gewünscht. Würde ich etwa mein eigenes Himmelbett bekommen? Das klang zu gut, um wahr zu sein.

»Ist das mein Bett?«, fragte ich die Hausmutter und deutete auf das Foto vor mir.

»Ja, Christiana. Gefällt es dir?«, fragte sie lächelnd.

»Ich mag es sehr! Ist es wirklich meins?«, fragte ich skeptisch. Auf der Straße hatte ich gelernt, dass alles seinen Preis hat.

»Es gehört dir, so wie alles andere auf den Bildern«, sagte sie.

Etwas stimmte nicht.

»Warum dürfen Patrique und ich in das Märchenland Schweden reisen?«, fragte ich.

»Weil ich möchte, dass die Dinge besser für euch werden. Ich will, dass ihr all die schönen Sachen habt, die hier auf den Bildern zu sehen sind. Würde dir das nicht gefallen?«, fragte sie, und ich hatte den Eindruck, undankbar geklungen zu haben.

»Das würde mir sehr gefallen!«, sagte ich und lächelte sie an.

Tatsächlich gefiel mir die Vorstellung sehr, sehr, sehr gut. Ich würde in einem Flugzeug fliegen und in ein Märchenland namens Schweden reisen, wo das schönste Bett, Süßigkeiten und Spielzeug auf mich warteten. In meinem künftigen Zuhause gab es viele Zimmer und auch fröhliche Kaninchen. Welchem Kind würde das nicht gefallen? Die Hausmutter stand auf. Sie meinte, ich dürfe das Fotoalbum mitnehmen und meinen Freunden zeigen. Es gehöre nun mir, und ich solle gut darauf achtgeben.

»Sind Sie sicher, dass meine Freunde nicht mitkommen können nach Schweden? Nicht mal ganz kurz? Patricia darf doch bestimmt mit, oder?«, fragte ich.

»Wenn ihr alle dorthin reisen könntet, Christiana, würde ich euch alle lassen! Freu dich über diese Chance. Mach das Beste daraus. Du kannst in Schweden alles sein, was du willst. Du kannst Anwältin oder Ärztin werden, oder was du sonst möchtest. Du bekommst eine Chance, von der die meisten Kinder nur träumen können. Du und dein Bruder, ihr werdet sehr glücklich dort sein, und ihr habt zwei Menschen, die sich gut um euch kümmern und euch sehr lieb haben werden. Freust du dich?«, fragte sie, und ihre Augen und sonstige Körpersprache signalisierten mir, bloß nichts anderes als Ja zu sagen.

»Ja!«, sagte ich und grinste.

Es dauerte nicht lange, bis die anderen Kinder wussten, dass mein Bruder und ich adoptiert werden würden und eine Familie bekommen hatten. »Eine Familie bekommen« war immer ein großes Gesprächsthema unter den Kindern. Viele waren Waisen und sehnten sich nach Zuwendung und Liebe von einem Erwachsenen. Wir wünschten uns alle eigene Zimmer mit Spielzeug und Süßigkeiten, Schulbesuche und ein richtiges Zuhause. Die anderen Kinder waren neidisch, dass die Wahl auf mich gefallen war, und mir gefiel das. Mir gefiel das Gefühl, etwas zu bekommen, wonach sich alle sehnten.

Wie alle anderen Kinder im Kinderheim hatte auch ich davon geträumt, in einem Haus zu leben. Aber ich hatte immer eine Vorstellung davon gehabt, was mein Zuhause war. Zuhause war da, wo Mamãe war, in ihrer Nähe und ihrer Wärme. Außerdem hatte ich schon früh gelernt, dass man träumen und herumspinnen konnte, aber die Realität stets komplett anders war. Das Leben war, was es war, und es hatte keinen Zweck, viel darüber nachzudenken, wenn man acht Jahre alt war und im Hier und Jetzt lebte. Manche Tage waren lustig und glücklich; andere schwierig oder langweilig. Mir fiel auf, dass die anderen Kinder hinter meinem Rücken tuschelten und mir immer grimmigere Blicke zuwarfen. Ich wusste, dass sie neidisch waren. Und ich wusste, dass es nur eine Frage der Zeit war, bis sie etwas unternehmen würden.

So war es immer im Kinderheim. Wir hatten viel Spaß miteinander, wir alle, aber es gab immer eine Kehrseite. Ich versuchte zu demonstrieren, dass ich keine Angst vor den anderen hatte, was auch nicht wirklich der Fall war. Aber ich war besorgt, die anderen könnten mich bedauern und bemitleiden, denn ich wollte nicht als schwach angesehen werden. Kurz darauf ging ich alleine durch einen Flur in der oberen Etage, in der Nähe der Duschen. Da geschah es.

Vier oder fünf Kinder aus Gabrielas Clique zogen mich in den Duschraum und begannen mich zu schlagen und zu treten. Ich wehrte mich, so gut ich konnte, warf mich auf eins der Mädchen und schaffte es, sie auf den Boden zu ringen. Doch bevor ich zuschlagen konnte, hatten sich schon die anderen Kinder auf mich gestürzt. Ich hatte keine Chance, und ich wusste, dass es schlimmer werden würde, je mehr ich mich wehrte. Auf der Straße hatte ich gelernt, dass man den Schmerz manchmal hinnehmen, seinen Stolz hinunterschlucken und die Sache akzeptieren musste: *Das wird wehtun, aber vielleicht bringen sie mich zumindest nicht um.* Und wenn sie es doch täten, würden sie eine heftige Tracht Prügel kassieren. Ich krümmte mich zusammen, machte mich so klein ich konnte und ließ zu, dass die anderen Kinder mich traten und schlugen. Ich versuchte, meinen Kopf zu schützen. Wie lange ich so dalag, weiß ich nicht. Ich kann mich nur noch daran erinnern, dass ich in meinem tiefsten Inneren dachte, ich hätte es verdient. Das war noch die geringste Strafe dafür, dass ich meine Mutter enttäuscht hatte. Ich verdiente den Schmerz. Dieser Schmerz würde vergehen; was ich getan hatte, würde hingegen für immer bleiben.

Ich weiß nicht mehr, ob ich wieder zu mir kam, als die Schläge aufhörten, oder ob ich danach eine Weile ohnmächtig auf dem kalten Boden lag. Ich weiß nur noch, dass mein Körper schmerzte – aber dieser Schmerz war nichts im Vergleich zu dem, den mein Herz durchlitt. Ich war bevorzugt worden, und dafür hatte man mich bestraft. So funktionierte das Leben im Kinderheim. Ich weiß nicht mehr, wie ich aufstehen und den Raum verlassen konnte. Ich weiß nur noch, dass ich Patricia gefunden habe, die sofort verstand, was passiert war. Sie fragte, wie es mir gehe, und ich antwortete: »Okay.« Mehr brauchte ich nicht zu sagen. Wenn es jemand verstand, dann sie. Wenn ich traurig war, war Patricia für mich da, und wenn sie Schläge abbekam, war ich für sie da. Es machte nichts, wenn ich nicht live dabei war. Dann suchte ich die Schuldigen eben später und zahlte es ihnen heim. Natürlich würde ich gerne behaupten, ich hätte alle Raufereien gewonnen, aber die Wahrheit ist, dass ich häufiger verloren als gewonnen habe. Und ich wurde dadurch öfter selbst zur Zielscheibe, als ich es ohne diese Racheangriffe gewesen wäre. Aber es war eine Frage des Prinzips.

Als es Zeit fürs Abendessen war, stand Patricia auf und hielt mir ihre Hand entgegen. Ich ergriff sie und versuchte aufzustehen. Es tat schrecklich weh. Patricia bot an, Hilfe zu holen; doch ich stand schnell auf und erwiderte, das sei nicht nötig. Trotzdem holte sie jemanden. Sie wusste, was passieren würde, wenn sie jemanden einweihte, und trotzdem tat sie es. Ich ließ sie gehen. Ich hätte das Gleiche für sie getan. Jedoch mit dem Unterschied, dass ich mich so viel besser wehren konnte als sie. Und nun würde ich das Kinderheim verlassen, und Patricia würde meinetwegen verhauen werden. Das war ihr letztes Geschenk an mich. Ich wusste, dass sie wusste, dass ich es schaffen würde, aber indem sie Hilfe holte, bewies sie mir auf ewig ihre Freundschaft. Das war ihre Geste, mir ihre Zuneigung zu zeigen. Ich begriff das und ließ sie gehen. Ich war acht Jahre alt und wusste, dass Schmerz schön sein kann, dass er von Mut zeugen kann. Ich war schon verletzt, und Patricia wusste das, aber sie wollte sich nicht um die äußeren Wunden kümmern, sondern um die tief in mir. Diese erforderten Freundschaft, Aufmerksamkeit und Liebe.

Nach Patricia kümmerte sich niemand mehr um diese Verletzungen. Ich ließ niemanden nah genug an mich heran, und das sehr lange. Alle, die mir etwas bedeutet hatten, alle, die ich geliebt hatte, verschwanden aus meinem Leben.

Mit acht Jahren beschloss ich, niemanden mehr in mein Leben zu lassen und niemanden mehr von Herzen zu lieben. Der Schmerz, wenn sie mich verließen oder von mir getrennt wurden, war zu groß.

## *Der letzte Tag im Kinderheim*

Die Hausmutter erklärte mir am nächsten Morgen, dass die beiden weißen Leute aus dem Fotoalbum mich aus dem Kinderheim abholen würden. Sie würden mich mit zu sich nach Hause nehmen. Mein Bruder würde auch mitkommen. Ein wenig später am Tag würde ich sie kennenlernen. Das war aufregend, aber gleichzeitig auch seltsam. Sie hatten komische Namen und teure Kleidung. Die Hausmutter hatte mich unterwiesen, ich solle mich von meiner besten Seite zeigen, lächeln und deutlich machen, dass ich glücklich war. Ich tat so wie geheißen. Sie hatte mir versprochen, dass es jetzt viel besser für mich werden würde, und gesagt, ich solle dankbar sein. Viele Kinder würden gerne mit mir tauschen, meinte sie. Und sie hatte recht. Die meisten Kinder aus dem Kinderheim, die keine Eltern mehr hatten, hatten ihren Neid nicht verhehlt. Sie begriffen nicht, dass ich nirgendwo anders hinwollte, dass ich schon eine Mutter hatte. Mir war nicht klar gewesen, dass ich weg und die Tochter anderer Menschen werden sollte. Ich wollte kein neues Zuhause! Vielleicht hatte ich der Adoption zugestimmt, aber ich hatte nie darum gebeten. Mir war noch nicht einmal ganz klar, was der Begriff *Adoption* überhaupt bedeutete.

Einmal habe ich Mamãe gefragt, ob ich reich werden könnte. Dann könnte ich mich um sie und um meinen Bruder kümmern. Sie hatte geantwortet, dass nichts unmöglich ist, dass die Welt ein besonderer Ort ist, dass Gott besonders ist und dass Wunder passieren, wenn man sich etwas wirklich wünscht. Wenn man für etwas kämpft, kann alles passieren. Also hatte ich mir gewünscht, reich zu werden, so reich wie weiße Leute.

Die Hausmutter hatte gesagt, ich solle lächeln, und ich lächelte, aber in meinem Inneren schrie und weinte ich. Ich traute mich nicht, ihr zu widersprechen. Dafür war ich zu feige. Alle Kinder im Kinderheim respektierten sie und hatten ein bisschen Angst vor ihr. Sie war freundlich zu mir, aber auch streng. Ich wusste nie genau, was sie von mir hielt, und sah sie zum Glück nur selten. Ich hätte nie behauptet, sie sei grausam; das glaubte ich nicht. Ich wusste, dass sie mir Freundlichkeit zuteilwerden lassen, mir eine Chance, ein Leben ermöglichen wollte. Sie hatte meinen Bruder und mich ausgewählt, obwohl sie auch jedes andere Kind hätte vorschlagen können. Aber sie hatte das getan, ohne mit mir zu sprechen, ohne an meine Gefühle zu denken, ohne wirklich etwas zu erklären. Aber ich war erst acht Jahre alt, ein Kind, und als Erwachsener glaubt man schnell, dass man über Gefühlsangelegenheiten besser Bescheid weiß als ein Kind.

Wie hätte ich Nein sagen können? Was für eine Wahl hätte ich gehabt? Die Hausmutter hat sicherlich nicht erahnen können, welchen Preis ich bezahlen würde: dass ich im Laufe meines Lebens Teile meiner Seele verlieren und mich nie komplett fühlen würde. Ich wurde zu Christiana und Christina, ohne zu wissen, wer ich wirklich war. Ist das ein angemessener Preis für den Ausweg aus einem Leben unter der Armutsgrenze? Ja, ist es! Aber das macht es nicht einfacher oder besser. Ein Teil von mir wollte sich allem, wonach ein Kind sich sehnt, nicht verschließen. Ich wollte nicht mehr arm sein.

Innerhalb einiger sich zäh erstreckender Minuten dort im Büro, vielleicht einer halben Stunde oder so, einem kleinen Abschnitt des Tages, hatte ich meiner Adoption und der meines Bruders, einer neuen Mutter und einem neuen Vater und der Reise in ein Märchenland namens Schweden zugestimmt. Dort würden sich die beiden weißen Leute um uns kümmern und lieb zu uns sein. Was ich in meiner Aufregung vergaß zu fragen, war: Wird Mamãe mit nach Schweden kommen? Wer weiß, vielleicht bedeutet es etwas, dass ich die Frage in jenem Moment nicht stellte, und es gab sicherlich mehr als genug Gründe, warum die Hausmutter sie nicht aufs Tapet brachte. Ohne dass ich es wirklich begriff, wurde meine Welt auf eine Weise auf den Kopf gestellt, die ich nie für möglich gehalten hätte.

In jener Nacht, meiner letzten im Kinderheim, schlief ich keine Minute. In zahlreichen Nächten hatte ich in meinem Bett im Kinderheim gelegen, dem ersten Bett, das ich jemals hatte, an die Decke gestarrt und meine Mutter vermisst. Nun standen mir größere Veränderungen bevor. Ich verstand noch immer nicht so recht, was das alles mit sich bringen würde. Doch mir dämmerte langsam, dass ich einen Fehler begangen, dass ich meine Mutter, meinen Bruder und mich enttäuscht hatte. Alles, was am nächsten Tag passieren würde, hatte ich zu verantworten. Mein Bruder schlief bei den anderen Kleinkindern in einem anderen Teil des Kinderheims. Er wusste nicht, was ich getan hatte. Er wusste nicht, was für eine Entscheidung ich im Namen von uns beiden getroffen hatte. Ich wusste nicht, was die Konsequenzen dieser Entscheidung sein würden, aber in meinem Magen breitete sich ein flaues Gefühl aus. Und ich hatte Angst, schlimme Angst. Alles fühlte sich unwirklich an, und es fiel mir schwer, zwischen Albträumen, Tagträumen und der Realität zu unterscheiden. In jener Nacht dachte ich an viele Dinge und musste weinen. Ich wusste, dass Weinen nichts nutzte, da niemand meine Tränen sah, und selbst wenn mich jemand hätte weinen sehen, wäre es ihm gleichgültig gewesen. Allen außer meiner Freundin Patricia und Mamãe. Mamãe war irgendwo da draußen und fragte sich, warum sie mich nicht sehen durfte und wie es mir ging. Bestimmt vermisste sie mich. Sie liebte mich, und doch war sie irgendwo da draußen, bestimmt in der Nähe des Kinderheims, und wusste nicht, dass ich bald an einen Ort entschwinden würde, an den sie mir nicht folgen konnte. Ich weinte so, wie sie früher geweint hatte, still und einsam. In meinem Kopf trieben nur noch die dieselben Gedanken umher: *Mamãe, bist du da? Ich habe alles kaputtgemacht. Kannst du mich hören? Bitte sprich mit mir. Es tut mir leid!*

Ich lag da und dachte an Gott. Der kleine Vogel aus der Höhle kam mir in den Sinn, und ich fragte mich, ob er Freunde gefunden hatte. Ich fragte mich auch, ob die Engel mich sahen und ob Gott auf meiner Seite stand. Ich dachte an all die Kinder, die im Kinderheim bleiben würden. Was würde mit ihnen geschehen? Was würde aus Patricia werden? Würden wir uns wiedersehen oder würde sie auch zu einem der Menschen werden, die nur noch in meinem Herzen lebten? Ich sah zu ihr hinüber. Sie schlief. Morgen würde etwas passieren, und ich konnte nicht wissen, dass etwas auf mich wartete, das mich in einen Schockzustand versetzen würde.

Wie aus dem Nichts brach der neue Tag an, und ich war nicht einmal müde. Vermutlich hätte ich angesichts meiner großen

Angst und der schlaflosen Nacht, in der mein Gehirn Überstunden geleistet hatte, erschöpft sein sollen. Doch ich war hellwach. Und da ein besonderer Tag war, musste ich nicht an der Dusche anstehen. Eine der Aufpasserinnen war mir allein zugeteilt worden. Sie sollte sicherstellen, dass ich gut aussah. Also durfte ich an der gesamten Warteschlange vorbeiziehen. Patricia stand weit hinten, was mir einen Stich versetzte. Ich fragte mich, ob sich jemand um sie kümmern würde, wenn ich nicht mehr da war. Ich machte mir Sorgen um sie, traute mich jedoch nicht, eins der anderen Mädchen zu bitten, auf sie aufzupassen. Ich hatte Angst, dass Patricia bestraft werden würde, nachdem ich das Kinderheim verlassen hatte. Ich überholte die Wartenden, und alle starrten mich an. Ich senkte meinen Blick und steuerte direkt in Richtung Dusche. Die anderen Kinder mussten warten, bis ich fertig war. An jenem Tag wusch ich mich gründlich. Man hatte mir ein Stück Seife und einen Schwamm gegeben, mit dem ich mich richtig sauber schrubben sollte. Mein Haar hatte man schon ein paar Tage vorher sorgfältig durchgekämmt und von Läusen befreit. Nun durfte ich ein Shampoo benutzen, das nach Früchten roch, und massierte es tief in mein Haar.

Nachdem ich fertig geduscht hatte, trocknete ich mich gründlich ab und zog ein frisches Paar Unterhosen an, das man mir gab. Ich sah, dass es nicht die übliche Unterwäsche war, die wir Kinder sonst trugen. Die hier war schöner und auch ein wenig neuer. Ich zog die Unterhose an und ging erneut an den wartenden Kindern vorbei. Mir fiel auf, dass Patricia nun weiter vorne stand. Eins der Mädchen hatte sie zu sich geholt. Ich hatte ihr einmal etwas von meiner Bon-O-Bon-Schokolade abgegeben. Unsere Blicke begegneten sich. Sie grinste mich zaghaft an, und ich erwiderte ihr Lächeln dankbar. Sie hatte mir ein wunderbares Geschenk gemacht, und ich bin mir sicher, dass sie sich dessen bewusst war. Ich blieb stehen, und die Aufpasserin, die sich um mich gekümmert hatte, legte mir die Hand auf den Rücken und schob mich weiter. Ich sah zu ihr auf und bat sie, kurz stehenbleiben zu dürfen. Sie nickte. Vielleicht gab es etwas in meinen Augen, das sie verstand. Normalerweise war es egal, was wir Kinder wollten. Ich drehte mich um und sah zu Patricia hinüber. Das war das letzte Mal, dass wir einander sahen. Am liebsten wäre ich zu ihr gegangen und hätte sie umarmt, aber ich wollte sie nicht angreifbar machen. Außerdem fühlte ich mich nicht dazu imstande. Also lächelte ich sie einfach an, und sie lächelte zurück und erhob ihre Hand zur brasilianischen *figa*-Geste: einer Faust, in der der Daumen zwischen Zeige- und Mittelfinger emporgehoben wird. Eine Glücksgeste, die ich erwiderte. Ich hoffte, Patricia noch ein letztes Mal sehen und mich verabschieden zu dürfen, doch dazu kam es nicht. Ich habe sie nicht mehr umarmt, das bedaure ich bis heute.

Die Aufpasserin half mir beim Ankleiden. Ich zog sonnengelbe Jogginghosen und ein dazu passendes Sweatshirt an. Dazu gab man mir weiße Socken und weiße Schuhe; die Schuhe waren ein wenig zu klein und unfassbar unbequem. Die Aufpasserin zauberte einen Kamm hervor und entwirrte meine Haare. Das gefiel mir nicht. Ich putzte meine Zähne mit richtiger Zahnpasta, dann gingen die Aufpasserin und ich in die Empfangshalle hinunter und weiter in einen kleinen Raum in der Nähe des Eingangstors. Ich reckte meinen Hals und versuchte zu sehen, ob meine Mutter draußen stand. Ich entdeckte sie nicht. Wir gingen weiter und betraten das Büro der Hausmutter. Sie dankte der Aufpasserin für die Mithilfe und verabschiedete sie.

Mein Herz schlug so heftig gegen meine Rippen, dass ich an mir heruntersah, um zu prüfen, ob man es von außen wahrnehmen konnte. Die Hausmutter plapperte währenddessen munter drauflos. Ich wusste, dass ich zuhören sollte, aber meine Gedanken waren woanders. Die Tür wurde geöffnet, und eine Frau betrat das Zimmer. Sie hielt Patrique in den Armen. Auch er sah nicht besonders glücklich aus. Er weinte nicht, wirkte jedoch unzufrieden. Die Hausmutter bot mir einen Sitzplatz an, und ich nahm auf einem braunen Stuhl Platz, der an der Wand stand. Sie erklärte mir noch einmal, wie großartig alles für mich werden würde, wie wichtig es sei, dass ich mich gut verhielt, und dass ich lächeln solle, wenn die Leute kamen und mich abholten. Ich nickte, konnte jedoch kein Wort hervorbringen. Zum ersten Mal sah ich nun etwas in den Augen der Hausmutter, das mir Mut machte. Sie wirkte besorgt, nervös und vielleicht auch ein wenig ängstlich. Ich hoffte, sie würde es sich noch einmal überlegen und feststellen, dass das alles ein großer Fehler war. Doch eigentlich wusste ich es besser. Was hatte ich auf der Straße gelernt? Man konnte träumen und vor sich hin spinnen, aber man musste diese Träume und Wünsche immer von der Wirklichkeit trennen. Die Realität war das genaue Gegenteil von Träumen.

Plötzlich klopfte es an der Tür. Die beiden Leute, die ich am Tag zuvor zum ersten Mal gesehen hatte, betraten das Zimmer. Sie lächelten und sahen erfreut, aber auch ein wenig angespannt aus. Die Erwachsenen sprachen miteinander, und ich wurde aufgefordert, Hallo zu sagen, was ich auch tat. Die Aufpasserin, die Patrique auf dem Arm hielt, reichte ihn der Dame, die offenkundig unsere neue Mutter werden sollte. Sie lächelte und nahm ihn vorsichtig entgegen. Sobald sie ihn hielt, begann er zu weinen. Große Tränen kullerten über seine Wangen, und er streckte seine Ärmchen nach der Frau aus, die ihn vorher gehalten hatte. Alles in mir tat weh. Ich wollte zu ihm rennen, ihn in den Arm nehmen und ihm sagen, dass alles gut sei und dass ich ja da sei. Aber ich blieb brav stehen, wo ich war. Die Hausmutter forderte mich auf, zu den Leuten zu gehen und meine neuen Eltern zu umarmen. Ich ging hin und umarmte sie.

Die Hausmutter fotografierte uns, und ich stand da und lächelte, so wie man es mir aufgetragen hatte. Fünf Minuten oder auch fünf Stunden später, da bin ich mir nicht so sicher, war es an der Zeit, sich zu verabschieden. Wir gingen gemeinsam in Richtung Tor: meine neuen Eltern, ich, Patrique, die Hausmutter und zwei weitere Angestellte des Kinderheims, die ich beide mochte. Unsere neue Mutter trug Patrique, der aufgehört hatte zu weinen und jetzt nach ihren Haaren und ihrer Brille griff. Allerdings nicht so, wie ich es mir gewünscht hätte, sondern eher neugierig. Das Tor wurde geöffnet, und mein neuer Vater nahm meine Hand. Das fühlte sich unfassbar seltsam an. Ich konnte auf mich selbst aufpassen, das hatte ich immer getan, und brauchte niemanden – und ganz bestimmt keinen Fremden –, der meine Hand hielt. Wir traten aus dem Tor und gingen langsam über den Bürgersteig, weg vom Kinderheim. Ich drehte mich um und sah die drei Angestellten dort stehen, mir winken und zulächeln. Ich fühlte etwas, das sich schlimmer anfühlte als so ziemlich alles, was ich je zuvor empfunden hatte. Ich verspürte eine irrsinnige Angst. Eine richtige Panik. Die Wirklichkeit hatte mich eingeholt. Nun konnte ich nicht länger so tun, als würde sich alles auf wundersame Weise fügen und wieder gut werden. Ich versuchte mich dem Griff des Mannes – meines neuen Vaters – zu entwinden. Ich schrie und weinte. Ich versuchte mich freizumachen und rief der Hausmutter zu, dass ich nicht gehen wolle, dass ich mich besser betragen und mich mehr anstrengen würde. Sie wirkte beklommen, tat jedoch nichts. Der Mann zog an meinem Arm. Die Hausmutter rief, dass alles gut werden würde, winkte mir noch einmal zu, drehte sich dann um in Richtung Kinderheim und schloss das Tor hinter sich. Nun hatte es keinen Zweck mehr zu schreien oder sich zu widersetzen. Ich drehte mich um und ging mit ihnen mit, mit meinen neuen Eltern. Jegliches Gefühl von Sicherheit fiel von mir ab. Ich fühlte mich verloren und entsetzt vor Trauer. Ich war ganz allein auf der Welt, die sich unerträglich groß anfühlte. Was sollte ich kleines Mädchen tun? Mein neuer Vater führte mich an der Hand. Während wir gingen, warf meine neue Mutter mir besorgte Blicke zu. Doch ich lief einfach weiter und fühlte mich betäubt und erschöpft. Wir stiegen in ein Taxi, das vor dem Kinderheim wartete. Ich weinte und weinte, ich war nicht stark genug für das hier …

Ich hatte nicht geglaubt, dass man mich noch stärker verletzen konnte. Körperlich gab es keine Schmerzen mehr, mit denen ich es nicht aufnehmen konnte. Auf der Straße muss jeder lernen, wie man unerträglichen Schmerz erträgt, sei es auch nur, um den eigenen Stolz zu wahren, wenn man keine Chancen mehr sieht und einem keine Hoffnung mehr bleibt. Ich hatte Angst, aber ich brachte hinter der äußeren Mauer aus Stolz auch einen Teil von mir mit in diese unbekannte und neue Welt.

Niemand sollte sehen, wie viel Angst ich hatte, auch wenn ich fast ohnmächtig vor Sorge war!

# Der Besuch des Kinderheims

2015

Ich weiß nicht, wie lange Rivia und ich vor dem Kinderheim warten, bis man uns einlässt. Mir fällt auf, dass ich noch immer das Tor umfasst halte, als ein etwa sieben Jahre alter Junge herauskommt und uns neugierig beäugt. Ich grüße ihn, und er grüßt zurück. Dann wird das Tor geöffnet, und man bittet uns, drinnen zu warten. Ich sehe mich um, und alles fühlt sich unwirklich an. Tränen brennen in meinen Augen, als ich das Tor passiere. Ich drehe mich zu Rivia um, die mich liebevoll anlächelt und vorsichtig fragt, wie es mir geht. Ich erkläre, was es mit dem Tor und meiner Mutter auf sich hat. Während ich ihr davon erzähle, stelle ich fest, dass ich mich nicht traurig fühle. Die Zeit hat das getan, was ich nie für möglich gehalten hätte: Sie hat die Wunden geheilt, zumindest ein bisschen.

Nun stehe ich also wieder hier, und statt Wut empfinde ich Liebe. Die schmerzhaften Erinnerungen an die brutale Trennung von meiner Mutter werden nie verschwinden. Das möchte ich auch nicht. Sie sind ein Teil von mir, haben mich geprägt, doch ich bin jetzt in der Lage, den größeren Kontext zu begreifen, wirklich zu begreifen. Im Laufe der Jahre wurde mir immer wieder gesagt, ich solle mich glücklich schätzen, die Chance auf ein besseres Leben bekommen zu haben. Das hat mich immer genervt. Wir Menschen haben eine starke Neigung dazu, unsere

Meinungen, Gedanken und Gefühle zu verallgemeinern und auf andere zu projizieren. Außer mir kann niemand wissen, was ich empfinde oder was ich erlebt habe. Und es sollte sich niemand anderes das Recht herausnehmen zu sagen, was ich empfinden oder nicht empfinden sollte. Natürlich bin ich dankbar, dem Elend der Slums entkommen zu sein und eine Ausbildung, normale Arbeit und das Leben in einer sozialen Demokratie ermöglicht bekommen zu haben. Doch es gibt noch viele andere Aspekte, die wichtig im Leben sind und über die Berufsbezeichnung auf der Visitenkarte, das Auto, das man fährt, oder die Anzahl der Designerjeans im Schrank hinausgehen. Hier an diesem Tor, das mir so viel kleiner vorkommt als damals als Achtjähriger, fühle ich mich vor allem dankbar, unglaublich dankbar. Nicht, weil ich ein Auto, eine schöne Wohnung und alle möglichen Besitztümer habe, sondern wegen etwas anderem. Ich begreife, dass ich den absoluten Hauptgewinn gezogen habe: Ich durfte leben. Das war weder Camile noch dem Jungen bei den Mülltonnen vergönnt. Mir wurde ein Leben geschenkt, in dem ich mich verwirklichen konnte – etwas, von dem viele Kinder träumen und es doch nie erhalten. Ja, es war schwierig, und es gab Zeiten, in denen ich dachte, ich würde verrückt werden, oder einfach nur verschwinden wollte. Aber es gab auch Liebe, Freundschaft, Familie und fantastische, wundervolle Menschen in meinem Leben. Wie sonst, außer angefüllt von überwältigender Liebe und Freude, sollte ich also nun an diesem Tor stehen?

Rivia ist an meiner Seite, und bald werde ich Antworten auf meine Fragen haben. Was passierte während meiner Adoption? Warum wurde sie so schnell vollzogen, und warum durften meine Mutter und ich uns nicht mehr sehen? Das habe ich mich mein Leben lang gefragt. Ich hatte damit zu kämpfen, habe diese schmerzhaften Erinnerungen mit mir herumgetragen und musste mit der plötzlichen Trennung zurechtkommen. Das ist immer noch so und hat sich nicht geändert und fühlt sich noch immer so an, während ich hier am Tor stehe, das mich von meiner Mutter und meinem Gefühl von Geborgenheit getrennt hat. Diese Last trage ich weiterhin mit mir. Aber nun passiert das Gleiche, was auch schon mit meiner Erinnerung an den tanzenden Teufel in Diamantina passiert ist – ich habe später begriffen, dass Karneval war und die Menschen nur Kostüme trugen. Meine Erinnerungen bleiben gleich, und sie tun mir noch immer weh, aber ich verstehe sie nun anders und kann sie neu einordnen. Statt nur das zu sehen, was ich verloren habe, was mir genommen wurde und wie viel Ungerechtigkeit mir zuteilwurde, erkenne ich nun die Großartigkeit all dessen, was mir geschenkt wurde. Und diesen Perspektivwechsel habe ich mir selbst zu verdanken. Mein ganzes Leben lang habe ich mich dagegen gewehrt, ein Opfer zu sein. Und nun stehe ich hier an diesem gelben Tor, das ich jahrelang mit Leid verbunden habe, und begreife, dass mein Leben nicht vom Finden meines Ichs bestimmt wurde, sondern vom Schaffen meines Ichs.

Meine Gedanken werden durch das Auftauchen einer schlanken, dynamischen Frau unterbrochen, die etwa fünfundvierzig oder fünfzig Jahre alt ist und breit lächelnd auf uns zumarschiert. Sie sieht mich an, sagt meinen Namen, Christiana, und umarmt mich dann. Sie kommt mir vage bekannt vor, aber ich kann ihr Gesicht nicht einordnen. Sie riecht nach einer Mischung aus Parfüm und Zigaretten. Sie stellt sich als Igelausia vor und erklärt, dass sie das Kinderheim leitet. Wir bleiben noch eine Weile am Tor stehen und unterhalten uns, Rivia übersetzt für uns. Igelausia sagt, dass sie im Kinderheim gearbeitet hat, als ich dort wohnte. Plötzlich taucht das Bild einer schönen jungen Frau vor meinem inneren Auge auf, und ich verstehe, warum sie mir so bekannt vorkam. Sie bittet uns ins Haus, und wir betreten das Gebäude.

Das Erste, was ich sehe, ist ein riesiges Jesus-Mosaik. Es fasziniert mich, dass etwas, was meinem Gedächtnis für vierundzwanzig Jahre komplett entfallen war, plötzlich wieder präsent ist. Ich erinnere mich an das Mosaik. Mir kommt in den Sinn, wie ich als kleines Mädchen davor stand und mich fragte, warum Jesus so weiß war.

Igelausia führt uns in ihr Büro, wo sie hinter ihrem Schreibtisch Platz nimmt und uns die beiden Stühle davor anbietet. Ich sehe mich um und erkenne die Stühle von früher wieder. Auch ein alter Metallaktenschrank ist noch da. Igelausia holt ein kleines Geschenk hervor, das sie mir überreicht. Ich nehme es dankbar entgegen und fühle mich schuldig, weil ich ihr nichts mitgebracht habe. Nach dem Auspacken halte ich eine kleine Schmuckschatulle in der Hand. Ich öffne sie, und ein hübsches Schmuckstück blitzt mir entgegen. Es ist ein Anhänger der Heiligen Jungfrau Maria, und ich gebe mir im Stillen das Versprechen, dass ich in Schweden eine hübsche Kette für ihn kaufen werde. Ich bedanke mich und sage, dass der Anhänger wunderschön sei und sie mir nichts hätte schenken müssen.

Igelausia greift nach einer Fotografie und reicht sie mir. Sie redet und redet, sehr schnell, und ihre Worte scheinen aus ihr hinauszuströmen wie Atemluft. Ich erkenne den Rhythmus und die Geschwindigkeit wieder; genauso spreche ich auch, wenn ich aufgeregt, glücklich oder aufgebracht bin. Das Foto wurde 1991 aufgenommen, und ich erkenne mich selbst, meinen kleinen Bruder und Igelausia im Hinterhof des Kinderheims wieder. Von irgendwo höre ich Rivia sagen, Igelausia habe dieses Foto jahrelang aufbewahrt, weil sie immer sicher gewesen sei, dass ich zurückkommen würde. Ich drehe das Bild um und sehe, dass auf der Rückseite etwas geschrieben steht: die brasilianischen Namen von Patrick und mir und das Aufnahmedatum. Ich drehe das Foto wieder um und merke: Das da ist die jüngste Christina, oder eigentlich eher Christiana, die ich je gesehen habe. Ich habe keine Fotos von mir, die mich jünger als mit acht zeigen. Es hat mich immer ein wenig traurig gemacht, nicht zu wissen, wie ich als Kleinkind ausgesehen habe. Wenn Freunde mir alte Fotoalben zeigen, bin ich immer etwas neidisch, weil das bei ihnen anders ist. Oft denke ich, dass ich nicht wissen werde, ob meine Kinder meinem jüngeren Ich ähnlich sehen – sollte ich mal welche haben.

Igelausia erkundigt sich nach Patrick – Patrique. Dann erzählt sie, wie sich das Kinderheim in der Zwischenzeit verändert hat. Sie erklärt, dass das Gebäude, in dem wir uns gerade befinden und in dem ich damals lebte, nun als Vorschule und Kindertagesstätte fungiere, sowohl für die Kinder aus dem Kinderheim als auch andere Kinder aus der Nachbarschaft. Die Eltern können ihren Nachwuchs dort abliefern und wieder abholen. Ein paar Straßen weiter, so Igelausia, befindet sich nun das neue Kinderheim. Später werden wir gemeinsam hingehen und Hallo sagen. Sie erklärt, dass sich die Gesetzeslage in Brasilien verändert hat und Kinderheime nun nicht mehr so viele Kinder wie früher aufnehmen dürfen. Anscheinend habe ich mit zweihundert anderen Kindern im Kinderheim gelebt, jetzt ist nur noch die Aufnahme von maximal zwanzig Schützlingen gestattet. Das lässt mich lächeln. Es ist schön zu wissen, dass ich mich auf mein Gedächtnis verlassen kann. Igelausia erklärt auch, dass man nun bestrebt ist, Kinder bei ihren Angehörigen unterzubringen. Wenn das nicht möglich ist, sucht man nach Pflegeeltern, und nur wenn auch das nicht greift, wird zu guter Letzt über Adoption nachgedacht.

Sie meint, dass das, was 1991 mit meinem Bruder und mir gemacht wurde, heute nicht mehr passieren kann. Ich sehe sie an und stelle fest, dass sie genau weiß, was geschehen ist. Sie hätte das wohl kaum so formuliert, wenn sie mit dem damaligen Prozedere einverstanden gewesen wäre. Ich wende mich Rivia zu und bitte sie, Igelausia zu fragen, wie genau unsere Adoption vonstattenging.

Igelausia spricht nun mit ernster Miene weiter. Meine Mutter hat das Kinderheim zunächst mit Patrique und mir besucht. Die Leitung sagte zu, Patrique aufzunehmen, da er noch sehr klein und außerdem krank war. Einen Monat später wurde mir ebenfalls ein Platz angeboten. Die Mitarbeiter des Kinderheims hatten den Eindruck, mit meiner Mutter würde etwas nicht stimmen. Sie bezweifelten, dass sie sich gut um ihre Kinder kümmern konnte. Als sie herausfanden, dass meine Mutter zwei weitere Kinder hatte, die sie aufgeben musste, und deswegen sogar schon vor Gericht gewesen war, stand für sie fest, dass sie sich auch nicht um uns kümmern konnte. Um Zeit zu sparen wurden keine separaten Klagen eingereicht, sondern eine einzige sowohl für meine älteren Brüder als auch für Patrique und mich. Im Kinderheim wusste man, dass die Vermittlung älterer Kinder schwierig war, also wollte man eine schnelle Entscheidung. Meine Mutter versäumte den anberaumten Gerichtstermin und verlor daraufhin das Sorgerecht für Patrique und mich.

Igelausia erklärt, was ich bereits weiß: Der Gerichtsbeschluss hinderte meine Mutter nicht daran, immer wieder vorbeizukommen und vor dem Kinderheim so lange für Furore zu sorgen, bis sie uns zu Gesicht bekam. Sobald feststand, dass wir adoptiert werden sollten, wollte man Mamãe erst recht von uns fernhalten, um es für uns Kinder einfacher zu machen. Doch Mamãe kam weiterhin zum Kinderheim und schrie nach uns. Das tat sie lange Zeit. Igelausia wirft mir einen Blick zu und sagt, dass ich mich deswegen geschämt habe und meinte, es sei anstrengend. Ich nicke nur. Sie wiederholt noch einmal, dass man heutzutage nicht mehr so vorgehen würde. Jetzt tritt man mit den übrigen Verwandten in Kontakt und versucht alles Denkbare, damit die Kinder bei ihrer Familie bleiben können. Ich weiß nicht, was ich darauf antworten soll. Der Grund meines Besuches ist sicherlich nicht, mit dem Finger auf jemanden zu zeigen. Mir ist bewusst, dass die oberste Priorität immer nur gewesen ist, Patriques und meine Gesundheit zu schützen, und ich weiß nun, dass das alles in der Vergangenheit liegt. Ich bin dankbar, dass Igelausia die näheren Umstände noch einmal erklärt und die Perspektive der Heimleitung erläutert hat, aber ich habe meinen eigenen Standpunkt dazu, und ich bin mir sicher, dass auch meine Familie eine eigene Sichtweise vertritt.

Ich wollte nur wissen, was damals im Kinderheim geschehen ist, und jetzt weiß ich es. Sie sagt, dass die Gerichtsunterlagen noch vorhanden sind und dass sie mir gerne bei der Suche hilft. Ich antworte, dass ich darauf wahrscheinlich zurückkommen werde.

Wir verlassen das Büro und beginnen mit der Besichtigung des Gebäudes. Ich sage Rivia, dass ich versuchen möchte, mich allein zurechtzufinden, ganz auf der Basis meiner Erinnerungen. Zunächst passieren wir den Speisesaal und die Küche. Ich lächle, weil ich den Weg dorthin ohne Probleme finde. Es fühlt sich so an, als wäre ich in einem riesigen Puppenhaus. Nicht, weil das Gebäude winzig ist, das kann man wirklich nicht behaupten, sondern weil mir alles so viel kleiner vorkommt als damals in meiner Kindheit. Die Flure wirken schmaler und kürzer, und die Tische im Speisesaal sehen winzig aus. Wir befinden uns jetzt in dem Raum, in dem ich ein Jahr lang tagtäglich mein Essen zu mir genommen habe. Ich zeige Rivia meinen alten Sitzplatz, der sich auf der anderen Seite des Raumes nahe dem Notausgang befindet. Man wusste nie, wann man vielleicht schnell verschwinden musste.

Wir verlassen den Saal und gehen in Richtung Küche, wo eine große Obstschale auf einem Metalltisch steht. Darin befinden sich riesige Papayas, Ananas und Avocados. Ich nehme eine Avocado aus der Schale und halte sie in Rivias Richtung. Du lieber Gott, sind die groß! Genau so erinnere ich mich daran; sie sehen ganz anders aus als die kleinen in Schweden. Ich weiß noch, wie ich im Hof unreife Avocados pflückte und hinten im Kühlschrank versteckte. Die Küchenhelferinnen mochten mich und drückten ein Auge zu. Im Gegenzug ging ich ihnen so oft wie möglich beim Kochen zur Hand. Ich war ziemlich gerissen, und ich weiß, woher das kam: Die Angst, nicht zu wissen, wann die nächste Mahlzeit anstand, saß tief. Ich war es gewohnt, mich um mich selbst zu kümmern, und legte immer Essen für Notfälle zurück. Ich bitte Rivia, ein Foto von mir und der Riesenavocado zu machen, und lache. Wenn jemand meinem achtjährigen Ich gesagt hätte, dass ich eines Tages ins Kinderheim zurückkehren würde, nachdem ich vierundzwanzig Jahre lang in einem fernen Land gelebt hatte, und angesichts einer brasilianischen Riesenavocado fast vor Freude platzen würde, hätte ich das wahrscheinlich nicht geglaubt.

Igelausia stellt uns eine ältere Dame vor, die in der Küche aushilft. Sie sagt, dass sie schon dort gearbeitet habe, als ich noch im Kinderheim lebte, aber ich kann mich nicht so deutlich an sie erinnern wie an Igelausia. Kaffee und Kekse werden serviert, und wir setzen uns an einen Tisch, der in der Mitte der Küche steht.

Anschließend brechen Rivia, Igelausia und ich auf und überqueren einen kleinen Hügel, um das neue Kinderheim zu besichtigen. Igelausia steckt sich eine Zigarette an, nimmt einen Zug und erzählt mehr von dem neuen Kinderheim. Sie erklärt, dass es in Brasilien seit 2004 illegal ist, mehr als zwanzig Kinder in einem Heim aufzunehmen. Die Kinderheime hatten zwei Jahre Zeit, Änderungen vorzunehmen. Seit 2006 versucht man nun, Kinderheime so anzulegen, dass die Kinder sich dort wie zu Hause und nicht wie in einer öffentlichen Einrichtung fühlen.

Wir haben den Gipfel des Hügels erreicht und biegen links ab. Igelausia raucht weiter. Ich denke darüber nach, was sie gerade gesagt hat. Zu meiner Zeit lebten fast zweihundert Kinder im Kinderheim. Was war mit den Kindern passiert, für die die Kapazität nicht gereicht hatte? Wir kommen an ein Tor, hinter dem ein hübsches braunes Gebäude aufragt. Es freut mich zu sehen, dass die Kinder in einem Gebäude leben, das wie ein normales Haus aussieht. Eine Frau kommt heraus und begrüßt uns. Ich trage den großen Karton, der randvoll mit Schokolade gefüllt ist, und grüße mit einem Lächeln zurück. Langsam werde ich ein wenig nervös. Gleich werde ich einen Haufen Kinder kennenlernen. Kinder aller Altersgruppen, die schreckliche Dinge erlebt haben und die es auch in Zukunft nicht einfach haben werden. Worüber werden wir sprechen? Ich atme tief ein und betrete das Haus. Einige Kinder, etwa zwischen zehn und sechzehn Jahre alt, sitzen auf einem dunklen Sofa. Sie sehen fern. Beim genaueren Hinschauen bemerke ich dann, dass sie ein Videospiel spielen. Ich lächle und denke daran, wie wir früher immer Xuxa oder *RoboCop* sehen wollten. Heute spielt man natürlich eher auf einer Konsole.

Ich stelle den Schokoladen-Karton ab. Igelausia sagt etwas zu den Kindern. Sie unterbrechen das Videospiel, und sie erklärt ihnen, wer Rivia und ich sind. Ich höre, dass sie meinen Namen wiederholt, und die Kinder schauen alle in meine Richtung. Ich lächle und erwidere ihren Blick. Rivia übersetzt, dass Igelausia den Kindern gesagt hat, ich hätte ebenfalls im Kinderheim gelebt, sei von einem schwedischen Paar adoptiert worden und nun zu einem Besuch zurückgekehrt.

Während Igelausia munter plappert und Rivia übersetzt, fällt mein Blick auf einen Jungen. Etwas an seinen Augen, seiner Körpersprache und seinem Gesichtsausdruck sticht mir ins Auge und erinnert mich an die kleine Christiana. Ich überlege, was den Jungen so besonders macht, und komme zu der Erkenntnis, dass er gerissen wirkt. Er ist mit Sicherheit ein Straßenkind. Ich erkenne es an seinem Blick, seinem Lächeln und daran, dass sein Gehirn offensichtlich auf Hochtouren rattert.

Jetzt bin ich an der Reihe, mich vorzustellen. Rivia übersetzt. Ich erzähle ein wenig von mir und davon, wie es war, früher in dem Kinderheim zu leben. An den Gesichtern der anderen erkenne ich, dass sie meine Sprechweise lustig finden. Als ich sage, dass ich Schokolade mitgebracht habe, und frage, ob sie etwas davon haben möchten, nicken sie eifrig. Ich verteile die gelben Schachteln. Es ist schön, den Kindern eine Freude zu machen, aber es tut mir auch leid, ihnen nicht mehr geben zu können. Eins der Kinder drückt mich, und den anderen biete ich Umarmungen an. Ein kleiner Junge wirft sich in meine Arme und plappert munter drauflos. Er fragt nach meiner Sprache. Er versteht nicht, warum ich kein Portugiesisch spreche. Ich erkläre ihm, dass die Menschen in Schweden kein Portugiesisch reden und ich es deshalb vergessen habe. Er fragt alles Mögliche, und ein Teil von mir glaubt, den Jungen zu kennen, obwohl das offensichtlich nicht das Fall ist.

Ich habe Igelausia im Vorfeld gefragt, ob wir mit einigen Kindern länger sprechen können. Natürlich nur mit denjenigen, die sich dazu bereiterklären. Wir gehen ins Nebenzimmer, in dem schon einige Mädchen auf uns warten. Natali ist zwölf Jahre alt, und Lais ist elf. Wir sitzen im Kreis, Rivia, Natali, Lais und ich. Hier bin ich nun, mit zwei unglaublich netten Mädchen, und was mir vorher noch wie eine gute Idee vorkam, fühlt sich nun falsch an. Ich weiß nicht, wie man mit Kindern spricht, die ein Trauma durchlebt haben. Ich bin keine Psychologin. Was, wenn ich den Mädchen irgendeinen Schaden zufüge? Wie kann ich sie um etwas bitten, wenn ich ihnen nichts zurückgeben kann? Dann überlege ich mir, dass ich vielleicht keine formelle Ausbildung habe – aber ich kenne die Welt, in der diese Mädchen aufgewachsen sind. Ich wappne mich für ein Gespräch, das sehr emotional werden kann, sollten die Mädchen uns ihr Vertrauen schenken und sich uns gegenüber öffnen. Ich wende mich Rivia zu und sage ihr, dass das, was wir nun zu hören bekommen, ziemlich heftig und erschütternd werden kann. Dann denke ich kurz darüber nach, wie ich den nächsten Satz formulieren soll. Rivia ist sehr einfühlsam und nachdenklich – womöglich fängt sie an zu weinen, und das ist so ziemlich das Letzte, was diese Mädchen gebrauchen können. Sie ist in der verzwickten Situation, dass sie das Gespräch übersetzen muss. Also muss sie sich erst anhören, was die Mädchen durchlitten haben und es dann noch einmal in Worte fassen. Ich sage ihr, ganz gleich, was wir nun zu hören bekommen, wir dürfen auf gar keinen Fall anfangen zu weinen. Wir können Mitgefühl zeigen, aber keine Tränen, auf gar keinen Fall Tränen. Das klingt vermutlich herzlos, aber ich möchte nur das Beste für die Mädchen. Rivia und ich können uns später mit unseren Gefühlen auseinandersetzen, doch auf keinen Fall direkt vor den Augen der Mädchen. Es ist viel verlangt, dass die beiden ihre Lebens- und Leidensgeschichten mit zwei vollkommen Fremden teilen. Also beschließe ich, dass ich einen Teil meiner Selbst und meiner eigenen Geschichte offenbare.

Ich frage, ob die beiden meine Geschichte hören und wissen wollen, was passiert ist, bevor ich adoptiert wurde. Das wollen sie. Also fange ich an zu erzählen, und die Mädchen hören gebannt zu. Als ich von meinem Leben in der Favela berichte, nicken sie wissend. Das macht mich traurig, heißt es doch, dass sie ähnlichen Schmerz durchlebt haben. Ich muss meine Erlebnisse nicht weiter ausmalen, um meiner Geschichte Tiefe zu verleihen. Sie verstehen auch so.

Wenn ich Vorträge in Schweden halte, versuche ich ein möglichst detailliertes Bild für das Publikum entstehen zu lassen, damit sie in etwa begreifen, was auf der Straße geschehen ist. Als ich den Mädchen von Camile erzähle, versagt meine Stimme, und Natali streckt ihre Hand aus und legt sie für einen kurzen Moment auf meine. Natali stellt als Erste Fragen, Fragen über mein neues Zuhause und neues Heimatland. Ich hole mein Handy hervor und zeige einige Fotos. Die Mädchen sehen sie sich neugierig an. Ich weiß, was sie denken: dass sie niemals solch ein Leben führen werden. Das geht mir unter die Haut, und ich frage mich wieder, ob ich mit meinem Besuch mehr Schaden als Gutes anrichte. Sie fragen mich, ob ich schon einmal darüber nachgedacht hätte, wieder Portugiesisch sprechen zu lernen, und ob ich womöglich selbst ein Kind adoptieren wolle. Natali fragt auch, ob ich, falls ich mich zu einer Adoption entschließen sollte, ein kleines oder ein älteres Kind bevorzugen würde. Ich sage, dass ich wahrscheinlich ein älteres Kind zu mir holen würde, da die meisten Leute eher an den Kleinen interessiert seien. Außerdem sei ich selbst bei meiner Adoption schon vergleichsweise alt gewesen und wisse, was das bedeute. Sie wirkt zufrieden mit dieser Antwort.

Natali erzählt zuerst von sich. Sie sagt, dass sie zunächst für fünf Jahre in einer Favela gelebt habe. Ihre Mutter ist arm, und das wenige Geld, das die Familie hatte, wurde vom Vater versoffen. Er war immer betrunken, und Natali musste sich um ihre Geschwister kümmern – zwei Schwestern und einen Bruder. Sie schildert, wie ihr Vater ihre Mutter und ihre Geschwister misshandelte. Sie hat versucht, die anderen zu beschützen, doch das ist nicht immer einfach gewesen. Nun seien ihre Geschwister von einem italienischen Paar adoptiert worden, und sie würde sie schrecklich vermissen. Man hatte ihr gesagt, sie sei zu alt und in Italien gebe es außerdem Gesetze, die die Adoption von Kindern über einem gewissen Alter verbieten würden. Also blieb sie zurück. Ihr Bruder ist vier und ihre Schwestern sieben und neun. Sie hofft, sie noch einmal zu sehen, ist sich dessen jedoch nicht sicher. Es ist offensichtlich, dass es Natali schwerfällt, darüber zu sprechen, aber sie scheint sich für diese Situation gewappnet zu haben. Eine einzelne Träne rinnt über ihre Wange, und ich habe das Gefühl, mein Herz würde zerbrechen. Diese einzelne Träne kommt mir so bekannt vor. Hinter diesen einzelnen Tränen steckt so viel, ein ganzer Fluss aus Leid, Verlust und Vermissen. Ich spüre, dass mir ebenfalls eine Träne über die Wange läuft, und jetzt bin ich an der Reihe, meine Hand auszustrecken und nach der von Natali zu greifen. Doch das erscheint mir zu wenig, also lehne ich mich nach vorn und nehme sie in den Arm. Ich möchte ihr so viel schenken, so viel Liebe, aber ich weiß nicht, wie. Ich möchte ihr sagen, dass alles gut und dass das Leben besser wird. Aber ich kann jetzt nicht lügen. Das würde sie bemerken, und ich käme mir dann wie eine Betrügerin vor. Also lasse ich sie wieder los, und sie fährt fort. Sie sagt, dass sie ihre Mutter vermisst und dass sie glaubt, ihre Mutter habe sie im Stich gelassen. Sie hat sie schon seit vielen Jahren nicht mehr gesehen. Sofort vermute ich, dass ihre Mutter womöglich nicht mehr lebt, aber diesen Gedanken behalte ich lieber für mich. Plötzlich hellt sich ihr Gesicht auf, und sie sagt, dass sie den Kampftanz *capoeira* lernt – als einziges Mädchen aus dem Kinderheim. Sie erklärt, dass sie gerne abhängt und es hasst, ihr Bett machen zu müssen. Rivia und ich lachen und sagen, dass wir auch nicht gerne unsere Betten machen.

Jetzt ist Lais an der Reihe. Das hübsche Mädchen mit den kurzen Haaren und der Brille wirft uns einen raschen Blick zu und lächelt scheu. Sie ist die Schüchterne von den beiden. Man hört es an ihrer Stimme und sieht es an ihrer Körpersprache. Ihre Hände ruhen auf ihren Oberschenkeln, die Finger sind ineinander verschränkt. Sie holt tief Luft und erzählt, dass sie bei ihrer Mutter gelebt habe, die sich nicht um sie und ihre Geschwister habe kümmern können. Die Mutter habe lange Schichten in einer Shopping Mall gearbeitet und sei fast nie zu Hause gewesen. Ihr Stiefvater, mit dem sie zusammenlebte, habe sie und ihre Geschwister geschlagen. Sie sagt, sie liebe ihre Geschwister und wisse genau, wo sie alle seien, mit Ausnahme des jüngsten Kindes. Lais erklärt, dass sie für kurze Zeit bei ihrem biologischen Vater gelebt hat. Der sei jedoch drogensüchtig, weswegen sie zu ihrer Mutter zurückkehren musste. Dann kam ihr Stiefvater ins Gefängnis, doch die Mutter setzte alles daran, dass er wieder entlassen wurde. Ihre Mutter sei oft erst gegen Mitternacht von der Arbeit zurückgekehrt, und Lais habe sich so lange um die Geschwister kümmern müssen. Als sie der Mutter sagte, der Stiefvater würde sie und ihre Geschwister schlagen, glaubte die ihr nicht. Lais wirkt traurig und blickt auf ihre Hände. Sie meint, dass es doch seltsam sei, dass ihre Mutter ihr nicht geglaubt habe. So war ihr Leben, bis sie acht war und ein Sozialarbeiter sie von zu Hause wegholte. Lais sagt, dass sie gerne im Kinderheim lebt und gut mit den anderen auskommt. Als ich sie frage, was sie sich am meisten wünscht, antwortet sie, sie würde gerne ihre jüngste Schwester wiedersehen. »Zumindest ein einziges Mal«, meint sie. Dann frage ich, was sie später einmal werden will, und sie lächelt und sagt »Ballerina«.

# Ein Märchenland namens Schweden

1991

Ich kam zur Mittsommerzeit in meinem neuen schwedischen Zuhause an, einem roten Haus mit weißen Fenstern, über dessen Tür »Nummer 6« stand und das von einem braunen Zaun umsäumt wurde. Obwohl ich tieftraurig über meinen Auszug aus dem Kinderheim war, hatte ich nach den fünf Wochen, die wir mit unseren neuen Eltern Lili-ann und Sture in Brasilien verbrachten und während denen letzte Details geregelt wurden, gelernt, die Veränderungen zu akzeptieren. Doch so ganz verstanden hatte ich eigentlich immer noch nicht, was eigentlich passiert war. Ich glaube, jeder Mensch kann nur ein gewisses Maß an Leid und Trauer ertragen. Und ich würde auch lügen, wenn ich behaupten würde, ich sei traurig gewesen, als ich das Haus zum ersten Mal sah. Schließlich hatte ich noch nie zuvor ein richtiges Zuhause gehabt. Das war nun also mein Heim, das Zuhause von Patrique – oder Patrick, wie er nun hieß – und mir, und meine Neugierde gewann die Oberhand.

Ich betrat das Haus, und was ich dann fühlte, kann ich schwer beschreiben. Wir waren reich! Ich würde bei reichen Leuten leben. Als Allererstes zeigte Lili-ann mir mein Zimmer. Daran kann ich mich noch erinnern, als sei es erst gestern gewesen. Die Tapeten waren weiß mit kleinen rosafarbenen und blauen Tupfen, und sie waren rau. Kleine Stippel ragten hoch, die man mit den

Nägeln oder scharfen Gegenständen abkratzen konnte. Später, als ich schon eine Weile dort gelebt hatte, begann ich, Muster in die Tapete zu ritzen, indem ich einige der erhabenen Tupfen abkratzte. Ich hatte einen eigenen weißen Schreibtisch, einen weißen Kleiderschrank, und hinten an der Wand stand mein Bett. Es war ein altmodisches Einzelbett, an dessen Kopfteil ein Holzknauf befestigt war. Mein erster Gedanke war, dass das unmöglich mein Zimmer sein konnte. Auf dem Foto, das man mir in Brasilien gezeigt hatte, hatte es anders ausgesehen. Mein eigentliches neues Bett war größer und sah flauschig und gemütlich aus, mit einem weißen Überwurf, der bis auf den Boden herunterhing. Über dem Bett befand sich ein Baldachin aus einem transparenten Stoff, der es wie ein kleines Dach umhüllte, und hübsche, gemütliche Kissen lagen darauf. Was ich hier sah, ähnelte dem Bett auf dem Foto kein bisschen. Ich versuchte zu fragen, wo mein richtiges Bett stand. Schließlich holte ich das Fotoalbum hervor, das man mir im Kinderheim gegeben hatte, und zeigte Lili-ann das Foto vom Bett. Ich deutete auf das Foto und dann auf mich. Lili-ann begriff, schüttelte den Kopf und zeigte dann auf das Bett vor uns und dann auf mich. Ich versuchte nicht einmal, meine Enttäuschung zu verbergen. Mein Prinzessinnenbett, das zu den wenigen Dingen gehörte, auf die ich mich wirklich gefreut hatte, war eine Finte. Ich fühlte mich ausgetrickst und kam mir dumm vor. Aber ich war auch wütend! Wie Camile immer gesagt hatte: Man konnte den weißen Leuten nicht vertrauen.

Als ich später herausfand, dass das Bett, von dem ich geträumt hatte, bei Lili-anns Freundin stand, unserer Nachbarin Gunilla Sandström, war die Enttäuschung endgültig besiegelt. Es stellte sich als das Bett von Gunillas Tochter Lisa heraus. Sie war ein Jahr älter als ich. *Natürlich*, dachte ich, *das Prinzessinnenbett gehört einem weißen Mädchen.*

Lili-ann und Sture setzten die Hausführung fort. Die Küche war traumhaft schön und riesig groß. Sie zeigten mir das Wohnzimmer oder die »gute Stube«, wie es genannt wurde. Ich verstand, dass ich dort vorsichtig sein musste. Ich durfte nichts anfassen. Das Zimmer wurde nicht oft genutzt. Es war außerordentlich schön, und falls ich irgendwelche Zweifel hinsichtlich des Reichtums meiner neuen Eltern gehabt haben sollte, verschwanden sie, sobald ich die gute Stube sah. Wir gingen die Treppe hinab in den Keller. Lili-ann trug Patrick während der Hausführung auf dem Arm. Im Keller stand ein gigantischer Fernseher, unter dem ein kleines Gerät zu sehen war. In der Mitte des Zimmers stand eine seltsame Maschine aus Holz. Unzählige Fäden und buntes Garn waren daran zu sehen, und es war so riesig, dass es fast den kompletten Raum einnahm. Ich warf Lili-ann einen fragenden Blick zu. Sie sah, dass ich neugierig war, und reichte Patrick an Sture weiter. Es war offensichtlich, dass er sich immer wohler damit fühlte, das Baby zu halten. Es wäre schrecklich gewesen, hätte er ihn versehentlich auf den Boden fallen lassen. Das hätte Mamãe mir nie verziehen. Lili-ann ging zu der Holzmaschine hinüber und erklärte, es handle sich um einen *vävstol*, einen Webstuhl. Warum benutzten diese Leute nur so schwierige Ausdrücke für alles? Was stimmte nicht mit den Wörtern, die ich schon kannte? Sie zeigte mir, wie man den Webstuhl bedient, und fragte, ob ich es auch einmal versuchen wolle. Ich schüttelte den Kopf und wich zurück, was eigentlich gar nicht meinem Naturell entsprach. An sich war ich ausgesprochen neugierig und probierte gerne Neues aus, aber ich wollte nicht, dass sie dachte, wir beide seien Freundinnen. Ich hatte schon eine Mutter, und Lili-ann sollte nicht denken, dass ich das vergessen hatte.

Wir gingen nach oben in das Schlafzimmer von Lili-ann und Sture. Es war weiß gestrichen, und ein großer weißer Schrank sowie ein weißes Bett mit rosafarbener Tagesdecke standen darin. An den großen Fenstern hingen passende rosafarbene Vorhänge. Das Zimmer war sehr hübsch und wie gemacht für eine erwachsene Prinzessin. Wir gingen durch den Raum hindurch auf die Veranda.

Der angrenzende Garten war riesig und hatte eine enorm große Grasfläche. Ein kleines Glashaus war zu sehen und ein Baum, der stachelig aussah. Dann erblickte ich eine Tanne. Ich hatte noch nie so einen Baum gesehen. Lili-ann und Sture gingen mit mir über den Rasen ans andere Ende des Gartens. Dort deutete Sture auf eine rechteckige Fläche. Ich zeigte darauf und imitierte mit meinen Armen Schwimmbewegungen. Sture brauchte gar nicht erst zu bestätigen, dass ich recht hatte. Schließlich hatten alle reichen Familien einen Swimmingpool. Ich rannte los und wollte gerade springen, als ein Paar kräftiger Arme mich packte und mitten im Sprung festhielt.

Sture zog die weiße Schutzhülle zurück, die aus irgendeinem Stoff bestand, und ich sah, dass Gemüse darunter wuchs. Er holte eine der Pflanzen aus der Erde, und ich erkannte eine erdige Knolle, die unten dranhing. Das war kein Swimmingpool. Es war ein Kartoffelacker.

***

Ich werde niemals die erste Nacht in Schweden vergessen, die ich in meinem neuen Bett verbrachte. Ich war durch und durch erschöpft. Ein langer Tag mit vielen neuen Eindrücken lag hinter mir. Meine Gefühle waren widersprüchlich. Die neuen Dinge waren aufregend, aber auch furchteinflößend. Jedem positiven Gefühl stand ein entgegengesetztes, negatives gegenüber. So viel auf einmal zu empfinden, ist überwältigend. Und unter all diesen Gefühlen verbargen sich eine tiefe Angst und Sorge.

Abends putzte ich meine Zähne in unserem schicken neuen Badezimmer, dafür hatte man mir eine pinkfarbene Zahnbürste und Colgate-Zahnpasta gegeben. Lili-ann hatte mir außerdem ein weißes Baumwollnachthemd mit Blümchenmuster bereitgelegt. Es reichte mir bis zu den Knien, und ich hatte mich augenblicklich unwohl darin gefühlt. Lili-ann hatte meinen kleinen Bruder schon vor ein paar Stunden zu Bett gebracht, und ich hatte bereits ein paar Mal nach ihm gesehen. Er lag in einer weißen Wiege im Elternschlafzimmer. Ich spuckte die Zahnpasta aus und wusch mein Gesicht; anscheinend gehörte sich das so, bevor man zu Bett ging. Lili-ann und Sture kamen in mein Zimmer, deckten mich zu, und ich lächelte und versuchte, meine Dankbarkeit und Wertschätzung zu zeigen. Aber eigentlich hatte ich das Gefühl, dass ich diese beiden Leute Dinge mit mir anstellen ließ, die mir genau betrachtet nicht ganz recht waren. Es war so, als nähmen sie sich Freiheiten heraus, die ich ihnen nicht eingeräumt hatte. Aber so war das Leben, und so war es auch immer schon gewesen. Die Leute nahmen sich, was sie wollten, und manchmal musste man das akzeptieren.

Lili-ann wollte mit mir beten und erwartete von mir, die Hände zu falten. Aber so hatten wir in Brasilien nicht gebetet, und wenn es etwas gab, das ich nicht tun wollte, dann war es falsch zu beten. Also hielt ich meine Hände, so wie man es in Brasilien machte, so wie ich es von meiner Mutter gelernt hatte – mit den Handflächen aneinandergepresst und den Fingerspitzen nach oben. Lili-ann begann, langsam auf Schwedisch zu beten: *Vater, der du liebst die Kinder, der mich beschützt hat in jungen Jahren …*

Das war ein eigenartiges Gebet. Ich verstand nicht viel davon, aber die Satzmelodie dessen, was sie sagte, war eindeutig. Es war die Melodie eines Gebets. Lili-ann und Sture wünschten mir eine gute Nacht und schalteten das Licht aus. Die Tür ließen sie leicht geöffnet, und ich merkte, dass das Licht im Flur noch eingeschaltet war. Nachdem sie mein Zimmer verlassen hatten, setzte ich mich im Schneidersitz auf. Ich legte meine Hände aneinander, mit den Fingerspitzen in Richtung der Zimmerdecke. Ich senkte meinen Kopf und begann zu beten, aber nicht das neue Gebet. Ich war die Tochter meiner wahren Mutter, und ich tat vielleicht vor meinen neuen Eltern das, was sie verlangten, aber wenn ich allein war, konnte ich tun, was ich wollte. Also betete ich: *Santa Maria, cheia de graça, o senhor é convosco …*

Das war das Gebet, das meine Mutter und ich immer gebetet hatten. Ich saß in meinem Bett, die Beine überkreuzt, und Tränen rannen über meine Wangen. Ich war so müde, so erschöpft! Ich hörte Mamães Stimme in meinem Kopf: *Christiana, leg dich hin und schlaf! Sobald du aufwachst, sieht die Welt schon wieder besser aus.*

In dieser Nacht träumte ich, in einem großen Zimmer aufzuwachen, das hellblau und irgendwie ganz weich aussah. Da entdeckte ich, dass das Zimmer eine Wolke war. Hinter mir leuchtete etwas strahlend Helles und spendete ein warmes Licht. Ich drehte mich um und sah vermutlich direkt in die Sonne, denn das Licht war so hell, dass es wehtat, in die Richtung zu schauen. Ich bedeckte meine Augen und versuchte herauszufinden, wo ich wohl war. Mein Körper fühlte sich warm und wunderbar an. Ich fühlte mich sicher und geliebt. Das Zimmer war erfüllt von Wärme und Zärtlichkeit. Ich musste bei den Wolkenmenschen sein. *Camile, bist du da?* Sobald ich die Frage gestellt hatte, hörte ich die Antwort. *Nein, Christiana, sie ist nicht in diesem Zimmer!* Die Stimme war warm und sanft, aber auch bestimmt. Ich wusste sofort, dass eine Respektsperson gesprochen hatte: jemand, vor dem ich keine Angst zu haben brauchte, aber dem ich auch nicht auf die Nerven gehen sollte. *Wo bin ich?*, fragte ich zögernd. Sobald ich die Frage gestellt hatte, wusste ich die Antwort. *Du weißt, wo du bist, und du weißt, wer ich bin.* Ich sah einen großen Thron und erkannte, dass die Menschen, die mich umgaben, Engel waren. Ich sah sie an und lächelte, aber sie blickten mich einfach nur an und wirkten weder böse noch erfreut. Ich wusste, dass ich die Person, die da auf dem Thron saß, nicht anschauen durfte. Jede Zelle und Faser meines Körpers schrie, ich solle nicht dorthin sehen. Aber neugierig wie immer schaute ich natürlich trotzdem hin. Das Gefühl war überwältigend: Ich sah zu Gott. Gott saß auf einem großen Thron. Ich fiel sofort auf die Knie und bekreuzigte mich, doch ich wusste im selben Moment, dass ich es vermasselt hatte. Ich hätte Gott nicht ansehen dürfen. Das hatte ich gewusst und es trotzdem getan. Die Atmosphäre im Zimmer veränderte sich, und der Unmut war nahezu greifbar. Er drückte mich nieder, und ich fühlte, wie er auf meinen Körper einwirkte und mein Herz durchbohrte.

*Christiana? Weißt du, warum du hier bist? Du bist hier, weil du einen Fehler gemacht hast. Du bist hier, weil du zu viele Fehler gemacht hast.*

*Das tut mir leid, bitte, vergib mir! Sag mir, was ich tun soll, um es wiedergutzumachen. Bitte!*

*Du bist nicht deinem Herzen gefolgt. Du hast nicht das getan, von dem du wusstest, dass es das Richtige war. Und du kommst weder in den Himmel noch zu mir, bevor du das tust.*

Plötzlich verwandelte sich der Boden, auf dem ich stand, in eine Wolke. Ich begann zu fallen und sah ängstlich zu Gott und den Engeln, doch sie waren verschwunden. Ich konnte nur kurz nach Hilfe schreien, bevor ich durch die Wolkendecke stürzte. Ich fiel und fiel. Es war furchteinflößend. Ich fiel mit dem Bauch nach unten, an Planeten vorbei, Sonnen, Galaxien. Es war so schön, aber das schreckliche Gefühl des Fallens überschattete alles. Ich hatte solche Angst. Ich fiel in Richtung Milchstraße und in Richtung unseres Sonnensystems. Ich kam an einem Planeten nach dem anderen vorbei, bis ich die Erde sah. Ich fiel in ihre Richtung, durch die Atmosphäre, und dann war ich plötzlich von Feuer umgeben. Ich fiel in Richtung Schweden. Ich sah unser Haus in Vindeln und fiel in dessen Richtung. Ich verspürte panische Angst. Gott hatte mich verstoßen, und ich würde nun einen heftigen Aufprall erleben und dann sterben. Das Haus kam näher und näher. Meine Panik und meine Angst wurden immer größer. Das Haus war so nah. Ich schrie so laut ich konnte, und just in dem Moment, in dem mein Körper auf das Dach aufprallte, schien mich eine Hand in der Luft umzudrehen, und ich krachte mit dem Rücken zuerst auf.

Der Schmerz war unbeschreiblich. Ich spürte, wie mein Rückgrat entzweibrach. Meine Rippen wurden in Stücke zerschmettert. Ich fühlte, wie Holz meinen Rücken durchbohrte. Ich schrie während des Falls, und kurz bevor ich auf meinem Bett aufprallte, wachte ich auf, setzte mich kerzengerade auf und schrie.

Lili-ann stürzte in mein Zimmer. Sie rannte zum Bett herüber, setzte sich auf die Kante und fragte, was geschehen sei. Sie sah entsetzt aus. Ich hatte schreckliche Schmerzen und konnte nicht aufhören zu schreien. Langsam tat es weniger weh, aber schlimm war es immer noch. Ich schrie und weinte, und sie nahm mich in den Arm. Ich ließ sie. Ich war ohnehin verloren. Was hatte Gott gesagt? *Christiana, du hast mich enttäuscht.* Er hatte verkündet, ich dürfe nicht in den Himmel zurückkehren. Meine neue Mutter hielt mich vielleicht im Arm, doch der, der alle lieben sollte, hatte mich verstoßen und liebte mich nicht. Gott liebte mich nicht. Nach einer Weile beruhigte ich mich und schob Lili-ann sanft von mir. Ich wollte ihr nicht den Eindruck vermitteln, dass ich sie nicht dahaben wollte. Ich wusste, wie sich das anfühlte. Ich legte mich wieder hin, und sie deckte mich zu.

Ich habe schon oft versucht, diesen Traum zu deuten. Nach allem, was ich bis zu jener Nacht schon erlebt, nach all den neuen Dingen, die ich gesehen und kennengelernt, nach all den Gefühlsausbrüchen und allem, was ich schon verloren hatte, nachdem man mir meine Sicherheit und meine Wurzeln entzogen hatte, schob ich die Schuld noch immer mir zu. Kinder neigen dazu, sich selbst an den Pranger zu stellen, und auch ich konnte mir nicht vergeben. Doch da war noch etwas anderes. Meine Mutter hatte immer viel über Gott und die Engel gesprochen und mir viele wunderschöne Geschichten erzählt, als ich noch klein war. Seitdem habe ich immer glauben wollen, dass unserer Welt etwas Magisches innewohnt und nicht alles logisch und rational erklärbar ist. Ist es denn kein Wunder, dass von allen Kindern, die man hätte adoptieren können, die es vielleicht noch mehr verdient hätten und die schon länger als wir im Kinderheim gelebt hatten, ausgerechnet mein kleiner Bruder und ich die Chance auf ein besseres Leben bekamen?

Doch damals war ich noch lange nicht so weit, die Dinge so zu sehen.

Ich sprach ein stilles Gebet, dann schlief ich wieder ein. Ich flüsterte, sodass meine neue Mutter es hören konnte. Es war mir egal. Sie konnte mich ohnehin nicht verstehen, und selbst wenn sie es täte, war es mir gleichgültig. Ich betete noch einmal, dann war es vorbei. Gott hatte mich verstoßen, warum sollte ich mich also nicht ebenfalls von ihm lossagen?

Am nächsten Morgen erwachte ich und hatte das Gefühl, in mir sei etwas zerbrochen. Ich war kaputt. Ich hatte gedacht, ich hätte schon alles gefühlt, was ein Mensch fühlen kann, aber anscheinend ging es noch schlimmer. Zum Glück wusste ich damals noch nicht, dass die Dinge auf emotionaler Ebene noch viel heftiger werden würden.

Meine neue Mutter rief, das Frühstück sei fertig, und ich ging in meinem Nachthemd in die Küche. Die ersten vierundzwanzig Stunden waren geschafft, und ich hatte sie überlebt, gerade so. Aber ich hatte überlebt. Das Frühstück war richtig gut. Lili-ann hatte Haferbrei gekocht. Zunächst war ich skeptisch. Das Zeug sah aus wie schleimiger, blasser Schlamm, und ich warf ihr einen Blick zu, der fragen sollte, *Willst du mich vergiften?* Sture und Patrick saßen mit uns am Tisch, und Sture hatte bereits begonnen, den Schleim zu essen. Daher ging ich davon aus, dass er genießbar war. Ich gab noch Zucker und ein wenig Milch hinzu. Auch ein paar gekochte Eier waren auf dem Tisch, die hatte ich schon immer geliebt. Außerdem konnte ich noch Schinken, Käse, Tomatenscheiben, saure Gurken, Marmelade, Banane und irgendeine Tube entdecken. Die Tube war blau mit dem Gesicht eines blonden Jungen darauf. Ich sah, wie Lili-ann und Sture etwas vom Inhalt der Tube auf ihre Eier quetschten. Lili-ann fragte, ob ich mal probieren wolle, und ich sagte Ja. Wenn es etwas gab, zu dem ich nie Nein sagte, dann war das Essen. Lili-ann erklärte, dass es sich um geräucherten Kabeljaurogen handle, und gab mir einen Tropfen auf den Finger, den ich dann probierte. Es schmeckte ekelhaft! Ich spuckte das Zeug aus, griff hastig nach meinem Wasserglas und trank einige große, gierige Schlucke. Lili-ann und Sture mussten lachen, und ich fand auch, dass es lustig war. Nachdem ich alles auf dem Tisch probiert und mit meinem Finger den letzten Rest Haferbrei aus der Schüssel gekratzt hatte, hatte ich mich derart vollgestopft, dass mein Bauch wehtat. Aber das war gut, dachte ich; man wusste schließlich nie, wann man das nächste Mal etwas zu essen bekam. Ich stand auf und ging in mein Zimmer, um mich anzuziehen. Ich wählte eine Jeans und ein T-Shirt. Lili-ann hatte mich gebeten, kurz zu duschen, doch ich hatte mich geweigert, weil ich mich noch sauber fühlte und es unnötig gewesen wäre. Duschten die Menschen in Schweden etwa abends und morgens? Sie mussten unendlich viel Wasser haben.

Nach dem Anziehen ging ich in das Arbeitszimmer von Lili-ann und Sture. Auf dem Schreibtisch stand ein Globus. Er war blau, und wenn man einen kleinen Knopf drückte, leuchtete er hell auf. Ich rief »Lili-ann«, und korrigierte mich dann schnell mit »Mama«. Sie war traurig, wenn ich sie nicht so nannte, also war Lili-ann von nun an »Mama« und Sture »Papa«. Ich wollte verstehen, was es mit dem Globus auf sich hatte. Mama drehte ihn ein wenig und zeigte mir Südamerika und Brasilien, und ich erkannte das Wort »Brasilien« auf dem Globus. Dann deutete sie auf Schweden. Sie zeigte auf das Blau, das den Ozean zwischen Brasilien und Schweden darstellte, und sagte zunächst das schwedische Wort für Wasser und dann *»água«*. Mein Gehirn ratterte. Ich drehte den Globus und sah auf Brasilien, dann drehte ich ihn erneut und blickte auf Schweden. Mama tippte auf Schweden und erklärte, dass wir nun hier seien. Ich sah auf Schweden und dachte, dass das Land sehr lang aussah. Ich sah zu Mama. Sie war größer als ich. Papa war größer als sie. Und das Haus, in dem wir lebten, war riesig. Alle Häuser in unserer Nachbarschaft waren imposant. Ich konnte kaum glauben, dass alle diese riesigen Häuser in dem kleinen Schweden standen, das ich dort auf dem Globus sah. Dann sah ich wieder zu Brasilien, und mir fiel es schwer zu verstehen, dass São Paulo sich hinter diesem kleinen Bildchen verstecken sollte. Da begriff ich, wie riesig die Länder sein mussten. Und der Ozean dazwischen musste sogar noch größer sein. Bis zu diesem Zeitpunkt hatte ich nicht wirklich verstanden, dass ich nicht mehr in Brasilien, sondern in einem komplett anderen Land war. Die Erkenntnis, dass ich denkbar weit vom Brasilien und meiner richtigen Mutter entfernt war, brachte mich zum Weinen. Mama verstand und hielt mich im Arm, bis meine Tränen versiegt waren.

»*Universo?*«, fragte ich. Mama sah mich an, und ich wiederholte das Wort, wobei ich es dieses Mal ganz langsam und überdeutlich aussprach. »*Uuuuuniveeerso?*« Mama ging zum Bücherregal und zog einen Bildband hervor. Sie blätterte darin, bis sie schließlich gefunden hatte, wonach sie suchte. Sie legte das Buch auf Papas Schreibtisch und zeigte mir ein Bild, auf dem der Weltraum zu sehen war. Das Foto war wunderschön – bis auf meinen Traum in der vorhergehenden Nacht hatte ich so etwas noch nie gesehen. In meinem Traum war zum ersten Mal das Universum vor mir erschienen, und ich frage mich seither, wie ich von etwas träumen konnte, das ich nie zuvor gesehen hatte. Mama und ich saßen noch lange im Arbeitszimmer und unterhielten uns miteinander, wobei, nun ja, wir versuchten wohl eher miteinander zu kommunizieren. Es lief besser als befürchtet, und wir konnten uns mit wenigen Worten verständigen. Mama deutete auf diverse Gegenstände und erklärte mir, wie man sie auf Schwedisch nannte. Ich wiederholte die Worte. Schwedisch war eine seltsame Sprache. Die Worte kamen mir vor, als würde man sie rückwärts aussprechen, und irgendwie sollte man vor alles einen undefinierten Artikel – also ein *en* oder *ett* – setzen. Dieses ganze *en/ett*-Gewese kapierte ich überhaupt nicht. Es schien kein System dahinter zu geben, wann man was benutzte. Bis heute verwechsle ich die beiden ab und an.

Es klingelte an der Tür, und ich rannte los, um zu öffnen. Eine Frau mit einem Kind stand davor. Mama kam zur Tür und bat die beiden herein. Es waren unsere Nachbarinnen, Mamas Freundin Gunilla und ihre Tochter Lisa, das Mädchen, dem das Prinzessinnenbett gehörte. Wir gingen in die Küche, und Mama servierte Kaffee. Während sie und Gunilla miteinander sprachen, sah sie immer wieder zu mir herüber. Lisa und ich saßen auf dem Boden, und sie gab mir ein Geschenk. Ich öffnete es, es war eine blonde Puppe namens Barbie. Sie trug ein pinkfarbenes Kleid, pinkfarbene Schuhe und einen pinkfarbenen Badeanzug. Ich bedankte mich bei Lisa, dann hockten wir nebeneinander und spielten. Ich lernte ein paar schwedische Wörter, aber meinem Gehirn fiel es immer noch schwer, zwischen Schwedisch und Portugiesisch zu unterscheiden. Hin und wieder brachte ich einen bunten Mischmasch hervor, wie zum Beispiel »Lisa, möchtest du etwas *água*?«, dachte jedoch, ich hätte nur Schwedisch gesprochen.

In den ersten Tagen kamen viele Leute zu Besuch. Sie wollten Mama und Papa gratulieren und ihre neuen Kinder kennenlernen. Ich stellte dann oft Musik an: In Brasilien hatte mir meine schwedische Mutter Lili-ann zwei Kassetten mit Liedern meiner Lieblingsbands gekauft, Xuxa und *New Kids on the Block*. Ich legte immer Xuxa ein, wenn Mamas Freundinnen zu Besuch kamen. Dann tanzte ich für sie zu meinen Lieblingsliedern, zu denen ich die Kassette vor- und zurückspulte. Mama und ihre Freundinnen sahen mir zu. Sie applaudierten, wenn ein Lied beendet war, dann spulte ich und tanzte weiter. Irgendwann wurde den armen Leuten langweilig, und Mama musste mich bitten, aufzuhören.

Ich fühlte mich in meinem neuen Zuhause nicht mehr unsicher. Ich hatte keine Angst vor meinen neuen Eltern. Doch meine Sicherheit kam vor allem aus meinem Inneren, aus meinem Herzen. Ich hatte ein kleines bisschen Stolz mit mir gebracht, ein kleines Stück meiner Welt und meines Ichs, in dieses neue Reich. Mein Bruder war bei mir, und ich musste mich um ihn kümmern. Erneut konzentrierte ich mich auf einen Tag nach dem anderen und passte mich an, um zu überleben.

Ich trug Verantwortung gegenüber der Person, die ich am allermeisten liebte, und hatte ihr ein Versprechen gegeben, das ich nicht brechen wollte.

# Die Information, nach der ich vierundzwanzig Jahre lang gesucht habe

## 2015

Heute ist der Tag, auf den ich mich am meisten gefreut habe, nach dem ich mich gesehnt habe, aber auch der, vor dem ich die größte Angst hatte. Rivia und ich treffen uns mit dem Mann, der Recherchen nach meiner Mutter und meiner Familie angestellt hat. Heute werde ich herausfinden, ob sich mein Leben ändern wird.

Wir sitzen in einem Hotelzimmer und warten. Brian, der Rechercheur, stammt ursprünglich aus den Vereinigten Staaten, lebt aber seit zwanzig Jahren in Brasilien. Er wohnt in São Paulo und ist mit einer Brasilianerin verheiratet. Ich weiß gerade nicht, wohin mit mir, also öffne ich die Tür zum Balkon und trete nach draußen. Unser Zimmer ist hoch oben im Hotel, und mir wird ein bisschen schwindelig, als ich über das Balkongeländer sehe. Mein Blick schweift über die umgebenden Gebäude. São Paulo ist eine Stadt aus Beton, eine Stadt vieler Millionen Einwohner, eine Stadt, die nie schläft. Ich gehe ins Hotelzimmer zurück und schließe die Balkontür hinter mir, um den Verkehrslärm zu dämpfen. Wir warten. Ich versuche meine Gefühle zu verstehen, aber etwas in mir hat dichtgemacht. Ich sage mir selbst, dass wir mit allem, was in den nächsten zwanzig Minuten passieren wird, zurechtkommen werden, wir beide, meine Ichs Christina und Christiana. Genauso, wie wir im Laufe der Jahre mit so vielen anderen Dingen zurechtgekommen sind.

Es klopft an der Tür, und Rivias Blick begegnet meinem. Das ist der Moment, auf den ich vierundzwanzig Jahre lang gewartet habe. Ich gehe zur Tür und öffne sie. Brian, den ich noch nie zuvor gesehen habe, steht vor mir. Er wirkt erfreut, freundlich und ein wenig aufgeregt. Ich hoffe, dass das ein gutes Zeichen ist. Wenn er schlechte Neuigkeiten brächte, würde er wohl kaum so fröhlich aussehen, oder? Ich setze mich an den Tisch, und Brian nimmt mir gegenüber Platz. Mein Puls wird schneller, und meine Schweißdrüsen beginnen, unnatürlich viel Schweiß abzusondern. Ich frage mich, ob er sieht, wie meine Nase zu schwitzen beginnt. Das passiert mir immer, wenn ich nervös bin. Er sagt, er habe meine Familie finden können. Mein Herz klopft etwas schneller; meine rechte Hand wandert nach oben zu meiner Nase und wischt ein paar kleine Schweißperlen fort. Er hat die Schwestern meiner Mutter und einige meiner Cousinen und Cousins ausfindig gemacht. Ich lächle und höre mich selbst sagen: »Oh, wie nett. Haben Sie sie getroffen?«

Er erzählt, dass er mit ihnen gesprochen und sie gefragt habe, ob sie sich an mich erinnern könnten. Ich erinnere mich kaum an andere Angehörige außer meiner Mutter. Doch ein paar Begegnungen mit einer Frau, von der ich immer dachte, sie sei die Schwester meiner Mutter, sind mir im Gedächtnis geblieben. Ich weiß noch, wie meine Mutter und diese Frau meine Ohrläppchen durchstochen haben. Es tat weh, aber ich habe mich nachher sehr darüber gefreut.

»Sie erinnern sich an Sie und sind froh, dass Sie wieder da sind. Sie freuen sich sehr, Sie kennenzulernen. Sie hatten viel über Ihre Kindheit zu erzählen«, sagt Brian.

Ich lächle, und obwohl es eigenartig ist, mit einem komplett Fremden über meine biologische Familie zu sprechen, an die ich mich kaum erinnere, spüre ich ein angenehmes, warmes Gefühl in mir aufsteigen. Ich fragte Brian, ob man ihm erzählt hat, dass ich frech gewesen und gerne geklettert sei. Brian lacht auf und meint, genau das hätten sie gesagt. Es ist schön, meine Erinnerungen bestätigt zu bekommen und zu wissen, dass diese Leute und ich mehr als nur DNA miteinander teilen, wir teilen auch Erinnerungen.

Brian sagt, dass meine Angehörigen in Belo Horizonte leben und mich unbedingt treffen wollen. Ich freue mich darüber, aber gerade kann ich nur an eins denken: meine Mutter.

»Und meine Mutter?«, frage ich.

Ich versuche, Brians Körpersprache zu deuten. Er wirkt entspannt. Seine Augen wandern nicht zur Seite, als ich meine Mutter erwähne, was sie vermutlich getan hätten, hätte er sie nicht gefunden, oder auch wenn sie tot wäre. Als kleines Mädchen habe ich gelernt, die Körpersprache anderer zu lesen und ihre Absicht abzuschätzen, sei es gut oder schlecht. Mein Herz schlägt heftig gegen meine Rippen, und ich versuche, mittels meiner Körperhaltung Kontrolle zu demonstrieren. Ich sehe zu Brian hin. Er öffnet seinen Mund, und in diesem Moment konzentriere ich meine gesamte Energie auf positive Gedanken und stelle mir vor, wie gleich die Worte seinen Mund verlassen, er habe meine Mutter gefunden. Ich weiß, dass Energie und positives Denken nicht ändern werden, was er ausspricht. Trotzdem konzentriert sich jede Zelle meines Körpers darauf. Und dann höre ich Brian sagen: »Ich habe Ihre Mutter gefunden.«

Ich habe tausend Fragen; aber in meinem Kopf herrscht Leere. Irgendetwas geschieht mit meinem Herzen, und die Muskeln in meinem Gesicht verkrampfen sich. Ich presse meinen Lippen fest aufeinander, und meine Augen beginnen zu brennen. Ich suche nach Bestätigung, dass ich ihn richtig verstanden habe. »Sie haben meine Mutter gefunden?« Ich wende mich in Rivias Richtung und sehe, dass ihr Blick ebenfalls glasig ist. Sie grinst mich an, und ich erwidere ihr Lächeln, wobei es vielleicht nur so aussieht, als würde ich eine Grimasse ziehen. Ich frage Brian, ob es meiner Mutter gut geht und wo sie lebt.

Brian beginnt, die gesamte Geschichte vom Aufspüren meiner Mutter zu erzählen. Im Wesentlichen war ihr Vorname entscheidend, Petronilia, der in Brasilien sehr ungewöhnlich ist. Mithilfe der Gerichtsunterlagen habe er ihre Schwestern finden können, und so habe er erfahren, dass meine Mutter nicht länger auf der Straße lebt. Gesundheitlich geht es ihr gut, aber ihr Leben ist nicht frei von Problemen.

Ich wische eine Träne fort, die meine Wange herunterrollt. Er sagt, dass meine Mutter auch in Belo Horizonte lebt und hofft, mich am Wochenende zu sehen. Ich greife nach meinem Handy und rufe in Schweden bei meinem Bruder an. Patrick erwartet, dass ich mich melde, sobald es Neuigkeiten gibt. Seine vertraute Stimme ertönt. Ich erkläre ihm, dass ich gerade mit Brian zusammensitze, der mir viel über unsere Tanten und anderen Verwandten berichten konnte. Und dass er Mamãe gefunden habe. Ich höre, wie Patrick wiederholt: »Er hat Mamãe gefunden. Lebt sie noch?« Ich lächle und bestätige das mit einem Ja. »Wie geht es ihr?«, fragt er. Sein Interesse berührt mich. Wir haben gänzlich unterschiedliche Beziehungen zu unserer leiblichen Mutter. Im Gegensatz zu mir hat Patrick keinerlei Erinnerungen an sie. Für ihn ist sie schlicht die Frau, die ihn zur Welt gebracht hat und sich anschließend nicht um ihn kümmern konnte. Daher geht mir dieses Gespräch sehr ans Herz. Wir reden noch kurz miteinander, und ich höre, dass er gerührt ist. Ich sage ihm, dass er sich melden soll, falls er noch weitersprechen möchte. Ich sage, dass ich ihn lieb habe und mich freue, dass er in wenigen Tagen auch nach Brasilien kommt.

Heute habe ich nach all den Jahren der Ungewissheit erfahren, dass meine Mutter noch lebt. Dass sie mich vermisst und wir uns bald sehen werden. Heute habe ich erfahren, dass ich noch Angehörige in Brasilien habe und dass sie sich freuen, mich zu sehen. Heute werden vierundzwanzig Jahre zu einer Ewigkeit – und ein paar Sekunden. Mehr kann ich zum heutigen Tag nicht sagen.

# Der Alltag in Vindeln

## 1990er Jahre

Viele Dinge waren anders in Schweden. Meine schwedischen Eltern warnten mich, nicht zu Fremden ins Haus zu gehen oder mit ihnen zu reden. In Brasilien hatte meine Mutter mich immer vor der Polizei gewarnt. Manchen Polizisten konnte man nicht trauen. Es war nicht einfach zu wissen, welche in Ordnung waren und vor welchen man lieber die Flucht ergreifen sollte. Also tat ich das einzig Logische: Ich rannte vor allen Polizisten davon.

Ich habe direkt die Beine in die Hand genommen, als ich zum ersten Mal einen Polizisten in Vindeln sah. Das Dorf hatte eine eigene kleine Polizeistation – nun ja, eher ein kleines Büro, in dem ein einzelner Polizist seinen Dienst absolvierte. Er lebte in meiner Nachbarschaft und war ein sehr lieber Mensch, aber natürlich wusste ich das zunächst nicht. Lisa – die nebenan wohnte und nun zu meinen neuen schwedischen Freunden zählte – und ich spazierten durch den Ort. Es war Sommer, und ich hatte nun schon einen Monat in Vindeln gelebt. Wir hatten uns Eis gekauft und waren gerade am Kino vorbeigelaufen, das etwa hundert Meter von der Polizeistation entfernt war. Da trat ein Polizist auf die Straße. Ich sah ihn und erstarrte. Dann schaute ich zu Lisa hinüber, die meinen Blick erwiderte. Der Polizist drehte sich um und bemerkte uns. Ich sah wieder zu Lisa, warf mein Eis auf den Boden, griff nach ihrer Hand und schrie: »Lauf!«

Lisa gab keine Widerworte, wirkte aber erstaunt und bewegte sich nicht besonders schnell. Ich warf einen Blick über meine Schulter und stellte fest, dass der Polizist uns nicht folgte. Stattdessen sah ich nur eine etwas genervte Lisa, mit Eiscreme quer über das Gesicht verschmiert. Nachdem wir um die Ecke gebogen waren, hielt ich an und prüfte, ob wir auch wirklich nicht verfolgt wurden. Lisa fragte, was zum Teufel das solle, und in meinem gebrochenen Schwedisch herrschte ich sie an, warum sie nicht schneller gerannt war. Ich hatte sie fast die Hälfte der Strecke über hinter mir herzerren müssen. Lisa fragte, *warum* sie rennen sollte. Da begriff ich, dass ich vielleicht etwas Dummes gemacht hatte. Lisa warf mir einen argwöhnischen Blick zu.

»Rennen die Kinder in Schweden denn nicht vor der Polizei davon?«, fragte ich. Lisa guckte mich an als sei ich von allen guten Geistern verlassen.

»Warum sollten sie das tun?«, fragte sie überrascht.

»Weil Polizisten schlechte Menschen sind«, erklärte ich.

»Das stimmt nicht! Sie sind freundlich.«

»Freundlich?«, hakte ich skeptisch nach.

»Ja, freundlich. Sind sie das nicht, da wo du herkommst?«

Ich wusste nicht, was ich sagen sollte. Die Wahrheit wollte ich nicht preisgeben. Instinktiv spürte ich, dass das zu krass klingen würde. Also gab ich eine Antwort, die ich von den schwedischen Kindern gelernt hatte: »Weiß nicht …« Dann zuckte ich leicht mit den Schultern.

Lisa und ich machten uns wieder auf den Heimweg. Ich bestand darauf, dass wir einen Bogen um die Polizeistation machten, auch wenn der Weg so deutlich länger war. Lisa ließ mich von ihrem Eis probieren. Ich fragte sie, warum sie nicht schneller gelaufen sei. Noch nie zuvor hatte ich jemanden so langsam rennen sehen. Lisa meinte nur, sie renne nicht gerne. Das konnte ich nicht nachvollziehen, aber ich freute mich trotzdem, dass ich etwas von ihrem Eis haben durfte.

In den frühen 1990ern lebten etwa 2.500 Menschen in Vindeln, in São Paulo waren es zum gleichen Zeitpunkt sechzehn bis siebzehn Millionen. In Vindeln sperrte man seine Haustür nicht ab, wenn man raus ging, und selbst wenn, wurde der Hausschlüssel einfach im Briefkasten deponiert. Das frustrierte mich, denn schließlich ergab es keinen Sinn, überhaupt abzuschließen, wenn man den Schlüssel eh nur drei Meter weiter ablegte, wo ihn jeder finden konnte. In São Paulo waren teure Wohnhäuser von hohen Mauern umgeben und wurden teilweise auch von Hunden und Sicherheitsleuten bewacht. Natürlich zog und ziehe ich bis heute das Grundvertrauen der schwedischen Gesellschaft vor. Aber als Achtjährige erlebte ich in vielerlei Hinsicht einen Kulturschock in Schweden. Ob Essen, Religion, Kleidung, Schnee, Schule, Freundschaften oder der Aufbau der Gesellschaft – so ziemlich alles war anders. Und wenn alles neu ist, fühlt es sich gleichzeitig beängstigend und aufregend an. Heute bin ich dankbar für die neuen Eindrücke, die ich als Kind erleben durfte und von denen ich bis heute als Erwachsene profitiere. Aber als ich kleiner war, war es nicht immer leicht. Doch je länger ich in Vindeln lebte, desto mehr verstand ich, wie meine neue Familie und meine neuen Freunde tickten.

Ich merkte, dass mein eigenes Denken sich veränderte. Ich passte mich an, und das ging ganz von allein und überraschend schnell. Konnte ich das, was ich in Brasilien gelernt hatte, auf mein neues Leben in Schweden übertragen? Wie würden sich meine neuen schwedischen Freunde in dieser oder jener Situation verhalten? Was würden meine brasilianischen Freunde tun? Als ich das nächste Mal den Polizisten sah, fragte ich Sara, die Freundin, mit der ich gerade unterwegs war, ob wir wegrennen sollten. Sara erklärte, dass wir nicht vor der Polizei wegrennen mussten, und seither folge ich diesem Rat, auch wenn ich immer wachsam geblieben bin. Manche Ängste durchdringen die Seele tief, und bis heute möchte ein kleiner Teil von mir die Flucht ergreifen, wenn ich die Polizei sehe.

In meiner neuen Familie wurden schwierige Sachverhalte oft schöngeredet. Ich verstand nicht, warum Erwachsene Kinder oft so frech anlogen, so fühlte es sich zumindest für mich an. Zum Beispiel gab es nicht wenige Achtjährige in unserer Nachbarschaft, die ernsthaft glaubten, die kleinen Kinder würden vom Storch gebracht. Das irritierte mich, und so erklärte ich den anderen Kindern, wo die Babys tatsächlich herkamen. Nicht alle Eltern wussten das zu schätzen.

Schon in der ersten Woche lernte ich mehrere Kinder kennen, die meine Freunde wurden. Malin, die gleich nebenan wohnte; Lisa, das Mädchen, dem »mein« Bett gehörte; und dann noch Nina, Sara und Anna, deren Mutter, Maj, als Tagesmutter arbeitete. Ich weiß noch, wie Mama, Patrick und ich an einem sonnigen Morgen auf dem Rasen neben unserer Garage standen und Maj zu uns kam. Patrick spielte im Gras. Er war noch keine zwei. Während Maj und Mama miteinander quatschten, griff Patrick nach dem Gartenschlauch, den Mama zum Bewässern der Büsche angestellt hatte. Ich sah ein freches Blitzen in seinen Augen, und schon hob er den Schlauch an und spritzte Maj nass. Sie quiekte laut auf, und auch Mama wurde patschnass, als sie versuchte, ihm den Schlauch zu entwinden. Der Anblick war unbeschreiblich lustig, und ich stand daneben und lachte und lachte, und wenn ich mich recht entsinne, rief ich Patrick ein Lob zu und feuerte ihn an. Patrick wirkte sehr zufrieden mit sich. Mama lachte auch und nahm ihre Brille ab, um die Gläser an ihrem T-Shirt abzuwischen.

Meine erste richtige Freundin in Schweden hieß Maja. Sie kam eines Tages an unserem Haus vorbei, als ich davorstand und mit Patrick auf dem Arm Post aus unserem Briefkasten fischte. Maja trug einen schwarzen Kater mit sich herum, den ich streicheln durfte. Ich fragte nach dem Namen, und Maja meinte, er heiße Knurre. Maja war nett und blond und erinnerte mich ein wenig an Patricia. Ich lernte außerdem einige Eltern meiner

Freunde kennen und auch die engsten Freunde meiner Eltern, wie zum Beispiel Mamas Freundin Ann-Marie und ihren Ehemann Kjell-Arne, die mir später in schwierigen Situationen helfen sollten.

***

Immer wieder versuchte ich mich daran zu erinnern, wie Mamãe aussah. Doch nach einigen Monaten in Schweden fiel es mir schwer, mich an ihr Gesicht zu erinnern. Das machte mich panisch. Ich wusste nicht mehr, wie meine eigene Mutter aussah. Ich wusste irgendwie, was für ein Gesicht sie hatte, aber ich konnte es nicht vor meinem geistigen Auge aufrufen. Was war los? Ich wusste noch, dass sie kurzes, schwarzes Haar hatte, dass sie braune Augen hatte und dass ihre Lippen so aussahen wie meine. Ich erinnerte mich daran, wie groß sie war und wie ihr Körper aussah. Ich konnte mich an Einzelheiten erinnern, sah sie jedoch nicht mehr ganz vor mir. Es fiel mir schwer zu atmen. Meine Brust wurde eng. Ich wollte schreien, aber ich konnte nicht atmen. Sollte ich nach meinen neuen Eltern rufen? Aber dann wären sie traurig und würden glauben, ich sei in ihrem hübschen Zuhause nicht glücklich. Ich versuchte, mich zu beruhigen. Ich sagte mir, *Atme, Christiana, atme. Du hast schon Schlimmeres durchstanden. Du musst dir keine Sorgen machen. Alles wird gut. Denk an Patrique! Du verdienst ein wenig Leid, das weißt du.*

Rückblickend verstehe ich nun, im Erwachsenenalter, dass ich damals eine Panikattacke erlitt. Sie war heftig, weil sie ganz schön lange dauerte und ich sowohl körperliche als auch mentale Qualen erlitt. Im Nachhinein habe ich mich oft gefragt, warum ich nicht nach meinen neuen Eltern gerufen habe. Immerhin waren sie sehr nett zu mir gewesen. Ich glaube, es lag an verschiedenen Dingen. Zum einen wollte ich sie nicht enttäuschen. Sie hatten mir und meinem Bruder so viel ermöglicht, und ich wollte nicht undankbar erscheinen. Außerdem hätte ein Hilferuf bedeutet, dass ich sie sehr nah an mich hätte heranlassen müssen, und dazu war ich noch nicht bereit. Aber vor allem verbot es mir mein Stolz. Ich war hartgesotten und konnte alleine mit meinen Problemen zurechtkommen. Ich war zu stolz, als dass ich um Hilfe gebeten hätte. Eine Schwäche, die mich lange verfolgt hat.

Also beruhigte ich mich und schob meine Angst beiseite. Es fiel mir schwer zu akzeptieren, dass die Erinnerungen an meine Liebsten langsam schwanden. Ich konnte nicht hinnehmen, dass meine Erinnerungen an Brasilien, die guten wie die schlechten, nach und nach verblassten. Wenn ich das getan hätte, hätte ich mich selbst verloren. Ich hätte mein Ich verloren und wäre in eine Dunkelheit gestürzt. Ich würde Mamãe, Camile, Patricia und den Jungen, den ich getötet hatte, enttäuschen. Ich würde mich und meinen kleinen Bruder enttäuschen. Es war meine Aufgabe, ihm die Wahrheit zu erzählen und ihm beizubringen, was für eine wunderbare und liebevolle Frau unsere Mutter gewesen war. Das durfte ich nicht vergessen. Camile hatte mich gelehrt, solange wir einander im Herzen trugen und uns aneinander erinnerten, waren wir immer miteinander verbunden. Ich musste an ihr festhalten, und an Mamãe und all meinen Erinnerungen. Ich entschied, wenn ich immer daran dachte, würden sie sicher nicht verschwinden. Also legte ich mich auf den Rücken, starrte an die Decke und spielte all meine Erinnerungen vor meinem geistigen Auge ab: meine Zeit im Wald, die Erfahrungen auf der Straße, Camile und ihre Geschichten, Mamãe und ihre Opfer, ihr Leid und ihre Liebe. Ich dachte an den Jungen, den ich getötet hatte, und musste weinen. Im Schnelldurchlauf ließ ich Szenen aus dem Kinderheim an mir vorbeiziehen und dachte an den letzten Moment mit Mamãe. Ich bewahrte alle Erinnerungen an Brasilien bis zu dem Augenblick, an dem ich, mein Bruder und unsere neuen Eltern das große rote Haus im schwedischen Vindeln betreten hatten. Wenn ich das von nun an jede Nacht vor dem Schlafengehen so machen würde, würde ich meine Lieben nie vergessen und mich immer daran erinnern, wer ich war.

Damals konnte ich nicht wissen, dass man nicht im Jetzt leben kann, wenn man sich derart verzweifelt an der Vergangenheit festklammert. Ich wünschte, jemand hätte mich beiseitegenommen und gesagt, *Christina, du musst in der Gegenwart leben und von der Zukunft träumen. Das bedeutet nicht, dass man sich selbst verliert. Dieser Schwebezustand wird dich noch teuer zu stehen kommen.*

***

Der erste Sommer in Schweden war schön, ich spielte viel mit meinen neuen Freunden – aber ich fühlte mich auch anders. Zunächst einmal sahen die anderen Kinder ganz anders aus als ich. Ein paar hatten ihren Eltern erzählt, ich sei braun. Das war keine Böswilligkeit, sondern einfach eine Beobachtung. Einige Eltern fühlten sich unwohl damit und wussten nicht, wie sie meinen schokoladenbraunen Teint erklären sollten. Oft sagten sie einfach, ich käme aus einem superheißen Land, in dem ständig die Sonne scheine. Daher sei ich so schön gebräunt.

Mir kam diese Erklärung eigenartig vor, immerhin lebten auch viele Weiße in Brasilien. Außerdem überraschte es mich, wie naiv die schwedischen Kinder waren. Sie schienen zu glauben, alle Erwachsenen seien nett und dass man immer das tun solle, was sie einem sagten. Die einzige Ausnahme beim Glauben an die tollen Erwachsenen bestand in der Warnung, man solle nicht mit Fremden mitgehen. Hallo? Das wusste doch wohl jeder!

Die Kinder hier schienen keine anderen Sorgen zu haben, als dass sie womöglich vom Fahrrad fallen und sich die Knie aufschürfen konnten, nicht genau die Puppe bekamen, die sie sich gewünscht hatten, nicht endlos viel fernsehen durften, nach draußen gehen und spielen oder zu einer bestimmten Uhrzeit ins Bett mussten. Mich verwirrte das alles, und ich konnte es nicht recht begreifen.

Natürlich kam das, was ich bisher erlebt hatte, den anderen Kindern unwirklich vor. Ich bereute es jedes Mal, wenn ich ihnen etwas aus meiner Vergangenheit erzählte. Sie konnten nichts mit meinen Erfahrungen anfangen, und ihr emotionaler Horizont war ganz anders als meiner. Wenn ich mich öffnete, glaubten sie, ich habe mir etwas ausgedacht oder würde über irgendein düsteres Märchen reden. Also begann ich tatsächlich, Geschichten zu erfinden. Warum sollte es kein schönes Märchen sein? So behauptete ich zum Beispiel, ich habe einmal einen Löwen niedergerungen und könne Karate, was nicht mal im Ansatz stimmte. Aber ich hatte die anderen in jeder Balgerei besiegt, also konnte ich so was leicht behaupten. Ich dachte mir alles Mögliche aus. Auch meine Eltern log ich an. Wenn sie Fragen stellten oder versuchten, mehr über Mamãe herauszufinden, wollte ich ihre Gefühle nicht verletzen, indem ich sagte, wie lieb ich Mamãe im Gegensatz zu ihnen hatte. Also sagte ich das, von dem ich glaubte, dass sie es hören wollten. Ich machte meine leibliche Mutter klein, gab vor, sie sei dumm, und betonte, dass ich viel lieber in Schweden lebte. Ich wollte dazugehören, auch wenn das nicht wirklich ging. Außerdem wollte ich mich freundlich gegenüber meinen neuen Eltern verhalten, weil ich spürte, dass sie mich wirklich mochten. Doch in mir wollte alles schreien. Ich stritt mich oft mit meinen neuen Eltern. Am liebsten hätte ich gebrüllt, dass sie nicht meine wahren Eltern seien und mir nicht befehlen konnten, was ich tun solle.

In solchen Momenten wachte ein Teil meines alten Ichs auf und begann, um Hilfe zu schreien. Irgendjemand sollte sehen, wie unfassbar traurig und kaputt ich war. Doch niemand bemerkte etwas oder wusste, was mit mir zu tun war. Also packte Papa mich stattdessen fest am Ohr und schleifte mich in mein Zimmer, wo ich bleiben sollte, bis ich mich beruhigt hatte. Also musste ich ganz alleine lernen, wie ich die Flammen in mir ersticken und jemand sein konnte, der ich nicht war. Jemand, der dazugehörte und so war, wie meine Eltern, meine neuen Freunde und deren Familien es erwarteten.

Es wurde August, und der Schulbeginn stand bevor. Innerhalb von zwei Monaten hatte ich Schwedisch sprechen gelernt. Allerdings hatte ich noch einen heftigen Akzent und fast mein ganzes Portugiesisch, oder wie ich es nannte, Brasilianisch, verlernt. Ich musste in der ersten Klasse anfangen, ein Jahr unter meinen Freunden, die alle so alt waren wie ich. Doch schon nach wenigen Wochen stellten meine Lehrer fest, dass ich für die zweite Klasse bereit war. Ich hatte in den ersten Wochen alles getan, um einen Ruf als Musterschülerin zu erwerben. Mir war klar, dass die anderen Kinder mich aufziehen könnten, wenn sie den Altersunterschied zwischen uns bemerkten. Und ich wollte wirklich keine Angriffsfläche für neue Hänseleien bieten oder ganz ausgeschlossen werden.

Ich kann mich noch gut daran erinnern, wie ich in meiner neuen Klasse vorgestellt wurde. Die Lehrerin hieß Barbro. Sie war ruhig und sanft. Sie erklärte meinen künftigen Mitschülern, dass ein neues Mädchen in die Klasse komme. Ihr Name sei Christina Rickardsson, und sie stamme aus Brasilien. Die Kinder sollten nett und rücksichtsvoll sein. Bevor ich das Klassenzimmer betrat, hatte ich gedacht: *Mach einen guten ersten Eindruck. Lass die anderen nicht merken, dass du nervös oder ängstlich bist – sonst fressen sie dich mit Haut und Haaren. Lächle, sieh glücklich aus.* Ich öffnete die Tür, setzte mein breitestes Lächeln auf und stellte mich kerzengerade hin. Mein Herz hämmerte wie wild, und ich begrüßte die anderen Kinder in meinem besten Schwedisch.

Alle Kinder sahen mich an. Manche starrten, andere lächelten, jeder wirkte neugierig. Plötzlich machte einer der Jungen den Mund auf und verkündete der Lehrerin und dem Rest der Klasse: »Aber Frau Lehrerin, das ist kein Mädchen. Das ist ein Junge.«

Ich weiß noch, wie sich meine Augen zu Schlitzen verengten und ich den Jungen böse anstarrte. Er hieß Christopher, und ich spürte, dass er mir das Leben nicht leicht machen würde. Mir war klar, dass mein kurzes, afro-ähnliches Haar anders aussah als das der anderen Mädchen in Vindeln. Sie alle hatten langes glattes Haar. Und so begann ein neues Kapitel in meinem Leben. Ich wurde in viele Raufereien verwickelt.

Schon nach kurzer Zeit stellte sich heraus, dass die schwedischen Kinder nicht so gut kämpfen konnten wie ich. Die Mädchen hatten im Grunde gar keine Ahnung davon und die Jungen viel weniger Erfahrung als ich. Doch dann begann das Mobbing. Der Mitschüler, der mich schon als Junge bezeichnet hatte, beleidigte mich nun in der Pause als »Negerkind«. Ich boxte ihn und sagte ihm, dass ich nicht schwarz, sondern eine Latina sei und wenn er mich schon beleidigen wolle, solle er sich zumindest an die Fakten halten.

Später wurde ich zum Schulleiter zitiert, weil ich dem Jungen so heftig in den Bauch gehauen hatte, dass ihm die Luft weggeblieben war. Mein Papa musste auch antreten. Wir saßen dort im Büro des Direktors, und mein Papa hörte sich an, was geschehen war und wie ich mich verhalten hatte. *Mädchen benehmen sich nicht so.* Mein Vater, der offensichtlich ein Problem damit hatte, dass andere mich mit dem N-Wort beleidigten, erklärte dem Direktor, dass seine Tochter jedes Recht habe, sich zu verteidigen, und dass er es gut fände, dass ich das auch täte.

Zu Beginn gab es viele Raufereien und Auseinandersetzungen in der Schule, aber ich wusste meine Position zu behaupten. Ich hielt durch und wurde nicht weiter gemobbt. In früheren Zeiten hatte ich schon mit härteren Raufbolden und in schlimmeren Milieus abgehangen. Doch mehr als alles andere wünschte ich mir, akzeptiert zu werden. Ich wollte Freunde haben und ein Teil der Gemeinschaft sein.

Das mag simpel klingen, ist es jedoch nicht. Jede einzelne rassistische Beleidigung tat verdammt weh. Die Absicht dahinter war klar: mich zu verletzen. Damit wurde ausgedrückt, dass ich keine von ihnen und nicht viel wert war. Und egal wie sehr ich mich bemühte, ich würde doch nie ganz dazugehören, weil ich immer braune Haut, schwarze Augen und krauses Haar haben würde.

Ich zeigte den anderen Kindern nie, wie sehr sie mich verletzten. Ich weinte nie vor ihnen und demonstrierte Widerstand, bis auch der Letzte begriffen hatte, dass ich mich nicht mobben ließ. Ich hatte entschieden, dass mein Dasein in Brasilien mich nicht bis nach Schweden verfolgen würde. In Brasilien hatte man mich angespuckt, und ich war nichts wert gewesen. In den ersten Monaten in Schweden hinterfragte ich viele Dinge und versuchte, die Antworten und Lösungen allein zu finden. Die Lehrer waren in Ordnung, aber niemand von ihnen wusste, wie es in mir drin aussah. Ich war entzweigeteilt, und obwohl ich viele liebe Freundinnen hatte, machte es mir keine Freude, Ärztin zu spielen oder so zu tun, als seien Plastikpferde lebendige Kreaturen. Ich wollte klettern, kleine Unterschlüpfe bauen, mich bewegen. In der Pause tobten sich die Jungen im Schulhof aus, und ich wollte immer mit ihnen spielen. Mir war bewusst, wie wichtig die Freundschaft mit den anderen Mädchen war, aber ich fühlte mich in Gegenwart der Jungen wohler. Nicht nur weil ich am liebsten mit ihnen herumtobte, sondern auch weil die Umgangsformen unkomplizierter waren. Ihr Verhalten war ganz anders als das der Mädchen. Sie sagten einfach, was sie dachten und was sie mochten, und das machte es leichter für mich. Wenn es Probleme gab, rauften wir, und damit waren die Dinge geregelt. Bei den Mädchen kam es immer wieder vor, dass wir miteinander spielten und ich plötzlich bemerkte, dass die anderen sich seltsame Blicke zuwarfen. Dann wusste ich, dass ich etwas Komisches gesagt oder getan hatte. Was genau, verrieten sie mir jedoch nicht. Ich weiß noch, dass ich mich damals oft fragte, wie ich jemals wissen sollte, wie ich mich richtig verhielt, wenn es mir niemand sagte. Offensichtlich gab es ungeschriebene Gesetze, die ich noch lernen musste. Wenn ich diese kannte, würde ich mich besser anpassen können. Also versuchte ich, mir die passenden Umgangsformen abzuschauen. Ich wurde eine andere, und nach und nach passte ich dazu. Ich wurde eine von den anderen. Sie verstanden mich als Schwedin. Womöglich sahen sie mich nicht mehr als Brasilianerin, ich mich hingegen schon.

Ich kann mich noch genau daran erinnern, wie ich das erste Mal Schnee sah. Der Herbst war düster und regnerisch gewesen, und die Dunkelheit hatte mich antriebslos werden lassen. Eines Nachts schneite es. Am Morgen wachte ich wie gewohnt auf und ging in die Küche, wo Mama schon Haferbrei und Eier gekocht hatte. Das aß ich jeden Morgen. Ich schaute aus dem großen Küchenfenster, und zu meiner Überraschung war es draußen nicht düster und verregnet. Es war weiß. Alles war weiß. So als würden wir in einer Wolke wohnen. Eine wunderschöne, dichte, unberührte weiße Pulverdecke lag auf dem Rasen, den Bäumen und der Straße. Ich war außer mir vor Begeisterung und rannte in nichts weiter als meiner Unterwäsche nach draußen. Von drinnen hörte ich Mama nach mir rufen, aber das ignorierte ich. Ich riss die Haustür auf und warf mich in den Schnee.

Mein Gehirn brauchte einen Moment, bevor es begriff, dass diese weiße Schönheit namens Schnee bitterkalt war – beißend kalt, schmerzhaft kalt. Au, au, au! Ich sprang wieder auf und rannte schreiend ins Haus, wo Mama schon auf mich wartete und versuchte, ihr Lachen zu unterdrücken. Sie trug mich in die Dusche und wusch mich mit warmem Wasser. Nachdem meine Körpertemperatur wieder normal war, musste sie mich quasi zwingen, den Brausekopf aus den Händen zu geben. Sie bestand darauf, dass ich mich anzog und zur Schule ging. Ich antwortete, dass ich nicht noch einmal in diese Kälte ginge, und Mama schoss zurück, dass alle Kinder das taten. Ich meinte, dass sie bestimmt nicht nach draußen gingen. In Brasilien würde das keiner machen. Mama lächelte und sagte, wir seien hier in Schweden, und schwedische Kinder würden sich nichts daraus machen. Nachdem ich ein paar Schneehosen und einen dicken Mantel angezogen hatte, ging ich mit einigen Mitschülerinnen und meiner Freundin Sara zur Schule.

Sobald die Pausenglocke läutete, stürmten alle Kinder in den Schulhof, hinein in den Schnee. Als ich nach draußen kam, sah ich, dass die anderen Kinder im Schnee spielten und ihn kaputtmachten. Angst flammte in mir auf, als ich sah, wie sie Schneemänner bauten, herumrannten und den schönen Schnee ruinierten. Die Angst steigerte sich zu Panik, als ich erkannte, dass der schöne Schnee bald fort sein würde, wenn ich ihn nicht beschützte. Also blickte ich mich hektisch im Schulhof um und suchte nach einem Fleck unberührten Schnees, den die Kinder noch nicht ruiniert hatten. Ich fand eine Stelle, rannte hin und zog einen großen Kreis darum. Dann stellte ich mich davor und rief den anderen zu, dieser Schnee würde allein mir gehören. Doch anscheinend gab es ein Missverständnis, und sie verstanden: »Lasst alles liegen, und kommt zu meinem Schnee!« Denn genau das taten sie. Die anderen Kinder dachten, es sei ein Spiel, doch mir war es todernst. Sie kamen angerannt und wollten auf meinem Schnee herumtrampeln. Ich wurde so wütend, dass ich schluchzte. Die Kinder hüpften um mich herum, wollten mir meinen Schnee nehmen, und ich musste dabei zusehen, wie sie das kaputtmachten, was ich beschützen wollte. Als ehemaliges Straßenkind reagierte ich in der einzigen Weise, die ich kannte. Ich begann, die anderen zu verhauen. Während ich wild um mich schlug, schrie ich: »Mein Schnee! Das ist mein Schnee!« Egal, ob die Kinder so alt waren wie ich oder auch drei Jahre älter: Ich verprügelte alle.

Später musste ich wieder zum Schulleiter. Direktor Gunnar erklärte mir, der Schnee würde allen gehören. Ich saß ihm direkt gegenüber und dachte, *Wie dumm kann man sein? Nichts gehört allen.*

# Ein Tag in der Favela

2015

Brasilândia zählt zu den größten Favelas der Welt und gilt als größter Slum von São Paulo. Etwa 4,2 Millionen Menschen leben dort. Heute werden Rivia und ich dorthin fahren. Ich wache mit gemischten Gefühlen auf. An diesem Morgen ist es sonnig, aber nicht besonders warm in São Paulo. Es fühlt sich aufregend an, und ich weiß, dass meine abenteuerlustige schwedische Seite das so sieht. Slums sind wie eine andere Welt, eine Welt, die man nur aus dem Fernsehen oder aus Filmen kennt.

Dann hebt mein anderes Ich den Kopf. Ich denke an mein eigenes Leben dort zurück. Ich sehe ein kleines Mädchen vor mir, das im Schlamm herumtobt und mit dem spielt, was es im Müll gefunden hat. Ich denke an Camile, Santos und mich und daran, wie wir aus Bambus, alten Plastiktüten und Schnur einen Drachen gebaut haben. Ich erinnere mich an die Liebe und Zuneigung, die ich für die beiden empfunden habe. Ich lächle, als das Bild von unseren Versuchen, den Drachen steigen zu lassen, vor mir auftaucht. Ich höre uns lachen. Wir sind barfuß, und es ist heiß. Ich weiß noch, dass wir oft schwimmen gegangen sind und uns umeinander gekümmert haben, wenn einer krank wurde. Aber ich sehe auch das einsame, hungrige, traurige Mädchen vor mir, das Mädchen, das immer auf der Flucht ist, das nicht nur im Spiel rennt, sondern auch, um sich zu schützen. Auch dieses Mädchen bin ich.

Plötzlich sehe ich eine gänzlich andere Welt als im Fernsehen und in Filmen vor mir, eine Welt, die Teil meiner Geschichte, Teil von mir ist.

Es kann gefährlich sein, solche Viertel ohne ortskundige Begleitung zu besuchen, und da ich die Sprache nicht mehr spreche, kommt das auch nicht für uns in Frage. Brian, der uns nun schon so viel geholfen hat, hat Kontakte in Brasilândia und hat um eine Besuchserlaubnis gebeten.

Nachdem wir in dem Auto Platz genommen haben, das uns dorthin bringt, erzählt Brian uns von einem Wohnprojekt in der Favela, an dem er beteiligt war. Das Projekt soll denen helfen, die in dieser Gegend leben. Die kleinen Hütten aus Wellblech, Holz und Pappe werden durch winzige Backsteinhäuschen ersetzt. Viele wollen helfen, und es wird schon einiges getan, aber das ist noch immer bei Weitem nicht genug.

Während unserer Fahrt wird es immer heißer draußen. Brian berichtet von der Lage in Brasilien, von den verschiedenen Wohnvierteln, die wir passieren, und von der Korruption im Land, von dem, was einige Präsidenten getan oder auch nicht getan haben. Wir kommen an einem gigantischen Fußballstadion vorbei, vor dem zahlreiche Busse parken – viele Busse, doch kein Mensch ist in Sicht. Der Platz wirkt verlassen. Brasilien hat Milliarden in riesige, schöne Fußballstadien investiert. Jetzt stehen sie überall leer und nutzlos herum, während viele Menschen weiterhin in extremer Armut leben. Viele Stadien dienen jetzt als Parkplätze. Unvorstellbar, was man stattdessen alles mit dem Geld hätte machen können.

Brasilien ist das fünftgrößte Land der Welt. Die Bevölkerung liegt bei mehr als zweihundert Millionen Menschen. Das Land ist reich an natürlichen Ressourcen, doch man schafft es scheinbar nicht, die Kluft zwischen Reich und Arm zu schließen. Die Zahlen machen Angst: sechzig bis siebzig Prozent des Besitzes gehören den reichsten zehn Prozent der Bevölkerung, und gerade einmal zwei Prozent gehören den ärmsten zwanzig Prozent.

Brian erzählt gerne und tischt uns nun einige lustige, aber auch tragische Geschichten von brasilianischen Politikern auf, die gerne in ihre eigenen Taschen wirtschaften. Er meint, es sei ein Teil der brasilianischen Kultur geworden. Man liest jeden Tag davon in der Zeitung. Die reichen Bürger von São Paulo fliegen mit Helikoptern von einem Meeting zum nächsten, um Staus und etwaigen Raubüberfällen zu entgehen. Die Situation ist jedem bekannt, und doch scheint es unmöglich, sie zu ändern.

Die Autofahrt ist rasch vorbei, und wir nähern uns der Favela. Die Innenstadt mitsamt ihren Hochhäusern ist nur noch im Rückspiegel zu sehen, vor uns tauchen Berge winziger Häuser und Schuppen auf, die man aufeinander gebaut hat. Wir parken das Auto am Rand der Favela und steigen aus. Ein breiter Bach verläuft links vom Auto. Ich erkenne den Geruch sofort. Wobei Gestank es wohl eher trifft. Ich gehe ums Auto herum und sehe, dass das Wasser Unrat und Müll mit sich führt.

Wir sind mit einer stämmigen, dunkelhäutigen Frau verabredet, Tatiane J. Silva. Sie heißt uns mit einem breiten Lächeln willkommen. Wir umarmen uns und tauschen Grüße aus. Erneut frustriert es mich, dass ich die Sprache nicht länger beherrsche. Wenn sie doch nur etwas langsamer sprechen und nicht mit jedem Atemzug Wortschwalle ausstoßen würden, könnte ich vielleicht das ein oder andere verstehen. Aber sie reden zu schnell, wedeln wild mit den Armen und sprechen in einer höheren Tonlage, was ich nie getan habe. Während unserer Reise habe ich lachend beobachtet, wie Rivia von einem lässigen schwedischen Sprachtempo ins Portugiesische wechselte, wobei sich ihr Ton änderte und sie mehr und mehr ins Gestikulieren verfiel. Das ist so charmant, denke ich, aber es wäre noch schöner, wenn ich etwas verstehen könnte.

Die Frau bittet uns in ihr kleines Haus, das aus zwei Zimmern besteht. Alles steht eng beisammen. Zwei Herdplatten gibt es, und im hinteren Raum befindet sich eine einfache Toilette. Mir fällt auf, dass sie einen Flachbildfernseher hat, und ich muss lächeln. Erinnerungen an früher kehren zurück, wie ich in einer ähnlichen Nachbarschaft mit meinen Straßenfreunden durch die Gegend rannte. Wir trafen uns manchmal, um irgendwo auf einem kleinen Röhrenfernseher ein Fußballspiel anzusehen. Man konnte kaum etwas erkennen, und wir verfolgten das Spiel im Wesentlichen anhand der Reaktionen derer, die am nächsten am Fernseher saßen.

Wir verlassen das kleine Haus und gehen hinaus in die Favela. Zunächst bleiben wir an einem Kiosk stehen, wo ich ein *Dimdim* kaufe – ein Eis, das ich früher geliebt habe und das Camile und ich uns gerne kauften, wenn wir ein bisschen Geld hatten. Sie haben sogar meine Lieblingssorte, Kokosnuss, und ich kaufe ein Eis für mich und eins für Rivia. Ich reiße das Papier mit den Zähnen auf und beginne sofort, das Eis zu lutschen. Sofort fühle ich mich wieder wie damals als Sechs- oder Siebenjährige. Der Geschmack ist so vertraut, und ich erinnere mich an wilde Spiele und Gelächter.

Ein Mann namens Leonardo gesellt sich zu uns. Er sagt, er sei unser Guide für den Tag. Brian musste die Leute, die »zuständig« für die Gegend sind – also die Gangs und Drogendealer, die hier das Sagen haben –, um Erlaubnis bitten, dass wir das Viertel betreten dürfen.

Wir beginnen mit unserer Walking Tour und laufen den Hügel zwischen kleinen Hütten und Backsteinhäuschen hoch. Hier und da kommen wir an Wasserrinnsalen vorbei, die nach Kloake riechen. Die rote Erde, die klassische brasilianische rote Erde, ist noch röter, als ich sie in Erinnerung hatte. Wir gehen an Pflanzen vorbei, die mir bekannt vorkommen. Eine hat kleine grüne Knospen, die mich an Kletten denken lassen. Eine Erinnerung kehrt zurück. Ich sehe rennende Kinder vor mir, die sich mit kleinen Klettenknollen bewerfen oder versuchen, sie einander in die Haare zu stecken. Wer die meisten Kletten in den Haaren hat, verliert. Ich breche einen Teil der Pflanze ab und nehme ihn mit auf unsere Tour.

Wir treffen verschiedene Leute, und mir fällt langsam auf, dass sie uns kritisch beäugen. Ich spreche Brian darauf an, und er erklärt, sie würden darauf aufpassen, dass wir nichts fotografieren oder filmen, was nicht festgehalten werden soll. Wir gehen weiter und halten nur hin und wieder an, damit ich »Äffchen spielen«, auf alles Mögliche klettern und Fotos von der Gegend und von mir selbst machen kann. Dabei halte ich die Arme ausgestreckt, genau wie die Jesusstatue in Rio de Janeiro. Alles wirkt unwirklich, und eine unglaubliche Freude steigt in mir auf, als wir uns dem Gipfel des Hügels nähern. Leonardo, der mit seiner Familie in der Favela lebt, erzählt uns von dem Leben dort und auch, wie die Sachen in Brasilânda laufen.

Auf dem Weg nach oben begegnen wir einer kleinen Gruppe Kinder, die uns anschließend folgt. Ein junges Mädchen sieht, was ich in der Hand halte, pflückt ein paar eigene Kletten und wirft sie lachend nach mir. Das Kind in mir erwacht sofort zum Leben, und ich werfe ein paar Kletten zurück, doch keine bleibt in ihrem Haar hängen. Wir rennen, jagen uns und bewerfen uns mit Kletten. Ich bin jedoch nicht gut genug in Form, um mit dem Mädchen mithalten zu können, und nach einer Weile muss ich zugeben, dass sie schneller und auch wesentlich besser im Werfen ist als ich. Rivia hilft mir, die Kletten aus meinen Haaren zu entfernen.

Einige Jungen, die uns mit etwas Abstand gefolgt sind, kommen nun näher, und wir beginnen eine Unterhaltung. Ich versuche, einige Worte zu sagen, doch letzten Endes muss Rivia das Gespräch übernehmen. Sie bleiben lange an unserer Seite, und wir halten immer wieder an, weil sie uns etwas erklären oder zeigen möchten. Als wir oben ankommen, will einer der Jungen, Jonas, unbedingt, dass ich seine Baseballkappe und Sonnenbrille trage. Ich verstehe nicht recht, warum, aber es ist offensichtlich, dass es ihm wichtig ist. Also setze ich seine Leopardenkappe und Sonnenbrille auf. Beides ist viel zu klein. Er deutet auf mein iPhone und sagt »Selfie«. Ich lache laut auf. Natürlich kennen die Kinder in der Favela heute den Ausdruck *Selfie*. Wir machen ein Foto zusammen. Jonas und sein Freund sehen das Bild an und nicken zustimmend. Dann deutet er auf mein iPhone 4S und sagt, sein Bruder habe ein neueres und besseres iPhone. Ich lächle und möchte kurz fragen, woher sein Bruder das iPhone hat, aber eigentlich bin ich mir sicher, die Antwort auf die Frage schon zu kennen. Also sage ich nur, dass ich zufrieden mit meinem Modell sei, und wuschle durch sein lockiges Haar. Er weicht zurück und lacht. Die beiden folgen uns während unserer gesamten Tour durch die Favela. Sie wirken glücklich und frech und voller Energie.

Oben auf dem Hügel, dem Gipfel der Favela, erwartet uns eine kleine Bar – oder vielmehr ein kleiner Schuppen, auf den jemand mit roter Farbe das Wort »Bar« gepinselt hat. Ein Mann in einem Trikot der brasilianischen Nationalmannschaft trinkt ein Bier. Er scheint der Besitzer der Bar zu sein und möchte uns Bier verkaufen, aber wir lehnen höflich ab. Wir dürfen jedoch erst weiterziehen, nachdem Rivia und ich ihn umarmt haben. Bevor wir uns an den Abstieg machen, schieße ich noch ein Foto von dem riesigen Flickenteppich aus kleinen Hütten und Backsteinhäuschen, der so weit reicht, wie das Auge blicken kann. Der Gedanke, dass 4,2 Millionen Menschen in diesem riesigen Slum leben, ist überwältigend. Hier findet man Freude und Leid – und viele meiner Erinnerungen und Emotionen. Wir gehen in Richtung Auto zurück, spazieren durch schmale Gassen, und ich sehe mich selbst, wie ich als kleines Mädchen durch eben diese Gassen gerannt bin. Manchmal auf der Flucht, manchmal im Spiel. Ich blicke mich um und schaue genau auf das, was hier vor mir liegt, auf den riesigen Flickenteppich und ganz weit weg die Hochhäuser von São Paulo, zwei verschiedene Welten in derselben Stadt. Stromkabel verbinden die Hütten, komplett ohne Schutz. Hier und dort sind kleine Autos in allen denkbaren Farben. Ein Leben hier und eins in

Schweden. Sie sind so verschieden, denke ich. Und doch kommt es mir so vor, als würden Freude und Glück hier stärker geschätzt werden. Sollte es nicht andersherum sein? Sollten wir nicht in Schweden dankbar und glücklich sein, wie gut es uns geht? Oder sind wir wie die korrupten brasilianischen Politiker, die immer nur mehr und mehr wollen und nicht mehr fähig sind, sich mit dem zufriedenzugeben, was sie haben?

Unser Guide möchte uns seine Familie vorstellen, bevor wir uns verabschieden. Wir gehen zu seinem »Haus«, wo wir seine Frau kennenlernen. Sie ist in meinem Alter und hat vier Kinder. Die Familie lebt bei ihren Eltern. Ich versuche, dem Gespräch zu folgen, und gleichzeitig zähle ich, wie viele Leute in diesem winzigen Haus wohnen. Zig Kinder rennen herum, und letzten Endes gebe ich es auf und beschließe still, dass es auf jeden Fall zu viele sind. Alle sind unfassbar nett und gastfreundlich und bieten uns das Beste an, was sie sich leisten können: Popcorn und Coca-Cola. Nachdem wir den ganzen Tag durch die Favela gelaufen sind und alles Mögliche von Pflanzen bis hin zur Erde angefasst haben, habe ich keine große Lust, mit meiner Hand in die Popcornschale zu greifen und Keime mit in meinen Mund zu befördern. Aber eine Stimme in meinem Kopf schimpft mich aus. Hier stehe ich nun bei diesen wunderbaren Menschen, die das Wenige, was sie haben, mit mir teilen möchten, und ich denke an Keime. Also greife ich mit der rechten Hand ins Popcorn, bedanke mich und esse. Dann spreche ich ein Stoßgebet und hoffe, dass ich keinen Virusinfekt, keine Lebensmittelvergiftung oder sonst etwas davontrage. Hoffentlich haben mich die acht Jahre, in denen ich die schmutzigsten Dinge zur mir genommen habe, ein bisschen abgehärtet.

Wir haben viel Spaß miteinander, und obwohl der ältere Herr, der hier lebt, mitten am Tag betrunken ist, wirkt auch er glücklich und zufrieden. Er umarmt mich, ich lächle und umarme ihn auch. Er hält mich ein wenig zu lange im Arm, und plötzlich fühle ich mich nicht mehr wohl. Ich zwinge mich, weiterzulächeln, und versuche mich aus seinem Griff zu winden. Kurz bevor ich mich freimachen kann, kommt seine Frau hinzu und drückt mich ebenfalls. Schon fühle ich mich wieder besser. Sie redet auf mich ein, und mehr oder weniger alle stehen nun um uns herum. Sie sind neugierig und wollen mehr über meine Vergangenheit erfahren. Ich höre, wie Rivia zum gefühlt hundertsten Mal meine Geschichte wiedergibt. Sie stellen viele Fragen, und ich versuche, alle zu beantworten. Es ist seltsam, wie man so lange fort sein kann und sich doch sofort wieder wie zu Hause fühlt. Eine ältere Dame sagt, sie sei stolz auf mich. Das überrascht mich. Wir kennen uns erst seit einer Stunde, warum ist sie stolz auf mich? Rivia übersetzt: »Du bist Brasilianerin und hast deine Wurzeln nicht vergessen. Jetzt bist du hier bei uns. Du hast uns nicht vergessen, dein Volk.« Ich stimme ihr zu. Dies ist ein Teil von mir, und ich habe diesen Abschnitt meines Lebens nie vergessen oder versucht, ihn zu verleugnen. Ich war einfach nur an einem anderen Ort.

Diese Menschen sind voller Liebe und Wärme. Sie haben so wenig, aber das bieten sie voller Glück und Stolz an. Trotz der Ungerechtigkeit und den schlimmen Erlebnissen bin ich stolz, dass meine Wurzeln hier ruhen, in diesem herzlichen Land, bei diesen herzlichen Menschen. Wir bedanken uns bei unseren Gastgebern und gehen zum Wagen zurück.

Was für ein Tag! Wir bleiben am Auto stehen und unterhalten uns noch ein bisschen, als plötzlich ein Junge mit einem selbstgemachten Drachen vorbeikommt. Ich bitte Rivia, ihn zu fragen, ob ich den Drachen kurz ausleihen darf. Er wirkt erst skeptisch, reicht mir dann aber die Schnur, die an seinem winderprobten Drachen hängt. Ich nehme sie und renne los. Es ist wundervoll, mein inneres Kind spielen zu lassen … Oh, nein! Oje … Überall hängen Stromkabel und der Drachen bleibt hängen. Der Junge sieht zerknirscht aus, als ich ihm die Schnur von dem Drachen zurückgebe, der nun zwischen den Stromkabeln hängt. Ich lächle entschuldigend und ziehe Süßigkeiten aus der Tasche, die ich ihm schenke. Er grinst fröhlich, und ich vermute, dass er den Drachen selbst befreien wird. Ich muss mir eingestehen, dass ich mich zu einer schrecklichen Drachensteigerin entwickelt habe.

Wir verlassen die Favela, und ich fühle mich erschöpft und glücklich zugleich. Es ist nicht entscheidend, woher man kommt, sondern wo man dazugehört. Und es ist vollkommen in Ordnung, wenn man sich an zwei Orten dazugehörig fühlt.

# Mit Mama in der Stadt der Engel

1990er

Eines Morgens, ich war gerade zwölf Jahre alt, riefen Mama und Papa nach mir. Sie warteten im Schlafzimmer auf mich, und irgendetwas an Papas Stimme klang seltsam. Hatte ich etwas angestellt?

Mama ruhte erschöpft auf dem selbstgenähten rosafarbenen Überwurf ihres Betts. Papa hockte auf der Bettkante und hielt ihre Hand. Sie baten mich herein und winkten mich zu sich. Mama wirkte traurig und zugleich entschlossen. Ich hatte sie immer für schwach gehalten. Sie war sehr zerbrechlich, genau das Gegenteil von mir. Außerdem war sie sanft und stets verständnisvoll. Papa hingegen war bestimmt, kompromisslos, und falls ich »das Mädchen« von irgendwem war, dann seins. Er ließ mich arbeiten und mithelfen und betrachtete mich als stark. Mama wollte immer, dass ich einfach ein kleines Mädchen, ein Kind war. Wie sollte ich ihr auch erklären, dass mein weicher Kern beschädigt worden und kaum noch vorhanden war? Wie waren so verschieden, wie man nur sein kann.

»Christina, komm mal her«, bat Mama.

Das fühlte sich nicht richtig an. Das fühlte sich ausgesprochen falsch an. Ein altbekanntes Schwindelgefühl überkam mich. *Lauf!*, schrie mein Instinkt. *Schnell, raus aus diesem Zimmer!*

Ich sah, dass meine Eltern mit mir redeten, aber es drang nicht richtig zu mir durch. Ein seltsames Gefühl überkam mich. Dann hörte ich, dass Mama das Wort »krank« sagte, und wurde wieder ins Jetzt katapultiert. Hatte sie gerade Krebs gesagt? Leberkrebs? Ich wusste nicht viel über Krankheiten, aber soweit ich mitbekommen hatte, brachte Krebs die Menschen um. Mama und Papa erklärten, was es für Behandlungsmöglichkeiten gab, doch ich wusste es besser. Ich wusste, dass der Tod erneut lauerte. Ganz gleich, wo ich auf der Welt war, der Tod fand mich jedes Mal. Am schlimmsten war, dass er nicht mich nahm, er forderte immer die in meinem Umfeld. Die, die mir Geborgenheit schenkten.

Ich weiß nicht mehr, was ich ihnen antwortete. Ich weiß nur noch, dass ich die Treppe hinunter in mein Zimmer rannte. Ob ich die Tür normal schloss oder hinter mir zuknallte, ist mir entfallen. Ich warf mich auf mein Bett und weinte. Ich war so wütend. Es lässt sich schwer in Worte fassen, wie schlecht ich mich in diesem Moment fühlte. Dort, allein in meinem Zimmer, sagte ich laut zu Gott, den Engeln und mir selbst, *Das ist nicht fair. Sie ist ein guter Mensch! Nimm mich stattdessen! Bitte, bitte nimm mich! Ich will nicht, dass alle, die ich liebe, gehen müssen.* In diesem Augenblick begriff ich, wie lieb ich Mama hatte. Ich hatte mich abgemüht, sie nicht zu lieben, sie nicht an mich heranzulassen. Wie oft hatte ich geschrien, sie sei nicht meine echte Mutter und habe kein Recht, mir zu sagen, was ich zu tun und lassen hätte. Doch ihre Liebe zu mir hatte auch in solchen Momenten nicht geschwankt. Ich war außer mir. Warum mochte ich sie so sehr? Das machte es so viel schlimmer, sie nun zu verlieren. Alle, die mir wichtig waren, verschwanden aus meinem Leben, starben oder ließen mich allein in einer Welt, die ich nicht verstand und die mich nicht verstand.

*Bitte, lieber Gott, sag mir, was ich falsch gemacht habe. Ich will es wiedergutmachen. Es ist nicht gerecht, wenn andere für etwas bestraft werden, das ich getan habe.* Doch ich wusste, dass Gott nicht zuhörte. In gewisser Hinsicht war mir klar, dass das Universum so nicht funktionierte. Stattdessen hörte ich eine gemeine Stimme in meinem Kopf. Es war meine eigene, und sie flüsterte, *Du weißt, was du getan hast und warum du jetzt bestraft wirst. Glaubst du wirklich, du könntest ein Leben auslöschen, ohne dafür bestraft zu werden?*

Das stimmte offensichtlich. Ich war tieftraurig, aber ich wusste, dass ich nichts daran ändern konnte. Ich wusste, dass ich immer dafür büßen musste. Es reichte nicht, mich selbst zu bestrafen.

Ich war früher oft so wütend, dass es mir Angst einjagte. Mein Zorn war allumfassend und zerstörerisch. Ich spürte ihn permanent, wusste jedoch nicht, wie ich damit umgehen sollte. Also lächelte ich noch mehr, gab vor, fröhlich zu sein, und strengte mich in der Schule an. In der Vergangenheit hatte ich gelernt, wie man andere Menschen manipuliert und ihnen ein anderes Ich präsentiert. Sie sahen nur das glückliche kleine Mädchen, das jetzt ein viel, viel besseres Leben hatte und dafür dankbar war.

Das hatte mich das Leben gelehrt. Auf den Straßen hatte ich damit angefangen, im Kinderheim weitergemacht und es in Schweden schließlich perfektioniert. Ich hatte mein wahres Selbst vergraben. Es erschien mir wichtig, mich anzupassen und nicht weiter aufzufallen. Und die Menschen ließen sich so leicht manipulieren. Ich wusste, wie mächtig ein freundliches Lächeln oder ein paar nette Worte waren. Die Sprache war mein Rüstzeug geworden. Doch ich manipulierte nicht nur andere, sondern auch mich selbst. Ich tat niemandem weh, außer mir selbst. Ich wollte dazugehören und so wie die anderen Kinder sein. Aber ich war anders. Wie hätte ich es auch nicht sein können? Sie spielten mit Plastikpferdchen, die in Plastikställen wohnten. Sie wussten nichts über das Leben. Sie waren mit Liebe überhäuft worden und verstanden doch nicht den Wert davon. Sie wussten nicht, wie bösartig die Menschen sein konnten. Sie wussten nichts über den Tod. Sie wussten nicht, wie es war, die einzige Person zu verlieren, die einen lieb hatte. Sie wussten nicht, wie es war, bei Fremden zu wohnen. Sie wussten nicht, wie es war, sich von Neuem anderen gegenüber zu öffnen, sich müde, einsam, verängstigt zu fühlen und jede Nacht Gott um Kraft zu bitten, obwohl man wusste, dass er einen verlassen hatte.

Manchmal lernt man Menschen kennen, mit denen einem nur wenig Zeit vergönnt ist. Es ist schwer, das zu akzeptieren und weiterzumachen. Aber manchmal muss man das einfach. Einsehen, dass jede Beziehung eine Leihgabe ist, dankbar dafür sein, dass man sie überhaupt genießen durfte und so viel empfangen hat, ohne etwas dafür geben zu müssen. Vielleicht hat es nicht so geendet, wie man es sich gewünscht hat. Vielleicht endete es schon, bevor es wirklich anfing, oder es endete, ohne dass man sich voneinander verabschieden konnte.

Der erste und einzige Kinofilm, den Mama und ich je zusammen sahen, war *Stadt der Engel.* Das war 1998, und Mama war zu diesem Zeitpunkt sehr krank. Ich hatte sie gefragt, ob wir uns den Film gemeinsam anschauen könnten. Papa meinte, das sei keine gute Idee, denn schließlich mussten wir dafür von Vindeln bis nach Umeå fahren, was etwa fünfzig Minuten dauerte. Aber Mama verstand, dass ich eine Mutter-Tochter-Aktion brauchte, an die ich mich für immer erinnern konnte.

Wir reservierten Karten und fuhren nach Umeå. Der Film wurde im größten Saal vorgeführt, und wir saßen im hinteren Teil, genau in der Mitte. Er handelte von einem männlichen Engel, der sich in einen Menschen verliebt. In eine Ärztin, die seine Liebe erwidert. Der Engel gibt seine Unsterblichkeit für sie auf, sie verbringen eine romantische Nacht miteinander, dann stirbt sie bei einem Verkehrsunfall. Der Film ist wunderschön und melancholisch und bedeutete Mama und mir anschließend sehr viel. Er enthielt alles, worüber wir nie sprachen: Engel, Liebe, das Leben, und vor allem: den Tod.

Ich weiß noch, dass mir immer wieder Tränen über die Wangen liefen und ich versuchte, sie unauffällig wegzuwischen, ohne dass Mama es merkte. Sie musste ebenfalls weinen. Wir sahen, dass die andere weinte, doch keine von uns kommentierte das. Ich bin sehr dankbar für die 114 Minuten, die wir im Kinosaal von Umeå verbracht haben. Noch nie zuvor hatten wir so klar miteinander kommuniziert. Emotionen sind so mächtig. Sie können mehr ausdrücken als alle Worte der Welt. Ein Blick zwischen uns drückte so viel Liebe und Schmerz, Angst und Hoffnung aus, und ich glaube, wir beide spürten sehr genau, dass uns nicht mehr viel Zeit miteinander blieb. Wir sahen den Film und ließen unseren Gefühlen freien Lauf. Es kam mir so vor, als wären wir ganz alleine in dem vollbesetzten Kinosaal. Ich wollte Mamas Hand nehmen, aber machte es nicht. In jenem Moment wäre mir das wie ein Abschied vorgekommen, und so weit waren wir noch nicht.

Mama übertraf alle Prognosen der Ärzte. Ich glaube, allein wegen uns Kindern, vor allem wegen Patrick. Die beiden hatten eine enge Bindung. Wer behauptet, Blut sei dicker als Wasser und dass Familienbande umso stärker seien, wenn die Gene gleich sind, weiß nicht, was Liebe ist. Mama kämpfte bis zuletzt. Sie verlängerte ihr Leben, da sie Angst hatte, ihre Familie werde ohne sie zerbrechen.

Ohne sie fielen wir tatsächlich fast auseinander. Es war ein schwerer Verlust. Noch immer denke ich jeden Tag an sie, und ich trage immer etwas, das einmal ihr gehörte: Schmuck, Kleidung, Gürtel. Irgendetwas, das mich an sie erinnert. Obwohl sie so hart kämpfte, kam ihr Tod immer noch viel zu früh. Sie war erst fünfzig Jahre alt und hätte noch viel mehr Zeit verdient. Ich bin dankbar, dass ich erleben durfte, wie lieb sie Patrick hatte, und auch, dass ich irgendwann verstand, wie sehr sie auch mich liebte. Außerdem bin ich froh, dass ich mich vor ihrem Ableben für ihre Liebe öffnen konnte und dass sie wusste, dass ich sie ebenfalls bedingungslos liebte. Wir – Patrick, Papa und ich – waren ohne sie nie wieder dieselben. Unser Schicksal nahm eine neue Wendung, und der Schmerz des Verlusts brach unsere Herzen und stimmte uns lange traurig.

Im Erwachsenenalter verstand ich, wie wichtig eine Mutter für eine Familie ist und was Mamas Liebe mir bedeutet hatte. Früher habe ich sie als schwach betrachtet, aber inzwischen begreife ich, wie stark sie war. Sie weinte nur, wenn sie allein war, über ihre Krankheit, den nahenden Tod und den baldigen Abschied. Dem Rest der Familie und allen anderen gegenüber tat sie so, als sei alles beim Alten, und als sei das Leben so, wie es sein sollte. Selbst als sie ihr Haar verlor und vor dem Badezimmerspiegel den Verlust ihrer Weiblichkeit betrachtete, erlitt sie keinen Zusammenbruch. Ich habe nur ein einziges Mal gesehen, dass eine einsame Träne über ihre Wange rann, als ich am Badezimmer vorbeikam, um in die Küche zu gehen. Sie wischte sie schnell ab, setzte ihre Perücke auf und folgte mir in die Küche.

Sie war eine wunderbare Frau und ist mir bis heute ein Vorbild. Von ihr habe ich gelernt, dass sanft und freundlich zu sein keine Schwäche, sondern eine Stärke ist. Vier Jahre lang hat sie gegen ihre Krebserkrankung gekämpft. Die Ärzte hatten ihr maximal ein Jahr gegeben, aber sie kämpfte vier Jahre lang. Dieses Aufbegehren mitzuerleben und zu sehen, wie hart sie kämpfte, um zu leben und bei uns Kindern zu bleiben, führte mir vor Augen, wie stark sie war. Während der Chemotherapie neben ihr zu sitzen, verdeutlichte einem ihre Lebensfreude. Trotz der allesverzehrenden, schwächenden Behandlung sprach sie weiterhin über Zukunftspläne und das, was sie sich erhoffte. Wir erkennen erst unsere Stärke, wenn das Leben uns prüft. Aber vor allem erkennen wir erst die Stärke und Kraft eines anderen Menschen, wenn wir ihm einen Teil auf seinem Weg gefolgt sind.

Abschiede sind schwer, und für Mama und mich war der Abschied fast nicht möglich. Wie sagt man jemandem in solch einer Situation, dass man sich irgendwann wiedersehen wird, dass man sich auf der anderen Seite trifft? Gibt es eine andere Seite? Wie kann man jemandem im Angesicht des Todes seine Liebe zeigen, wenn jede Gefühlsregung wie ein Abschied wirkt? Jeden Tag wurde der kompakte, schwere, schmerzhafte Klumpen unausgesprochener Gefühle in meiner Brust größer. Ich fühlte mich verloren, aber wir sprachen nie darüber. Niemand in der Familie sprach über das Unausweichliche. Wir konzentrierten uns auf einen Tag nach dem anderen. Wir fühlten und wir trauerten, aber wir sprachen nicht darüber.

Ich wusste, dass der Zeitpunkt nahte, aber ich wollte es nicht akzeptieren. Also tat ich so, als hätten wir noch Zeit … *Ich wollte so tun, als würdest du mir noch das pinkfarbene Ballkleid nähen. Das hattest du mir, als ich zehn war, für den Abschlussball versprochen. Ich wollte noch mit dir nach London reisen. Das hatten wir uns vorgenommen, für später. Ich wünschte mir, du würdest an dunklen Tagen an meiner Seite sein und könntest mir sagen, was ich tun soll. Oder wenn ein Junge mein Herz brach, die Schule Probleme machte oder ich einfach Zuneigung brauchte.*

Wie verabschiedet man sich von einer Zukunft, die man sich ausgemalt hat, einer Zukunft, die wir uns ausgemalt haben? Wie verabschiedet man sich voneinander, ohne dem anderen dabei wehzutun? Sich zu verabschieden ist in etwa so, als würde man sagen: Jetzt lebst du noch, aber bald bist du nicht mehr hier, und es gibt keinerlei Hoffnung mehr. Wie sollte ich mich verabschieden, wenn ich dir die Hoffnung nicht rauben wollte? Solange du noch geatmet hast, konnte man noch so tun, als gäbe es noch Hoffnung.

Also saß ich auf Mamas Bettkante im Norrland Universitätsklinikum. Sie hatte ihr eigenes Zimmer. Papa und Patrick waren nach draußen gegangen, um uns ein bisschen Zeit zu zweit zu schenken. Die Stimmung war bedrückt. Unausgesprochene Worte hingen wie eine dunkle Regenwolke über uns. Ich beugte mich vor und sah überallhin, nur nicht in Mamas Augen, die auf mir ruhten, das spürte ich. Ich holte tief Luft und erwiderte ihren Blick.

Sie schenkte mir ein trauriges Lächeln, und der schwere Klumpen in meiner Brust wuchs. Ich holte noch einmal tief Luft und setzte dann ein falsches Lächeln auf. Ich fragte, ob sie etwas brauche, ob ich ihr vielleicht etwas bringen könne. Mama meinte, es gehe ihr gut.

*Gut?* Es ging ihr alles andere als gut, aber ich schwieg. Sie fragte, wie es mir gehe, und ich antwortete, »gut«. Mama fragte, ob ich das goldene Armband mochte, das sie mir zum vierzehnten Geburtstag geschenkt hatte. Ich erwiderte, dass ich es liebte. Sie versprach, mir zum achtzehnten Geburtstag die passende Halskette zu schenken. Der Schmuck hatte ihrer Mutter gehört. Ich glaube, das war ihre Art, sich zu verabschieden und zu versprechen, dass sie immer bei mir sein würde. Ich blieb einfach auf dem Bett sitzen und hielt ihre Hand. Ich weiß noch, dass ich etwas sagen, ihr vermitteln wollte, wie sehr ich sie liebte und Lebewohl sagen wollte. Panik stieg in mir auf. Bald würden Papa und Patrick zurückkehren. Also tat ich das, was ich am allerwenigsten kann; ich sang für sie. Ich sang das einzige Lied, das mir einfiel, und ich sang es schief. Ich versuchte meine Tränen zurückzuhalten und meine Stimme zu kontrollieren.

Anschließend schwiegen wir für einen Moment, der sich wie eine Ewigkeit anfühlte. Ich sah auf den Boden und Mama zu mir. Sie drückte meine Hand, um mich dazu zu bewegen, zu ihr zu schauen. Ich hatte Tränen in den Augen, hielt sie aber zurück. Unsere Blicke begegneten sich, und Mama sagte: »Pass gut auf Patrick und Papa auf, Christina.«

Ich blickte sie an und wusste, was sie sich von mir wünschte, was ich nun versprechen sollte. Die Worte taten weh. Vor acht Jahren hatte meine leibliche Mutter am Tor des Kinderheims geschrien, dass ich auf Patrique achtgeben solle – komme was wolle. Und jetzt saß ich hier, und meine Adoptivmutter bat mich um das Gleiche. Ich fühlte mich in die Ecke gedrängt. Das war ein Versprechen für das ganze Leben, und ich wusste nicht, ob ich die

Kraft haben würde, es zu halten. Ich war mir nicht sicher, ob ich diese Bürde tragen konnte. Aber wie hätte ich in diesem Moment egoistisch sein und Nein sagen oder erklären können, ich würde mein Bestes versuchen, könne aber nichts versprechen? Also antwortete ich so, wie man es in solchen Situationen tun sollte. Ich sagte das, was ihr guttat und was sie brauchte. »Ich kümmere mich um sie, Mama. Mach dir keine Sorgen. Patrick wird es gut haben.«

Ich erwähnte seinen Namen explizit, weil ich mir dachte, dass sie wahrscheinlich am meisten um ihn besorgt war. Er war immerhin erst acht Jahre alt und würde seine Mutter verlieren. Ich machte mir Sorgen um ihn, um mich, um meinen Papa und um uns alle als Familie. Mama war immer das Bindeglied gewesen, das uns zusammengehalten hatte. Sie war die Diplomatin der Familie und verstand uns alle.

Papa und Patrick kehrten zurück. Papa sagte etwas, und Mama wandte sich in seine Richtung, aber erst, nachdem sie mir noch einen ermutigenden Blick und ein Lächeln zugeworfen hatte, das ausdrückte, dass sie an mich glaubte. Und dann war der Moment vorbei. Wir sagten einander Lebwohl, ohne uns wirklich voneinander zu verabschieden, ohne auszusprechen, dass wir einander liebten. Ich ging zum Fenster hinüber, während die anderen sich unterhielten, und sah hinaus. Es war ein sonniger Tag, und ich blickte in den Himmel, ohne ihn wirklich zu sehen. Hinter mir lag meine sterbende Mutter, ihre Haut war gelb, ihre kranke Leber schaffte es nicht mehr, die Giftstoffe abzubauen. Sie war so dünn.

Der Tod kann sich an deine Fersen heften, so, dass man sich lebendig fühlt, aber lieber verschwinden möchte. Er erinnert uns in regelmäßigen Abständen daran, dass das Leben keine Selbstverständlichkeit ist. Das Leben erinnert uns daran, dass man nicht immer das bekommt, was man sich wünscht. Das Leben erinnert uns daran, dass der Tod existiert. Gemeinsam haben meine biologische Mutter Petronilia, meine Adoptivmutter Lili-ann und

Camile mir genug Liebe geschenkt, dass ich auch in den dunkelsten Zeiten die Zähne zusammenbeißen und weitergehen konnte. Manchmal bietet einem das Leben Essensreste aus den Mülleimern eines düsteren Hinterhofs in São Paulo und manchmal ein fünfgängiges Dinner in einem Grillrestaurant im schönen Stockholm. Das Leben ist wankelmütig.

Meine leibliche Mutter passte so gut und fürsorglich auf uns auf, wie sie konnte – das bezweifle ich keine Sekunde. Meine Adoptivmutter zeigte mir, dass auch dem Schmerz Liebe innewohnen kann. Camile schenkte mir eine Freundschaft, die über jede Norm hinausging. Zwei ganz normale Frauen und ein kleines Mädchen machten einen Unterschied in meinem Leben. Ich glaube, wir unterschätzen oft, wie wichtig wir für andere sind. Wir begreifen nicht ganz, was wir im Leben anderer bewirken können. Das, was man mit seiner Zeit anstellt, zählt. Oft erinnern wir uns nicht an das, was man uns gab, sondern daran, wie wir uns dabei fühlten, als man es uns gab. Ich habe tolle, teure Geschenke bekommen und mich sehr darüber gefreut, aber nichts hat je oder wird je das Gefühl übertrumpfen, wenn meine Mutter mir Bon-O-Bon-Schokolade mit ins Kinderheim brachte, wo ich mich einsam und verloren fühlte. Nichts kommt daran heran, wie ich mich fühlte, als meine Adoptivmutter mir Helen Exleys Buch *Für Dich tolle Tochter* schenkte oder als wir gemeinsam im Kino saßen. Liebe kann nicht gekauft, produziert oder auf Wunsch erzeugt werden. Es ist ein Geschenk, das man freiwillig gibt und empfängt. Sie ist selbstlos und kann vielleicht keine Berge versetzen, aber dafür kann sie etwas noch Besseres: Sie kann Leben retten.

# Mamãe Petronilia

## 2015

Es ist erstaunlich, wie man etwas verlieren und dann wiedergewinnen kann. Uns alle vereint, dass wir nicht wissen können, was das Leben für uns bereithält. Vom Moment unserer Geburt an sind wir ein Teil von etwas, das ich als »Lotterie des Lebens« bezeichne. Ich wurde mit acht Jahren von meiner biologischen Mutter getrennt, bekam eine Adoptivmutter, die an Krebs verstarb, und nun stehe ich hier, als Zweiunddreißigjährige, und treffe gleich meine leibliche Mutter wieder. Es ist schwer zu beschreiben, was genau ich in diesem Moment fühle. Ich weiß es nicht sicher. Ich freue mich, sie nach vierundzwanzig Jahren wiederzusehen, aber ich habe auch Angst. Was, wenn sie nicht die Mutter ist, an die ich mich erinnere? Ich habe in den vergangenen Jahren so viel erlebt und sie sicherlich auch. Was, wenn wir nichts füreinander empfinden? Wenn ich sie nicht länger als meine Heldin sehen kann? Was passiert dann mit den Geschichten meiner Kindheit? Was macht das mit meinen Erinnerungen?

Rivia und ich stehen neben dem geparkten Leihwagen. Wir sind in Belo Horizonte, Richtung Inland etwa zweieinhalb Flugstunden von São Paulo und sechs Fahrstunden von Diamantina entfernt, wo ich geboren wurde. Hier lebt Mamãe inzwischen mit ihrer Schwester, meiner Tante Vitoria.

Brian hat mir nur verraten, dass Mamãe krank ist und es ihr

nicht besonders gut geht. Viel mehr hatte ich nicht hören wollen. Ich wollte meine eigenen Schlüsse ziehen und mir von der Familie mehr über Mamães Krankheit erzählen lassen. Und jetzt stehe ich hier und fühle mich zugleich beflügelt und starr vor Angst. Wir laufen los und gehen den gebogenen Weg entlang, etwa hundertfünfzig Meter von Mamães neuer Behausung entfernt. Ich drücke Rivias Hand fest, als wenige Meter später drei Frauen ein Tor öffnen und auf den Bürgersteig treten.

Es ist seltsam, wie das Gehirn funktioniert. Es ist seltsam, wie ein Gesicht, das man vierundzwanzig Jahre lang nicht gesehen und schon vergessen hat, plötzlich vor einem auftaucht. Ich sehe zu den drei Frauen und weiß ohne jeden Zweifel, wer von ihnen meine Mutter ist. Es ist auch seltsam, wie sich der Körper verhalten kann. Bevor mein Gehirn Gelegenheit hat, bewusste Signale zu senden, hat sich mein Körper schon auf den Weg zu Mamãe gemacht. Ich sehe sie lächeln und erkenne das Lächeln von früher wieder. Ich sehe in ihre Augen und erkenne Liebe und Wärme darin. Ich höre, dass sie mit mir spricht, und erkenne ihre Stimme, aber ich verstehe sie nicht mehr. Wir umarmen uns, und meine Augen brennen, aber ich halte die Tränen zurück. Komisch, wie man so sehr die Kontrolle wahren, aber gleichzeitig alles Mögliche vollkommen unkontrolliert passieren kann. Ich trete einen Schritt zurück und grüße die anderen beiden Frauen, Mamães Schwestern Vitoria und Elsa. Vitoria kommt mir bekannt vor, und ich vermute, dass sie dabei war, als meine Ohrläppchen durchstochen wurden. Wir umarmen uns, und sie wirken ehrlich erfreut, mich zu treffen. Immer und immer wieder höre ich meinen Namen, Christiana. Hier bin ich nur Christiana und niemand sonst. Das fühlt sich seltsam, aber auch gut an.

Ich umarme Mamãe wieder, und Rivia beginnt zu übersetzen. Meine Familie heißt sie ebenso herzlich willkommen. Während Rivia mit den anderen plaudert, haben Mamãe und ich einen Moment zu zweit. Ich sehe sie an. Die Frau, die mich immer überragt hat, ist jetzt kleiner als ich. Sie hat kurzes, lockiges Haar, in dem hier und da silberne Strähnen aufblitzen. Ihre Augen sind dunkelbraun, ihre Zähne gerade und schön, und ich stelle fest, dass ihr Gebiss künstlich ist. Sie sieht so aus, als gehe es ihr ganz gut. Sie hat große Ohren, nun ja, zumindest größer als meine winzigen. Wir sehen uns sehr ähnlich, und ich erkenne sogar noch mehr Ähnlichkeiten zwischen ihr und Patrick. Mamãe und ich haben die gleiche Nase, und ohne Nachzudenken bewegt sich meine rechte Hand nach oben an den Außenwinkel meiner Oberlippe und ich tippe ein paar Mal mit dem Zeigefinger dorthin. Mamãe lächelt und sagt etwas. Rivia übersetzt, sie habe dort früher ein Muttermal gehabt, es sich in der Zwischenzeit jedoch entfernen lassen. Ich lächle. Jetzt weiß ich, was fehlte. Mamãe trägt ein buntes Kleid, das ihr bis zu den Knien reicht, und eine pinkfarbene Strickjacke. Sie ist hübsch. Sie wirkt zufrieden. Ich habe ein Paar schwarze Shorts und ein orangefarbenes Oberteil an. Die Kleider, die ich speziell für diesen Anlass eingepackt hatte, sind noch in meinem Koffer. Wir beschließen hineinzugehen, und während wir die Stufen emporsteigen, muss ich mit meinem Frust kämpfen, die Sprache nicht mehr zu beherrschen. Jetzt sind wir alle von Rivia abhängig. Gott, ich bin unendlich dankbar, dass sie hier ist. Irgendetwas muss ich richtig gemacht haben, um so eine tolle Freundin zu verdienen.

Die Tür wird geöffnet, und wir betreten eine schöne, helle Wohnung. An der Wand zu unserer Linken hat meine Familie zahlreiche Poster aufgehängt, auf denen allerlei Dinge stehen. Ein paar verstehe ich: »Willkommen zu Hause«, »Freude«, »Glück«. Sie haben auch gemalt. Ich sehe genauer hin und erkenne die schwedische und die brasilianische Flagge, dazwischen stehen die Worte »Familie vereint«. Erneut steigen mir Tränen in die Augen. Es bedeutet mir so viel, dass sie die schwedische Flagge gemalt haben und unser Treffen als Wiedervereinigung begreifen. Ich erkenne mich selbst in dem Bild wieder: meine beiden Heimaten, meine beiden Familien, meine beiden Freundeskreise und meine beiden Leben. Mamãe sieht meine Tränen und entschuldigt sich dafür, dass sie nicht ebenfalls weint. Sie sagt, dass sie inzwischen schon so viel erlebt hat, dass ihr kaum noch die Tränen kommen. Ich lächle ihr so herzlich ich kann zu und erkläre, dass ich das absolut verstehen kann und für uns beide weine. Ich weiß nicht, wie viel Rivia davon übersetzen kann, bevor meine Tanten hektisch losplappern.

Wir gehen in die kleine Küche hinüber, und ich überreiche Mamãe das Geschenk, das ich ihr mitgebracht habe: eine gelbe Bon-O-Bon-Schachtel, genau die gleiche Sorte, mit der sie mir früher im Kinderheim so viel Freude gemacht hat. Mamãe lächelt und bedankt sich. Ihre Augen leuchten auf, aber ich bin mir nicht sicher, ob sie sich tatsächlich daran erinnert, mir früher einmal die gleiche Schokolade mitgebracht zu haben. Meine Tante mischt sich mit besorgter Miene ein. Sie erklärt, Mamãe sei Diabetikerin. Ich nicke und meine, dass wir die Schokolade in dem Fall vielleicht lieber wegräumen sollten. Als wir das tun, wirkt Mamãe mit einem Mal unzufrieden. Das bringt mich zum Lachen, da ich erkenne, dass weder sie noch ich gut darin sind, unsere Gefühle zu verbergen. Ich lächle ihr zu und bin etwas enttäuscht, dass sie sich nicht an etwas zu erinnern scheint, das für mich so viel Bedeutung hatte. Aber die Art, wie sie die Schachtel ansah, hat mich gerührt. Vor allem bin ich jedoch von mir selbst enttäuscht. Hier ist die Frau, die so viel für mich getan hat, und ich habe ihr nur eine Schachtel Schokolade mitgebracht! Bin ich ein kleines Kind, oder was? Hätte ich ihr doch nur eine hübsche Goldkette mit einem Medaillon und Bildern von Patrick und mir gekauft. Wäre das nicht besser gewesen? Und die Schokolade wird ihr auch noch schlecht bekommen, wenn sie sie isst – oder sie sogar umbringen! Aber in meinen Augen war das die offensichtliche Wahl. Ich verbinde damit meine schönsten Erinnerungen aus dem Kinderheim. Und ich wollte Mamãe zeigen, dass ich mich erinnere, dass ich all das zu schätzen weiß, was sie für mich getan hat, und dass wirklich ihre Tochter hier vor ihr steht. Natürlich habe ich mich stark verändert, aber ich bin ihre Tochter.

Wir werden durch die Wohnung geführt, und Mamãe zeigt mir ihr Schlafzimmer. Sie lässt sich auf das Bett sinken und sagt, sie würde sich freuen, wenn ich heute bei ihr übernachten würde. Es überrascht mich, wie selbstverständlich sie das äußert, und ich verspüre eine Welle der Zuneigung, als ich sie dort so sitzen sehe, auf ihrem Bett. Ich frage mich, ob ich mich wegen allem so wohl in ihrer Nähe fühle, was wir gemeinsam erlebt haben, wegen unserer gemeinsamen Geschichte. Oder ob ich einfach ihre Art und Weise wiedererkenne. Sie ist genauso, wie ich mich an sie erinnert habe: sanft, herzlich, dickköpfig, freundlich, lustig, liebevoll, voller Temperament. Ich erkenne mich in mannigfacher Weise in ihr wieder. Doch vor allem vermute ich, dass ich mich so wohl bei ihr fühle, weil sie mich daran erinnert, was sie früher alles für mich war: Geborgenheit, Liebe, mein Ein und Alles.

Ich lächle und sage, dass ich bereits ein Hotelzimmer gebucht habe. Aber, verspreche ich, bei meinem nächsten Besuch komme ich gerne auf das Angebot zurück. Sie sieht enttäuscht aus, aber ich versichere ihr, dass ich bestimmt noch oft vorbeikomme. Ich bin noch nicht so weit. Es sind immerhin etliche Jahre vergangen, und ich brauche Zeit, um die Dinge zu verdauen, mich zu sortieren und all die Emotionen zu verstehen, die nun an die Oberfläche drängen.

Wir gehen zurück in die Küche, wo meine Tanten üppig aufgetischt haben. Wir setzen uns und essen; die frisch zubereitete Mahlzeit schmeckt fantastisch: Hähnchen, Reis, kleine *empadinhas* mit diversen Füllungen, Gemüse, Oliven, Fleisch, noch mehr Fleisch und Käsebällchen. Selbstverständlich trinken wir dazu Skol, ein brasilianisches Bier. Inmitten des Stimmengewirrs denke ich, *Hier bin ich also, bei meiner Mutter und meiner Familie, aber ich kann kein Portugiesisch.* In diesem Moment beschließe ich, nach meiner Rückkehr Sprachunterricht zu nehmen. Schon seltsam, wie eine Sprache einfach so aus dem Kopf verschwinden kann. Ich werfe Rivia einen dankbaren Blick zu. Was würde ich nur ohne ihre Hilfe machen? Es freut mich, dass meine Familie sie mag und sie sich ebenfalls wohlzufühlen scheint. Wir genießen das großartige Essen und unterhalten uns über die letzten Jahre.

Ich erfahre, dass Mamãe weitere vierzehn Jahre auf der Straße gelebt hat, nachdem Patrick und ich adoptiert wurden. Es macht mich traurig zu wissen, dass ihr Leben lange so schwer war. Meine Tanten und meine Mutter sprechen alle durcheinander, um mir die Geschichte zu erzählen. Ich stelle einfache Ja- und Nein-Fragen und erhalte wortreiche Antworten. Meine Freunde haben mir oft das Gleiche unterstellt. Rivia meint, das sei typisch brasilianisch. Ich versuche, die relevanten Informationen herauszufischen und Antworten auf meine Fragen zu finden. Meine Mutter hat Patrick und mich im Kinderheim gelassen. Sie dachte zunächst, es sei eine Schule. Nachdem Patrick und ich adoptiert und nach Schweden gebracht worden waren, hat man meiner Mutter lange nicht erklärt, was passiert war. Meine Tanten wussten nicht, dass Patrick und ich im Kinderheim lebten. Als sie es herausfanden und hinfuhren, um uns abzuholen, stellten sie fest, dass es ein Kinderheim war und man uns adoptiert hatte. Die Mitarbeiter sagten, wir seien nicht mehr da, aber keiner erklärte, was mit uns passiert war. Vierundzwanzig Jahre lang wusste niemand in meiner Familie, wo wir waren oder ob wir noch lebten. Ich lausche ihren Geschichten und bin traurig. Man stelle sich einmal vor, wie es ist, wenn man nicht weiß, wo die eigenen Kinder sind – und ob sie überhaupt noch leben.

Vitoria erzählt, dass Mamãe jeden Abend mit mir spricht, bevor sie zu Bett geht. Manchmal erlaubt Vitoria sich einen Scherz und steckt den Kopf zur Tür herein und tut so, als sei sie ich. Dann lachen sie und Mamãe. Mein Herz lacht und weint, als ich das höre. Ich möchte Mamãe gestehen, dass ich jahrelang ebenfalls mit ihr gesprochen und ihre Stimme in meinem Kopf gehört habe, wenn ich etwas tat, was mich nervös machte. Aber ich schweige. Es ist zu viel auf einmal, und ich hoffe, wir finden zukünftig noch Gelegenheiten für weitere Gespräche.

Mamãe sagt, dass sie umhergezogen sei und nach Patrick und mir gesucht habe. Sie lief durch São Paulo und zurück nach Diamantina und klapperte all unsere alten Schlafplätze ab. Ich frage, wie lange sie das gemacht hat, und ihre Antwort schmerzt mich. Vitoria meint, Mamãe habe nie damit aufgehört. Sie fanden sie oft barfuß, mit blutenden Füßen durch die Gegend laufend, und nachdem sie sie eingesammelt und nach Hause gebracht hatten, verschwand sie wieder und machte sich erneut auf die Suche. Seitdem sie bei meinen Tanten lebte, fuhr eine meiner Cousinen regelmäßig mit ihr stundenlang durch die Gegend und suchte mit ihr nach ihren Kindern. Mamãe nickt und sagt, sie habe immer gewusst, dass ich eines Tages zurückkehren würde. Ich lächle und sage »Ja, natürlich«.

Ich verstehe noch immer nicht, warum ihnen niemand gesagt hat, was mit uns passierte. Warum waren das Kinderheim und die brasilianischen Gerichtsbarkeiten nicht menschlich genug, um meiner Mutter und ihrer Familie zumindest zu sagen, dass man uns adoptiert hatte und wir nun in Schweden lebten? Das hätte meiner Mutter viel Leid erspart. Ich stelle mir vor, wie sie mit blutenden Füßen durch die Straßen wandert, und empfinde Schmerz und Trauer.

Vitoria berichtet, dass sie seit zehn Jahren der gesetzliche Vormund meiner Mutter ist. Ich frage sie nach ihrer Krankheit. Vitoria meint, Mamãe sei Diabetikerin und brauche jeden Tag Insulinspritzen. Sie müssten außerdem genau auf ihre Ernährung achten, was nicht einfach sei, da Mamãe ein Leckermaul sei und gerne Süßes und Fettes esse. Mamãe unterbricht und meint, sie möge eben keinen Salat. Ich lache und werfe ein, ich liebte Salat, er sei soooo gut. Mamãe wirft mir einen verschmitzten Blick zu, so als sei ich eine Verräterin, und wedelt wegwerfend mit der Hand. Ich lache. Es fühlt sich alles so natürlich zwischen uns an. Aber nun, da ich sie wiedergesehen und ein wenig Zeit mit ihr verbracht habe, habe ich erkannt, dass sie nicht nur unter Diabetes leidet. Vitoria erklärt, Mamãe müsse auch Medikamente gegen Schizophrenie nehmen. Tausend Gedanken schießen mir durch den Kopf. Ich versuche, mich zu konzentrieren. Das sind heftige Neuigkeiten, und ich muss mich bemühen, meinen Schock zu verbergen. Ich frage, wie Mamãe mit der Erkrankung zurechtkommt. Vitoria meint, die Medizin helfe, doch manchmal würde Mamãe Menschen sehen, die niemand sonst sieht. Ich frage, seit wann sie die Krankheit hat, und Vitoria antwortet, dass sie kurz nach meiner Geburt oder in den Jahren danach ausgebrochen sei. Ich versuche, das Gehörte schnell zu verarbeiten. Ich rechne aus, dass Mamãe ungefähr so alt war wie ich jetzt, als sie mich bekam. Wie hoch ist die Wahrscheinlichkeit, dass meine eigenen Kinder, sollte ich welche bekommen, ebenfalls darunter leiden? Bin ich vielleicht auch betroffen? Aber vor allem muss ich daran denken, wie schwierig meine Kindheit war, wie oft ich meine Mutter verteidigt habe, wie gerne ich bei ihr gewesen wäre und wie sehr es mich erschreckte, als ich als Erwachsene herausfand, dass sie unter einer psychischen Erkrankung litt. Jetzt wird bestätigt, dass es stimmt und dass sie wahrscheinlich auch schon krank war, als ich noch klein war. Ich schaue zu Mamãe und frage mich, ob all die Male, die sie mich früher allein ließ, mit ihrer Krankheit zu tun hatten. Ich denke daran, wie wir durch die Wildnis liefen. Ich, müde, mit schmerzenden Füßen, die wund sind und weh tun, und Mamãe, die einfach weitergeht und mir sagt, ich solle nicht trödeln.

Es gibt viele schöne Erinnerungen, aber auch ein paar, aus denen ich lange nicht klug wurde. *Vielleicht erklärt ihre Krankheit das alles?*, frage ich mich. Ich denke daran, wie Mamãe vor dem Kinderheim stand und hysterisch nach mir schrie, und frage mich, ob das auch mit der Krankheit zu tun hatte. Verstand sie schlicht nicht, was sie zu tun hatte, dass man ihr gar nichts verboten hatte und dass sie vor Gericht erscheinen musste? Es schmerzt, darüber nachzudenken; Verlustgefühle brechen sich Bahn. Ich weiß bestimmt, dass sie mich nie misshandelt hat, aber womöglich hat sie uns öfter allein gelassen, als sie es getan hätte, wenn sie gesund gewesen wäre. Aber vor allem grüble ich darüber nach, ob ich nicht eigentlich schon immer insgeheim gedacht habe, dass das Kinderheim hinsichtlich der geistigen Gesundheit meiner Mutter recht hatte. Vielleicht habe ich das als Erwachsene einfach aus einer Loyalität ihr gegenüber so rigoros abgelehnt? Als Kind wusste ich es einfach nicht besser. Und dann, als Erwachsene, verdrängte ich einiges, obwohl eine kleine Stimme mir das Gegenteil zuflüsterte. Und das, obwohl ich mir auf einige Erinnerungen keinen Reim machen konnte. Ich wollte manches nicht wahrhaben und konnte den nagenden Zweifel nur auf Abstand halten, indem ich die nervige kleine Stimme, die immer wieder *Vielleicht …* flüsterte, ignorierte. Es fällt mir schwer einzusehen, dass ich Opfer meiner Verdrängung war. Das war naiv, aber ich glaube auch, dass es einen Sinn hatte. Die Verdrängung half mir zu überleben. Trotzdem tut es weh, wenn man merkt, dass die perfekte Glaskugel einen Sprung hat. Als Kind sah ich alles schwarz oder weiß, ich wusste es nicht besser. Wegen meiner Dickköpfigkeit weigerte ich mich, dem flüsternden Stimmchen in meinem Kopf Gehör zu schenken, das immer wieder Vermutungen hinsichtlich Mamães geistiger Gesundheit anstellte.

Mamãe sagt, Gott sei ihr erschienen und habe ihr gesagt, sie solle uns zum Kinderheim bringen. Sie hätte es jedoch nie getan, wenn sie gewusst hätte, dass man uns ihr wegnehmen würde. Ich lächle sie an. Ich weiß nicht, was ich sonst tun soll. Ich kann ja nicht einfach sagen, dass ich dankbar für diesen »Gottesratschlag« bin … obwohl das durchaus stimmt. Ich fühle mich hin- und hergerissen. Einerseits bin ich enttäuscht, weil ich nicht weiß, wie gut wir miteinander kommunizieren können und was ihre Krankheit für unsere Beziehung bedeutet. Gleichzeitig beeindruckt es mich aber auch, dass sie mir trotz ihrer Erkrankung so viel Liebe und Wärme, Erziehung und einen starken Sinn für Loyalität geschenkt hat. Ich weiß, dass mir diese Lektionen mehrfach das Leben gerettet haben. Aber vor allem beeindruckt es mich, dass die kleine Christiana, die im Zentrum all dessen war – in den Höhlen, auf den Straßen, in den Slums –, tatsächlich überlebt hat. Zum ersten Mal in meinem Leben begreife ich, was ich eigentlich alles durchstanden habe, und bin stolz auf das kleine Mädchen, das so hart gekämpft hat.

Auf einmal fragt Mamãe erneut nach Patrick. Das hat sie nun schon mehrfach getan, und ich freue mich darüber. Ihre Liebe ist eindeutig da, das wusste ich immer.

Während unseres Gesprächs kommen viele Dinge ans Licht. Ich erfahre, dass mein biologischer Vater Beto hieß und ermordet wurde, als ich noch klein war. Anhand der Art, wie Mamãe über ihn spricht, verstehe ich, dass sie ihn wirklich geliebt haben muss. Ich versuche, eine Übersicht über meine neue/alte Familie zu bekommen. Die Mutter meiner Mutter hatte zwanzig Kinder. »Oder, Moment mal«, meint Vitoria und beginnt, mit ihrer älteren Schwester Elsa zu diskutieren, ob es zwanzig oder einundzwanzig Kinder waren. Rivia und ich tauschen erstaunte Blicke aus. Ich bitte sie, meine Tanten zu fragen, wie viele Cousinen und Cousins ich habe, und sie sehen einander erstaunt an, wedeln dann hektisch mit den Händen und meinen, sie würden nicht länger mitzählen. Das bedeutet wohl, dass ich nicht alle von ihnen kennenlernen werde.

Alle reden durcheinander, aber irgendwie bekomme ich mit, dass Mamães Eltern in Diamantina lebten. Sie hatten ein gutes Leben. Mein Großvater war ein großzügiger Mann. Wenn jemand Hilfe brauchte, verlieh er Geld – bekam es jedoch selten zurück. Nach und nach hatte er dann so viel Geld verliehen, dass es seiner eigenen Familie wirtschaftlich sehr schlecht ging. Als meine Mutter, die Jüngste der vielen Kinder, vier Jahre alt war, nahm er sich das Leben. Er schoss sich in den Kopf. Meine Großmutter war danach allein mit der riesigen Kinderschar und starb nur zwei Jahre später, als meine Mutter sechs war. Dann wurde meine Mutter nach Rio de Janeiro geschickt, wo sie bei einem ihrer Brüder lebte. Niemand will diesbezüglich über Einzelheiten sprechen, und es ist offensichtlich, dass sie sich nicht wohl dabei fühlen. Anscheinend hatte der Bruder ein Alkoholproblem und behandelte Mamãe nicht besonders gut. Als sie vierzehn Jahre alt war, sprang sie buchstäblich aus dem Fenster, um zu entkommen. Danach bekam sie ihre ersten beiden Kinder, meine beiden älteren Brüder. Ich frage nach ihnen und erfahre, dass einer tot ist. Wo der andere ist, wissen sie nicht. Mamãe habe außerdem nach Patrick noch einen weiteren Sohn geboren, höre ich. Ein reiches Paar, das keine eigenen Kinder bekommen konnte, bot ihr Geld für den Jungen. Sie sorgten für die finanzielle und medizinische Unterstützung während der Schwangerschaft, dann nahmen sie das Baby zu sich. Als Mamãe ihre Meinung änderte und das Kind im Austausch für das Geld zurückforderte, war es schon zu spät. Ich frage, wo er heute ist. Sie wissen es nicht. Ich erinnere mich noch an die Kaiserschnittnarbe, die Mamãe mir bei einem Besuch im Kinderheim gezeigt hat. Ich habe mir damals gewünscht, meinen neuen kleinen Bruder, den ich Erique nannte, ein einziges Mal sehen zu dürfen. Ich wollte wissen, wie er aussah und wer er war.

Nach allem, was ich in den vergangenen Stunden zu hören bekommen habe, fühle ich mich nun völlig erschöpft. Und ich sehe, dass das Übersetzen Rivia ebenfalls einiges abverlangt hat, und frage, ob wir ins Hotel fahren und uns ausruhen sollen. Sie wirft mir einen irritierten Blick zu und meint, dass sie nie und nimmer meiner Familie sagen würde, dass wir jetzt gehen würden, nachdem wir uns ganze vierundzwanzig Jahre nicht gesehen haben. Ich weiß, dass sie recht hat, aber ich bin so müde. Diese Reise hat mir so viele Eindrücke beschert, ich muss so viel verarbeiten und merke auch, wie aufgeregt ich wegen dieses Treffens war. Jahrelang habe ich darauf hingefiebert. Als Kind, wenn ich Mamãe vermisste, sie sehen wollte und mich fragte, wie es ihr ging und ob sie wohl noch lebte. Als Teenager, wenn ich an sie dachte und leise mit ihr sprach, wenn ich mich einsam fühlte. Als Erwachsene, wenn ich dachte, sie würde wahrscheinlich nicht länger leben, da ich vermutete, sie habe den widrigen Lebensumständen sicherlich kaum entkommen können. Jedes Mal habe ich mich gefragt, was ich sagen oder tun würde, *falls* ich sie je wiedersah. Und jetzt, etliche Jahre später, stehe ich hier vor dieser Frau, die ich so sehr vermisst habe, und fühle mich komplett ausgepowert. So als hätte ich das Gewicht der Welt auf meinen Schultern getragen. Ich trage es nun nicht mehr, aber meine Muskeln sind verkrampft und schmerzen. Ich weiß, dass ich jede einzelne Sekunde mit meiner Mutter auskosten sollte, die mir das Leben schenkte, aber gerade in diesem Moment will ich einfach nur in mein Hotelbett fallen und schlafen. Nun, da wir uns wiedergefunden haben, möchte ich zu gerne glauben, dass wir noch einmal neu anfangen dürfen und diesmal mehr Zeit miteinander haben. Aber ich bleibe. Es gibt keine Gewissheit darüber, wie viel Zeit uns das Leben erlauben wird. Ich bin dankbar für das Jetzt, also bündle ich meine letzten Energiereserven und tue mein Bestes, um das zu genießen, was sich wie ein kleines Wunder anfühlt.

Irgendwann gehen wir doch ins Hotel und ruhen uns ein wenig aus. Später am Abend findet eine Feier statt, und ich ziehe ein langes schwarz-weißes Kleid an. Ich lerne weitere Familienmitglieder kennen, einige Cousinen und Cousins und ihre Kinder. Laute brasilianische Musik läuft, es wird gelacht, und wir umarmen uns immer wieder. Alle trinken Bier, und obwohl ich selber kein großer Fan davon bin, habe ich schon drei Gläser intus.

Delza, eine meiner Cousinen, drückt mir ein viertes in die Hand. Ich nehme es und bedanke mich. Sie lacht, wirkt einverstanden mit mir, und sagt, ich sei eindeutig eine von ihnen. Die gesamte Familie stimmt zu, und es macht mich stolz, dass sie meine brasilianische Seite anerkennen. Auch wenn es nur mein Bierkonsum ist. In diesem Moment bin ich einfach glücklich, als Teil der Familie willkommen geheißen und akzeptiert zu werden. Im Laufe des Abends äußern einige Leute vorsichtig die Frage, ob ich wegen allem, was passiert ist, wütend auf die Familie bin. Ob ich wütend bin, weil sie sich nicht um Mamãe und mich gekümmert haben, als wir in der Höhle und auf der Straße lebten. Ob ich wütend bin, weil sie aufgegeben und nie nach mir und meinem Bruder gesucht haben. Weil sie sich nicht besser um meine Mutter gekümmert haben.

Es fällt mir schwer, darauf zu antworten. Ich gebe offen zu, dass mich einige Dinge noch immer beschäftigen. Aber ich sage auch, dass mir klar ist, wie verschieden unsere Lebenswelten sind, dass das Leben schwer ist und dass ich nicht erwarte, alles zu verstehen. Am allermeisten freue ich mich, sie alle wiederzusehen. Das ist das vorherrschende Gefühl. Ich gebe mein Bestes, ihnen klarzumachen, dass ich nicht nachtragend bin, sondern mich einfach freue, wieder bei der Familie zu sein und sie alle kennenzulernen. Was geschehen ist, ist geschehen. Was macht es nun, wer etwas anders hätte machen können oder wer was getan hat oder auch nicht? Was würde es nutzen, wütend auf meine Familie zu sein? Die Zukunft ist das, was wir daraus machen, und ich habe nicht vor, mir die Möglichkeit zu verderben, eine Beziehung zu meiner brasilianischen Familie aufzubauen. Wir umarmen uns und beginnen, durch das kleine Wohnzimmer zu tanzen. Sie bringen mir ein paar Tanzschritte bei. Mamãe und ich tanzen miteinander. Ihre Hüften sind kaputt, also schunkeln wir einfach Seite an Seite zum Takt der Musik. Dann folgt ein schnellerer Song, und meine sechsundachtzigjährige Tante Elsa legt wild los. Ich verstehe nicht, wie sie sich so geschmeidig bewegen kann. Selbst mir ist das Lied zu schnell. Ich lache und denke, dass sie gute Gene haben muss.

Alle machen Fotos. Wir tanzen weiter, und ich kann mir keine bessere oder brasilianischere Art vorstellen, den Abend ausklingen zu lassen. Ich sehe zu Mamãe hinüber und stelle beglückt fest, dass es keinen Unterschied macht, dass sie krank ist: weder für mich noch für meine Erinnerungen oder Gefühle. In Anbetracht dessen, was sie schon erlebt hat, und dann noch in Kombination mit ihrer Erkrankung, ist sie offensichtlich noch viel stärker als gedacht.

Als sie sich erneut nach Patrick erkundigt, erkläre ich, dass er in wenigen Tagen kommen wird und sich sehr darauf freut, sie zu sehen. Ich hoffe mit aller Macht, dass es ein schönes Wiedersehen wird. Patrick war noch so klein, als er von Mamãe getrennt wurde, und es lässt sich schwer sagen, wie sich ihre Beziehung zukünftig entwickeln wird. Aber ich wünsche den beiden, dass sie eine starke Verbindung spüren werden, so wie Mamãe und ich, und dass diese dauerhaft bestehen bleibt. Jetzt gerade habe ich keinen Zweifel daran.

Ich habe gelernt, dass man jemandem alles nehmen kann, aber auch, dass alles möglich ist, solange man immer weiter geht. Und jetzt steht die Frau, die mich das gelehrt hat, vor mir und redet mit mir, als sei keine Zeit vergangen. Ich nenne sie Mamãe, und meine Sorge, dass sich das seltsam anfühlen könnte, ist verflogen.

Spätnachts im Hotel suche ich online nach Informationen über Mamães Erkrankung. Ich weiß nicht viel über Schizophrenie. Mir ist lediglich bekannt, dass es eine Form der Psychose ist, die die Wahrnehmung der Betroffenen verzerrt, und dass man diese Krankheit sein Leben lang hat. Online lese ich, dass sie durch eine Mischung aus erblichen und externen Faktoren getriggert wird. Es gibt eine genetische Veranlagung dafür, die es wahrscheinlicher macht, dass man unter Stress- und Extremzuständen eine Psychose erleidet. Das ist eine harmlose Umschreibung für das, was Mamãe erlebt hat. Ich frage mich, wer nicht durchdrehen würde, wenn er jeden Tag und in jeder Hinsicht um sein Überleben kämpfen müsste.

Die folgenden Tage verbringe ich mit meiner Mutter und meiner Familie. Irgendwann fragt sie, ob ich ebenfalls meinen Vater, Gott oder Jesus sehen könne. Als ich verneine, wirkt sie ein wenig enttäuscht, meint aber, dass sich das vielleicht ja eines Tages noch ändern wird. Im Stillen denke ich, dass ich unbedingt hoffe, dass es nicht so kommt. Dann frage ich mich, ob Mamãe damals, als sie und ich vor unserer Höhle in Diamantina saßen, die schöne Aussicht genossen und sie mir Geschichten über Gott und Jesus erzählte, tatsächlich Visionen von einer anderen Welt hatte. Vor diesem Moment hatte ich Angst: dass es komisch sein könnte, wenn ich erlebe, wie meine Mutter in andere Sphären entschwindet beziehungsweise wenn andere Sphären sich um sie herum aufbauen. Aber ich stelle fest, dass es in Ordnung ist. Wie ein Märchen aus meiner Kindheit. Mamãe erzählt, dass sie meinen Vater Beto, Gott und Jesus sieht. Sie wirkt glücklich über diese Besuche, und irgendwie freue ich mich darüber. Sie lacht viel, und ich bin verblüfft, dass sie nach allem, was ihr widerfahren ist, noch so herzlich lachen und laut losprusten kann. Ich denke an das, was sie bei unserer ersten Begegnung nach vierundzwanzig Jahren erklärt hat. Dass sie nach allem, was sie durchgemacht hat, nicht mehr so leicht weint. Das tut mir in der Seele weh, und vor meinem geistigen Auge taucht ein Bild davon auf, wie man sie schlägt. Sie wurde so schlecht behandelt, und Tränen steigen in mir auf. Meine Mutter hat mit ihren Worten nicht nur mir Kraft verliehen und mich dazu angehalten, immer weiter zu gehen; sie hat sich auch selbst an diesen Rat gehalten. Sie ist immer weiter gegangen. Ich bin dankbar, dass wir immer weitergemacht und nie aufgegeben haben. Und dafür, dass wir endlich so weit gegangen sind, dass wir den Weg zueinander zurückgefunden haben.

An einem Abend krieche ich in meinem Hotelzimmer unter die Decke und denke an Mamãe. Es macht mich traurig, dass sie krank ist und sich niemand um sie gekümmert hat, als es ihr schlecht ging. Traurig, dass sozialstaatlicher Schutz, den es in Schweden und anderen Ländern gibt, kein Thema in Brasilien ist. Aber als ich weine, ist es aus reiner Dankbarkeit. Dass drei kleine Worte solch einen großen Unterschied machen. Immer weiter gehen. Ich denke auch an meine andere Mutter, Lili-ann, und wünsche mir sehnlichst, sie wäre hier bei mir und würde dieses Erlebnis mit mir teilen. Ich bin davon überzeugt, meine beiden Mütter hätten sich gut miteinander verstanden und einander respektiert. Und irgendwo in meiner Fantasie sehe ich Lili-ann, Petronilia und mich in der kleinen Höhle sitzen. Meine schwedische Mutter Lili-ann in ihren eleganten Kleidern und Mamãe Petronilia, die Palmwedel flicht – synchron rufen sie mir zu, dass ich vorsichtig sein und mich nicht beim Klettern verletzen soll.

# Atmen lernen

1999

Nach dem Tod meiner Adoptivmutter tat ich alles in meiner Macht Stehende, um nichts zu empfinden. Meine gesamte Energie opferte ich dafür auf. Ich hatte so viele Emotionen, alte, neue und vor allem solche, die mir Angst machten. Vieles war komplett anders, und doch war nichts gänzlich neu. Ich fühlte mich permanent erschöpft und leer.

Kurz nach der Beerdigung saß ich allein in meinem Kinderzimmer. Ich starrte in die Dunkelheit. Es war schon nach Mitternacht, und ich konnte nicht schlafen. Es fühlte sich so an, als würde ein Gewicht mich niederdrücken. Jeder Atemzug fiel mir schwer. Dann, plötzlich, spürte ich, wie Ruhe mich überkam. Ich spürte die Wärme der Dunkelheit und den Schutz, den sie bot. Ich fühlte mich taub.

Ich versuchte mich und meinen Schmerz in den Griff zu bekommen. Wenn niemand hinsah, hockte ich mich in eine Ecke und versuchte mich daran zu erinnern, wie man richtig atmet. Es fiel mir schwer, mich an den normalen Vorgang zu erinnern. Ich schloss mich auf der Schultoilette ein und versuchte, auf eine Art und Weise zu atmen, die sich nicht so anfühlte, als sauge man verzweifelt Luft durch einen Strohhalm ein. Manchmal schaute ich mich im Spiegel an und sagte mir, dass alles gut werden würde. Ich käme schon zurecht. Ich starrte weiter in den Spiegel und dachte dann entschlossener: *Ich werde zurechtkommen.* Dann öffnete ich die Tür der Mädchentoilette, trat auf den Schulflur und lächelte jeden an, den ich kannte, zeigte, dass alles in Ordnung war. Ich bat so gut wie nie um Hilfe.

Natürlich reichte das nicht. Langsam begriff ich das. Ohne Hilfe von außen würde ich untergehen, und wenn ich einmal am Boden angelangt war, käme jede Hilfe zu spät. Man könnte die beste Herz-Lungen-Massage durchführen, aber sobald ich richtig unterging, würde ich sterben. Die Erkenntnis, dass zwischen Atmen und Ertrinken nur ein kleiner Strohhalm lag, machte mir unbeschreibliche Angst. Das Bewusstsein, dass alles auseinanderfällt und den Bach runtergeht, ist Angstattacken wenig zuträglich. Langsam begriff ich, wie mächtig Gefühle sein konnten und wie schwer es war, sie allein mittels der Vernunft zu bändigen. Schmerz, Trauer, Wut, Hass, Verwirrung, Frust, Verbitterung, Verlust, Einsamkeit, Schuld, Enttäuschung, Angst und Verpflichtungsgefühle können zu einem chaotischen Wirbel werden, wenn man ihnen zu viel Raum gibt und sie sich miteinander vermengen.

Wir sind uns alle ähnlich und doch so verschieden. Wenn man uns ein wenig Schmerz zufügt und dieser Schmerz sich mit Schuldgefühlen und dann noch bitterer Einsamkeit vermengt, dann errichten wir hohe Schutzwälle um uns herum. Wälle, die niemand durchdringen kann. Der Verstand tut das, worin er gut ist: Er findet Schleichwege, über die Wälle hinüber und unter ihnen hindurch.

Die Basis wurde gelegt, als ich noch klein war, in den Slums und Straßen von Brasilien. Sie bestand aus Angst, Verlust, Einsamkeit, körperlichen und seelischen Schmerzen, Tod, Ungerechtigkeit und vielen anderen negativen Dingen. Dank der Sturheit meiner Adoptivmutter, ihrer Liebe und ihrem Streben nach dem Guten, bekam ich eine neue Chance. Jetzt war sie nicht mehr da. Die meiste Zeit meines Lebens hatte ich Angst gehabt, Angst vor allen möglichen Dingen – eine Folgewirkung des unsteten Bodens, auf dem ich aufgewachsen war. Ich musste einen Schutzwall um mich errichten. Und mein Verstand rannte wieder und wieder darum herum und versuchte, einen Einlass zu finden.

# Ganz oben

Diamantina, 2015

Wir sind zurück bei den Höhlen, Mamãe, Rivia und ich. Mein Orientierungspunkt, nach dem ich früher immer gesucht habe, wenn ich mich verlaufen hatte, ist genau vor mir. Nun sitze ich hier oben auf der Höhle, lasse meine Beine über den Rand baumeln und betrachte meinen Orientierungspunkt: einen steilen, zwanzig Meter hohen weißen Felsen. Ich wende den Kopf und sehe starr geradeaus, ein bekannter Anblick grüßt mich: Diamantinas wilde grüne Berglandschaft so weit das Auge reicht und ein strahlend blauer Himmel, den ein paar Zuckerwattewolken zieren. Unten in der Höhle unterhalten sich Rivia und Mamãe miteinander. Ich atme die warme Luft ein, die ganz rein ist, anders als in São Paulo. Im Hintergrund zirpen Zikaden. Es klingt so, als würden mich tausende davon umgeben und eine kleine Symphonie in Stakkato spielen. Ich war überrascht, wie klein die Höhlen sind. Alles ist genau gleich geblieben, aber ich komme mir hier oben wie eine Riesin vor. Genau hier saßen wir früher, wenn Mamãe mir ihre Geschichten erzählte.

Ich versuche zu verstehen, worüber Mamãe und Rivia sprechen. Mamãe bringt ihre Worte langsam hervor, so als sei jeder Atemzug anstrengend. Ihre Stimme zittert ein wenig, und anhand der Art, wie Rivia mit ihr redet, erkenne ich, dass Mamãe in ihre eigene Welt entschwunden oder dass ihre Welt zu Besuch gekommen ist. Ich höre, dass Mamãe den Namen meines Vaters erwähnt, Beto. Ich kann mich nicht an ihn erinnern. Ich versuche, etwas für die Person zu empfinden, deren DNA ich teile, aber wir werden wohl nie mehr als ein paar Gene gemeinsam haben. Wie kann man jemanden vermissen, an den man sich nicht erinnert? Mir ist nur seine Abwesenheit im Gedächtnis geblieben. Ich war nie wütend oder aufgebracht deswegen. Es ist schwierig, auf jemanden böse zu sein, den man nicht kennt. Da Mamãe erzählt hat, man habe ihn ermordet, bin ich froh, ihm nie böse gewesen zu sein. Es wäre ungerecht, Unmut über seine Abwesenheit zu hegen, da es ihm körperlich schlicht nicht möglich gewesen war, da zu sein. Ermordet worden zu sein kommt mir wie ein äußerst veritabler Grund für dauerhafte Abwesenheit vor. Doch ich bin nicht einmal neugierig, mehr über ihn zu erfahren. Ich habe Mamãe keine Fragen über ihn gestellt, und ich weiß nur das, was sie von sich aus erzählt hat. Vielleicht ändert sich das noch, aber momentan schwirren mir ohnehin genug Informationen, Fragen und Gedanken durch den Kopf.

Meine Großmutter hat zwanzig oder einundzwanzig Kinder zur Welt gebracht. Mein Großvater hat sich das Leben genommen. Meine Mutter ist aus einem Fenster gesprungen, um vor ihrem Bruder zu fliehen. Mein Vater wurde umgebracht. Einer meiner Brüder ist tot, und niemand weiß, wo der andere ist. Und dann ist meine Mutter auch noch schizophren. Das alles ist mehr als genug, und ich muss es erst mal verarbeiten.

Ich lasse meine Beine baumeln, genieße die Schönheit Diamantinas und hole tief Luft. Ich versuche zu meditieren. Ich möchte diese Schönheit in mich aufnehmen und in mir zurück nach Schweden tragen. Leider fällt es mir nicht leicht, so auszuspannen. Im Laufe der Jahre habe ich allerhand versucht, um inneren Frieden zu finden. Wie anderen Menschen das gelingt, ist mir ein Rätsel. Mein Gehirn ist immer in Hochbetrieb. Auch an Yoga habe ich mich schon versucht. Aber sobald ich dasitze, in diesen ganzen Positionen, und versuche, die Welt um mich herum zu vergessen, werden meine Sinne erst recht scharfgestellt, und ich nehme alles besonders intensiv wahr. Doch jetzt sitze ich hier, in dieser natürlichen Umgebung, sehe all die Schönheit vor mir und glaube, dieses Mal könnte ich erfolgreich sein.

Moment mal ... Ist das etwa ein Moskito auf meiner Hand? Ich habe mich im letzten Augenblick gegen alles Erdenkliche impfen lassen. Meine Ärztin meinte, es sei nicht ideal so kurz vor der Abreise, aber es solle reichen. Ich spüre diverse Stiche und frage mich, wie Malariamücken aussehen. Ich versuche, das Insekt zu verscheuchen, aber es tauchen immer mehr davon auf. An Moskitoschwärme in den Höhlen kann ich mich nicht erinnern. Mir wird klar, dass es heute nicht zur Meditation kommt. Ich kann froh sein, wenn ich es mit ein bisschen Restblut im Leib von der Höhle herunterschaffe. Ich rufe Rivia zu, dass ich mich nicht an die vielen Moskitos erinnere. Rivia antwortet, meine Mutter sage, wir hätten früher immer Rauchfeuer gemacht und Pflanzen rund um die Höhle verbrannt, um die Moskitos zu verscheuchen. Ich rufe, dass ich noch ein bisschen höher klettere, um eine bessere Aussicht zu haben. Mamãe legt augenblicklich Widerspruch ein. Ich muss lachen; das ist genau wir früher. Ich bin geklettert, und Mamãe hat protestiert. Ich bitte Rivia, Mamãe zu versichern, dass keine Gefahr besteht. So ungefähr weiß ich, was ich mache.

Auf dem Weg nach oben stelle ich fest, dass die Natur hier außer Rand und Band ist. Um hier vorwärtszukommen, braucht man eine Machete. Da ich keine habe, versuche ich mir mit Händen und Füßen einen Weg zu bahnen. Im Gebüsch und den kleinen Palmen raschelt etwas. Ich versuche, das kleine Mädchen in mir zu erwecken, das als Kind hier herumrannte und wusste, wie man sich im Wald zurechtfindet. Irgendwie achte ich dabei nicht genau darauf, wohin ich laufe, und marschiere geradewegs in ein gigantisches Spinnennetz. Die klebrigen Fäden hängen überall in meinem Gesicht, und ich werde panisch. Den Rest der Strecke laufe ich, so schnell ich kann. Sträucher und kleine Äste hinterlassen Kratzer auf meiner Haut, und es brennt genauso wie damals, als Mamãe und ich auf der Flucht waren.

Als ich am oberen Felsplateau ankomme, springe ich auf einen großen Stein. »Hahaha«, rufe ich den Pflanzen siegesfreudig zu, denen ich gerade entronnen bin. Ich sehe zur Spitze hinauf und beginne zu klettern. Schon immer habe ich gerne Gebrauch von meinem Körper gemacht. Es fühlt sich richtig an. Der Mensch ist nicht dafür gemacht, den ganzen Tag im Büro vor dem Computer zu sitzen. Wir sollten unsere Körper einsetzen, mit ihnen rennen, klettern, springen, tanzen. Schnell muss ich feststellen, dass Sneaker nicht zum Aufstieg geeignet sind. Ich vermisse meine Kletterschuhe, die zu Hause in meinem Kleiderschrank in Umeå liegen. Ich höre Rivia von unten, wo sie mit meiner Mutter wartet, bis sie mich oben sehen können: »Wie läuft's?«

»Man kommt weniger leicht hoch, als ich dachte, aber es wird«, rufe ich zurück.

Endlich komme ich oben an. Von hier aus habe ich einen herrlichen Blick auf die Landschaft. Mir ist bewusst, dass es viele schöne Orte auf dieser Welt gibt, aber just in diesem Moment kann ich mir nichts Besseres vorstellen als die üppige Wildnis rund um Diamantina, den strahlend blauen Himmel, der auf das Grün des Waldes trifft. Obwohl ich nicht länger ein Höhlenmädchen bin, freut es mich, dass ich mich diesem Ort so stark verbunden fühle. Ein überwältigendes Gefühl der Freude und des Friedens steigt in mir auf. Das hier ist ein Teil von mir, und ich bin ein Teil hiervon. Ich lache und winke Mamãe und Rivia zu. Ich rufe, es sei außergewöhnlich schön hier oben, und Rivia antwortet, Mamãe sage, ich solle vorsichtig sein.

Falls ich mich je gefragt habe, woher meine Sturheit kommt, kenne ich nun die Antwort: In den letzten Tagen habe ich die gleiche Dickköpfigkeit bei meiner Mutter gesehen. Ich bin auf dem Gipfel angelangt, und sie steht da unten und schreit. Es ist schön –

seltsam, aber schön –, wieder eine Mutter zu haben und auch als erwachsene Frau gesagt zu bekommen, was man tun darf und was nicht. *Ich könnte mich daran gewöhnen*, denke ich, und falte die brasilianische Flagge auseinander, die ich mir um die Hüfte gewickelt hatte.

Ich nehme eine breitbeinige Pose auf der Felsspitze ein, packe die Zipfel der Flagge und lasse den Wind durch den Stoff fahren. Die Flagge flattert hinter mir auf und zieht an meinen Händen. Ich schreie, so laut ich kann. Ich lache und schreie noch einmal. Das fühlt sich gut an. Endlich stehe ich auf einem Berggipfel und schreie, so laut es geht. Mir fällt auf, dass ich noch nie so laut schreien konnte, weil ich noch nie auf einem Berggipfel stand.

Während ich hier stehe und über all das nachdenke, was mir widerfahren ist, fallen mir die positiven Dinge auf. Ich erkenne das Gute trotz allem, wofür ich kämpfen musste. Es tat weh, es war schwer, aber es gab auch viele wunderbare Augenblicke voller Freude und Liebe. Plötzlich erkenne ich Schönes in den dunklen Zeiten. Es wäre wahrscheinlich etwas anderes, wenn ich hier oben stehen und nur Rivia unten auf mich warten würde. Aber meine Mutter ist dabei, und es fühlt sich an, als habe sich ein Kreis geschlossen. Ich habe die Frau gefunden, die mir acht Jahre lang genug Liebe, Mut und Stärke geschenkt hat, dass ich immer weiter durch mein Leben gehen konnte. Das muss reichen.

Das Leben sorgt dafür, dass wir alles verlieren, und eines Tages werde ich auch meine leibliche Mutter erneut verlieren. Aber die Erinnerungen, die überwiegen, sind positiv: Ich werde daran denken, wie sie mir geholfen hat, wieder und wieder aufzustehen und weiterzumachen. Ich stehe hier oben auf dem Berg als Erwachsene und blicke zu ihr hinunter, sehe ihre Hüftprobleme, weiß, dass sie wegen ihrer Diabetes Insulin spritzen und wegen ihrer Schizophrenie Tabletten nehmen muss. Aber wenn sie ruhig mit mir spricht, auch wenn Gott, Jesus und mein toter Vater ihr gerade einen Besuch abstatten, scheinen Weisheit und Liebe durch. In diesem Augenblick möchte ich nichts an meinem Lebensweg ändern, weil das bedeuten würde, dass das weitere Änderungen mit sich brächte und ich so nicht die geworden wäre, die ich heute bin.

Ich winke Mamãe und Rivia noch einmal zu und lache. Dann schreie ich noch einmal.

# Zurück in Nordschweden

2015

Ich stehe am Gepäckband des Flughafens von Umeå, Schweden, und warte auf meinen schrankgroßen Koffer. Den letzten Teil der Strecke, von Stockholm nach Umeå, bin ich allein geflogen. Rivia ist unterwegs zu gleich zwei Hochzeiten. Mir ist es ein Rätsel, wie sie das nach unserer Reise schafft. Wahrscheinlich ist sie im Herzen eine Amazone, und die schaffen bekanntlich alles. Ich entdecke meinen Koffer und mühe mich damit ab, ihn vom Gepäckband zu wuchten. Ich stoße ihn auf seine kleinen Räder und ziehe ihn hinter mir her in Richtung Ausgang. Obwohl es etwa neun Uhr abends ist, ist es noch nicht dunkel. Ich verlasse das Terminal und halte nach einem vertrauten metallblauen Volvo Ausschau. Fredrik, einer meiner Skydiver-Freunde, hat angeboten, mich abzuholen. Mir war nicht klar, ob ich mich nach meiner Rückkehr womöglich einsam fühlen würde, und nun, da ich ihn sehe, bin ich froh, dass ich ihm vom Stockholmer Flughafen aus geschrieben und darum gebeten habe, mich abzuholen. Ich nehme im Wagen Platz. Fredrik schließt den Kofferraum, setzt sich neben mich ans Lenkrad, startet den Motor und fährt vom Flughafengelände herunter in Richtung meiner Wohnung. Er fragt, wie die Reise war, und ich werfe ihm einen erschöpften Blick zu. »Darüber sprechen wir, sobald wir da sind«, lenkt er ein, und ich nicke. Während er fährt, sehe ich zu ihm hinüber. Früher war ich einmal in ihn verliebt und er in mich. Unsere Beziehung haben wir vermasselt, aber zumindest unsere Freundschaft konnten wir retten.

In meiner Wohnung angekommen setzen wir uns auf mein graues Sofa, und er nimmt mich in den Arm. Während der Reise hatte ich keine Zeit, innezuhalten und meine Gedanken und Gefühle zu sortieren. Es wird lange dauern, bis ich all die neuen Informationen verarbeitet habe, die frischen Gedanken und Gefühle, aber auch die alten, die ich schon ewig mit mir herumtrage. Trotzdem ziehe ich meinen Laptop hervor und zeige ihm Fotos von der Reise. Ich versuche zu erklären, was ich erlebt habe, und seine Fragen zu beantworten, und wir lachen und weinen zusammen. Ich bin froh, einen Freund an meiner Seite zu haben, der mich so gut kennt. Heute Abend wäre ich nicht gern allein gewesen.

Wir schlafen ein, und am nächsten Morgen verabschiede ich mich von Fredrik und nehme erneut auf dem Sofa Platz. Plötzlich ist es sehr friedlich. Ich habe keine Termine einzuhalten, muss nirgendwo sein, keine neuen Orte kennenlernen, keine neuen Leute treffen. Ich sehe mich in meiner Wohnung um und registriere, wie hell, luftig, frisch und sauber alles aussieht. Wunderbar! Und was nun, Christina? Es ist ruhig, eigenartig ruhig. Wo ist der ganze Krach – der Verkehrslärm, der Baustellenradau, das Gequatsche der Leute, die hupenden Autos und die laute Musik? War es schon immer so still in Umeå? War es schon immer so einsam in Umeå? Eine bekannte Panik schleicht sich in mein Herz. Alles fühlt sich so fremd an. Ich bin zu Hause, aber ich habe noch ein anderes Zuhause. Ich hole tief Luft, und mein Körper beginnt überall zu jucken, während ich so auf dem Sofa sitze.

Ich schnappe mein Handy und rufe Maja an. Sie hat mich schon willkommen geheißen; ich habe mich gleich bei ihr gemeldet, nachdem ich in Stockholm gelandet war. Sie ist mit ihren Kindern Harry und Greta, meiner Patentochter, zu Hause in Röbäck. Gerade kocht sie Mittagessen und fragt, ob ich mich dazugesellen möchte. Ich schlüpfe in meine Schuhe, greife nach meinem Autoschlüssel, renne die Treppe hinunter und zur Haustür hinaus.

Zehn Minuten später fahre ich über die E4 entlang des malerischen Flusses Ume, der im Sonnenlicht glitzert. Bei Majas Haus angekommen, stelle ich den Motor ab und gehe schnellen Schrittes zur Tür. Ich klopfe sacht, eigentlich nur pro forma, denn ich warte nicht, bis jemand die Tür öffnet. Stattdessen gehe ich einfach ins Haus. Harry rennt mir mit ausgestreckten Armen entgegen und ruft »Kicki, Kicki, Kicki!«. Ich gehe in die Hocke und antworte »Harry, Harry, Harry!«. Er springt in meine Arme und drückt sich fest an mich. Die schönste Art von Liebe. Dann kommt Greta dazu. »Titi, Titi, Titi!« Noch eine Umarmung. Maja tritt in den Flur und schließt mich fest in die Arme. Himmel, genau das habe ich gebraucht!

Wir gehen in die Küche, und ich nehme am Küchentisch Platz und beginne meine Erzählung. Niemals hätte ich gedacht, was diese Reise mit mir anstellen würde. Meinen Freunden davon erzählen zu können, ist meine Rettung.

Am nächsten Tag habe ich mich schon wieder etwas besser an die Stille gewöhnt, und obwohl ich Brasilien und meine Familie vermisse, ist es auch schön, wieder zu Hause zu sein. Ich beschließe, mit dem Fahrrad in die Stadt zu fahren und ins Kaufhaus Åhléns zu gehen, einfach, um etwas ganz Normales und Banales zu tun.

Ich schaue mir gerade ein paar Dekokissen genauer an, als eine alte Schulfreundin mich anspricht. »Hey, Christina«, ruft sie und tritt hinter einem Kinderwagen hervor, um mich zu umarmen. Ich lächle, bin aber müde und nicht in Plauderlaune, daher hoffe ich, dass sie nicht allzu viele Fragen stellt. »Das war ja eine irre Reise«, meint sie und erklärt, sie habe alles über meinen Instagram-Kanal verfolgt. »Erzähl mir alles.«

Ich lächle zurückhaltend und sage, dass das wahrscheinlich zu lange dauern würde. Dann wechsle ich das Thema. Sie schluckt den Köder und berichtet lebhaft von dem neuen Haus, das sie gerade bauen. Anscheinend gibt es Ärger zwischen ihnen und einer der Familien, die zur künftigen Nachbarschaft zählt. In unglaublicher Detailtreue berichtet sie mir Schritt für Schritt das gesamte Drama und endet dann mit der Ankündigung, dass sie irgendwann mit einer Anzeige gedroht habe. Ich spüre, wie mich das kleine bisschen Energie, das ich seit meiner Ankunft aufbauen konnte, wieder verlässt. Mein Gegenüber redet ohne Unterlass über eine Straße, die vor zehn Jahren gebaut wurde, Nachbarn und kleinliche Streitereien. Ich unterbreche sie mitten im Satz und sage: »Nun, ja. Ich habe gerade erst ein Kinderheim besucht, in dem Kinder leben, die null Zukunftschancen haben. Die Kinder haben mir erzählt, wie schlecht ihre Eltern sie behandelt haben. Sie wurden von Erwachsenen misshandelt und ausgenutzt und sind von ihren Geschwistern getrennt, die sie lieben, ohne zu wissen, ob sie sie je wiedersehen werden. Ein kleiner Junge hat gesehen, wie sein Vater ermordet wurde. Einige Leute haben Benzin über ihn geschüttet und ihn dann angezündet. Also, weißt du was? Ich kann gerade wirklich herzlich wenig mit deinen Luxusproblemen anfangen.«

Sie starrt mich mit weit aufgerissenen Augen an, und ich bereue, die Sache nicht mit ein wenig mehr Takt gehandhabt zu haben. Dann sagt sie: »Oh mein Gott, wie schrecklich!«, und weiter, »Das ist ja genau das, was ich gerade sagen möchte. Ich habe der Frau nebenan eine SMS geschickt, in der ich genau das geschrieben habe: Auf der anderen Seite der Welt gibt es Kinder, die verhungern, und wir sollten wirklich nicht …«, und dann legt sie von vorne los. Ich unterbreche sie und sage, dass ich zu einer Verabredung müsse.

Genau das gehört zu den Dingen, die ich früher nie verstanden habe und an die ich mich gewöhnen musste. Wir leben in verschiedenen Realitäten. Wenn man sein Leben lang in einer sicheren und wohlbehüteten Welt gelebt hat, mit einem Haus und einem üppigen Bankkonto, einer Mutter und einem Vater, Kindern und einem Ehemann, einer sozialen Absicherung, Zugang zum Gesundheitssystem, ohne Krieg – die Liste könnte ewig weitergehen –, dann ist es schwer, die Dinge aus der Sicht einer Person zu begreifen und zu sehen, die in einer brutaleren und gefährlicheren Welt aufgewachsen ist.

Zurück in meiner hübschen, ruhigen Wohnung hole ich mir einen Stift und einen Block. Ich schreibe: *Was will ich mit meinem Leben anfangen?* Und darunter füge ich hinzu: *Wandel. Ein Gleichgewicht im Leben finden. Anderen Menschen helfen.*

Ein paar Tage später rufe ich Rivia an und frage, ob sie vorbeikommen kann, damit wir mit Mamãe skypen können.

Rivia macht sich direkt auf den Weg. Sie fragt mich nach der Telefonnummer und tippt die Zahlen ein, während ich sie vorlese. Mit gemischten Gefühlen sitze ich da und lausche dem Freizeichen. Ich frage mich, ob Vitoria oder Mamãe abheben werden, ob überhaupt jemand abhebt. Vitoria ist am Apparat, und Rivia begrüßt sie. Sie nickt mir aufmunternd zu, und in stockendem Portugiesisch schaffe ich es zu sagen, »Hallo, Vitoria, hier ist Christina«. Vitoria begrüßt mich und redet munter drauflos. Rivia übersetzt. Vitoria erzählt, es gehe allen gut. Sie fragt, wann ich das nächste Mal zu Besuch käme, und ich antworte, dass ich käme, sobald ich genug Zeit und Geld hätte. Ich sage Rivia, dass ich gern mit Mamãe sprechen würde. Sie übersetzt meine Bitte. Ich höre, dass Vitoria nach Mamãe ruft und ihr sagt, Rivia und ich seien am Telefon. Ich höre Mamães Stimme und lächle, dann begrüße ich sie auf Portugiesisch: »Hi, Mamãe, wie geht es dir?«, und Rivia nickt ermutigend. Mamãe antwortet, und es fällt mir schwer zu verstehen, was sie sagt. Rivia schaltet sich ein. Ich frage noch einmal, wie es Mamãe geht und ob sie ihre Freundin in Diamantina besucht hat. Es geht ihr gut, aber sie hat ihre Freundin nicht gesehen. Sie verspricht, dass wir bei meinem nächsten Besuch wieder zur Höhle fahren und sogar dort kochen könnten. Ich lächle und sage, ich freue mich darauf. Mamãe meint, wir könnten dort auch übernachten. Ich erwidere ausweichend »Hm«, denke aber, dass ich eher ungern mitten in der Wildnis zusammen mit giftigen Schlangen, Spinnen, Skorpionen und Tausendfüßlern im Dunklen schlafen würde – zumindest bin ich nicht so erpicht darauf wie Mamãe. Sie freut sich, als ich sage, dass wir auf jeden Fall noch einmal zur Höhle fahren sollten, und sagt schnell, dass mein letzter Besuch viel zu kurz gewesen sei. Sie redet weiter, und Rivia wirft mir einen Seitenblick zu. Ihrem Gesichtsausdruck entnehme ich, dass Mamãe sich über mich beschwert. Statt alles zu übersetzen, fasst Rivia zusammen: »Sie ist enttäuscht, weil du nicht länger geblieben und schon vor ihrem Geburtstag abgereist bist. Und weil du jetzt nicht da bist. Sie fragt, wann du das nächste Mal zu Besuch kommst.« Ich erwidere, ich käme, sobald ich könnte und genug Geld gespart hätte. Mamãe behauptet, ich hätte doch mindestens vier Billionen und könne tun und lassen, was ich wolle. Rivia und ich können uns das Lachen nicht verkneifen. Das Gerücht, dass alle Schweden stinkreich sind, scheint bei meiner Familie Einzug gehalten zu haben. Ich versuche es Mamãe zu erklären, aber Rivia winkt ab. Ich weiß, dass es aussichtlos ist, aber zumindest um mein eigenes Gewissen zu beruhigen, möchte ich es versuchen. Ich möchte nicht, dass sie denkt, ich wolle sie nicht sehen.

Ich verspreche Mamãe, sobald Zeit und Geld es zulassen, wieder zu Besuch zu kommen. Und ich verspreche auch, das nächste Mal ein paar Wochen zu bleiben und bis dahin einmal monatlich anzurufen. Nachdem ich gesagt habe, dass ich sie liebe und vermisse und bald wieder mit ihr sprechen will, legen wir auf. Ein paar Sekunden lang herrscht Stille, dann sehen Rivia und ich uns an. Tausend Gefühle toben in mir. Unglaublich! Ich habe gerade mit meiner Mutter in Brasilien gesprochen. Das ist wirklich unglaublich! Wir haben wieder Kontakt zueinander. Rivia lächelt und meint, es sei an der Zeit, mein Portugiesisch aufzufrischen.

Mir ist warm ums Herz, doch mein Kopf ist voller Gedanken. Natürlich ist nicht alles mit einem Mal einfach und unkompliziert geworden. Ich habe erkannt, dass meine Reise mir Antworten geschenkt, aber auch neue Fragen, neue Probleme aufgeworfen hat. Wie werde ich künftig mit meiner Mutter kommunizieren? Ich möchte unsere Bindung vertiefen. Wie kann ich für sie sorgen? Wird das von mir erwartet? Erwarte *ich* das von mir? Wie kann ich den Kontakt zu meiner Familie halten? Mein Leben ist in Schweden, zumindest zu diesem Zeitpunkt. Das Beste an der Sache ist jedoch, dass ich schon jetzt spüre, dass die Reise, die Begegnungen mit den Leuten und die Zeit in Brasilien mich verändert haben. Mir ist deutlich bewusst, dass ich zwei Heimaten habe, zwei Welten – und dass die beiden Ichs, die in mir stecken, vielleicht endlich zu einer Person zusammenwachsen können. Meiner Ansicht nach besteht das Leben darauf, seine eigene Realität zu schaffen. Und ich frage mich nun: Wer möchte ich sein?

Ein paar Monate später finde ich allmählich eine Antwort auf die Frage. Ich habe meine eigene Firma gegründet. Ich trete öffentlich auf und erzähle – neben anderen Dingen – meine Geschichte vor Publikum. Ich möchte andere für Identitätsfragen, Vorurteile, Kulturunterschiede und multikulturelle Probleme sensibilisieren. Ich möchte andere inspirieren. Ich habe eine Stiftung gegründet, die sich für gefährdete Kinder und Jugendliche einsetzt, unter anderem in Brasilien. Wir arbeiten schon mit meinem alten Kinderheim in São Paulo zusammen. Ich möchte einen Beitrag leisten, der darüber hinausgeht, andere zum Konsum zu animieren. Die Begegnung mit den Kindern im Kinderheim hat mir vor Augen geführt, dass ich das tun muss.

Ich bin so glücklich und dankbar, sowohl Brasilianerin als auch Schwedin zu sein und beide Kulturen zu repräsentieren. Mein Leben lang hatte ich mit Schuld- und Schamgefühlen zu kämpfen, war hart mit mir selbst und hatte immer den Eindruck, alles allein stemmen zu müssen. Doch wenn ich heute über mich nachdenke, bin ich ganz zufrieden. Klar, ich bin mit Sicherheit nicht perfekt. Ich habe zahlreiche Fehler und habe so einiges getan, was ich bereue und wofür ich mich schäme. Aber insgesamt bin ich zufrieden mit mir. Ich bin nicht nur Schwedin; ich bin auch Brasilianerin, und das fühlt sich fantastisch an. Ich hatte und habe noch immer ein gutes Leben. Ich habe außerordentlich viel Gutes und Schlechtes erlebt. Das hat mich zu einem Menschen gemacht, den ich, nach vielen Jahren, nun akzeptiere und mag. Ich habe akzeptiert, dass geschehen ist, was geschehen ist. Am schwersten fällt mir, mir für das, was ich getan habe oder auch glaube getan zu haben, zu vergeben. Mit mir ins Lot zu kommen ist ein komplexes Unterfangen, aber ich glaube, auf einem guten Weg zu sein.

# Nachwort

Ich habe einmal gelesen, dass ein durchschnittliches Menschenleben etwa 650.000 Stunden dauert. Ich habe mehr als 70.000 Stunden meines Lebens in den Straßen und Slums von Brasilien und der Wildnis Diamantinas verbracht. Wenn mir ein so langes Leben vergönnt sein sollte – ganze 650.000 Stunden –, heißt das, dass ich mehr als ein Zehntel meines Lebens unter erbärmlichen Umständen verbracht habe und in jener Zeit jeden Tag ums Überleben kämpfen musste.

Ich kann nicht behaupten, wütend über meine Adoption zu sein. Aber ich war und bin noch immer nicht damit einverstanden, dass ich mich von meiner leiblichen Mutter nicht verabschieden durfte und dass mir niemand erklärt hat, was genau eine Adoption ist, bis es zu spät war, eine eigene Entscheidung zu treffen. Es macht mich sauer, dass meiner Mutter keine Unterstützung gewährt wurde und dass man sie auf der Straße ihrem Schicksal überließ. Es regt mich auf, dass wir in einer Gesellschaft leben, in der man entschied und sich noch immer dafür entscheidet, einfach wegzusehen oder die Dinge komplett zu ignorieren. Mehr als zweihundert Millionen Menschen leben heute in Brasilien, und ich frage mich, wie viele Millionen von ihnen, wie viele Millionen Kinder, vergewaltigt und geschlagen werden, wie viele sich an Klebstoff tot schnüffeln, um den Hunger zu bekämpfen, der ebenfalls zahlreiche Opfer einfordert. Wie viele von ihnen haben die Hoffnung aufgegeben, akzeptiert, dass sie keinen Wert haben, und sind in die Kriminalität abgerutscht? Wie viele dieser Menschen könnten wir retten? Wie viele *wollen* wir retten?

Was sagt es über die Moral einer Gesellschaft aus, wenn unschuldige Kinder an die Wand gestellt und eiskalt niedergeschossen werden? Was, glaubt die Gesellschaft, wird aus misshandelten, schutzlosen Kindern? Angepasste, ihren Beitrag leistende Bürger? Diese Kinder wachsen mit einer zerstörten Seele auf. Sie handeln so, wie sie es gelernt haben. Warum sollten sie sich bemühen, wenn sich niemals jemand um sie bemüht hat? Und trotzdem geben sie alles. Vertrauen muss verdient werden. Das scheint man in Brasilien noch nicht recht verstanden zu haben. Statt Vertrauen aufzubauen, hat das Land Mauern gebaut, um Reich und Arm voneinander zu trennen.

Manchmal denke ich zurück, erinnere mich an bestimmte Geschehnisse und Erfahrungen, und schäme mich, ein Mensch zu sein. Wie können die Leute zulassen, dass so etwas passiert? Ich bin wütend auf ein Land und ein Volk, das die Augen vor dem Leid rund um sich herum verschließt. Doch vor allem bin ich wütend und traurig, dass es nicht den Wert eines jeden Menschen anerkennt und all die Schönheit würdigt, die sich in jedem von uns verbirgt.

Es ist einfach, Dinge zu sagen, ohne groß darüber nachzudenken. Immer wieder wurde mir erzählt, ich sei stark, da ich mich trotz allem so toll entwickelt hätte. Ich sei sicher ein besserer Mensch dadurch geworden. Ich kann nicht von mir behaupten, stark zu sein. Ich kann aber auch nicht sagen, ich sei schwach, zumindest nicht schwächer als andere. Ich bin einfach mit allen Situationen, die das Leben für mich bereithielt, umgegangen, so gut ich konnte oder mich traute.

Warum sollten mich meine Erlebnisse zu einem besseren Menschen machen? Nun, hin und wieder verbinden mich gewisse Erfahrungen mit anderen, denen Schlimmes widerfährt. Aber warum sollte mich das besser machen? Was ich durchmachen musste und erlebt habe, hat meine Seele beschädigt. Es hat mir eine Bürde aufgeladen, die ich nicht einmal mit meinen engsten Vertrauenspersonen teilen wollte. Eine Bürde, die mich hätte verbittern lassen können. Ich habe bewusst dagegen gesteuert. Aber wird ein Kind mit meiner Biographie nicht automatisch eher verbittert als ein »besserer Mensch«? Wäre es ein Wunder, wenn ich eher verdorben als gut wäre? Oft wird auch gesagt, man hätte nicht ertragen können, was ich ertragen musste. Tatsächlich erleben Millionen anderer Menschen genau das Gleiche oder Schlimmeres – und das Tag für Tag. Wir Menschen sind unglaubliche Lebewesen! Wir können wesentlich mehr aushalten, als wir glauben. Aber wir sind oft egoistisch, und wenn die Dinge eskalieren und es ums nackte Überleben geht, entscheiden sich die meisten dafür, auf Kosten der anderen die Ellbogen einzusetzen. Ich wünschte, ich hätte das nicht miterlebt. Ich bin weder gut noch böse, weder besser noch schlechter. Ich bin ein Mensch, genau wie alle anderen auch, die mit solch einer schweren Bürde umherwandeln müssen. Aber ich habe etwas geschenkt bekommen, das jeder braucht: das Wissen, dass es Liebe gibt, und dass auch extreme Armut der Liebe nicht im Weg steht. In Brasilien haben mich das meine leibliche Mutter, mein Bruder, Camile und Patricia gelehrt, in Schweden meine Adoptiveltern und meine engsten Freunde.

Das Leben ist zerbrechlich, und wir Menschen sind verletzlich. Wir brauchen Aufmerksamkeit und Freude. Es gibt so viele gütige Menschen, die beweisen, dass es Liebe und dementsprechend auch Hoffnung gibt.

Heute mache ich mir Sorgen wegen dem, was ich in den glücklicheren Ländern sehe. In dem wundervollen Land, in dem ich wohne, Schweden, das ich als meine Heimat zu lieben gelernt habe, leben immer mehr Geflüchtete. Die Anzahl von Bettlern und Straßenkindern steigt. Gleichzeitig verschließen Bürger wie Politiker ihre Augen vor den neuen Problemen. Ihnen fehlt die Erfahrung mit den Veränderungen, mit denen sich unser Land, wie so viele andere, nun konfrontiert sieht. Viele wollen helfen, wissen jedoch nicht, wie. Wir mögen unsere Grenzen für die armen Menschen öffnen, die Krieg und Elend entfliehen müssen, aber es gibt keine Strategien, wie man sie in unsere Gesellschaft integriert. Ihr Menschsein bleibt dabei irgendwie auf der Strecke. Ich hoffe sehr, dass Schweden und der Rest der Welt einen humaneren Umgang mit dieser Krisensituation finden. Wir müssen verstehen, dass es keinen Zweck hat, sich die Vergangenheit zurückzuwünschen. Die Vergangenheit ist vergangen, aus und vorbei.

Wandel tut weh. Er ist unangenehm und manchmal auch extrem belastend. Aber wir müssen eine positive Haltung entwickeln, das Gute daran sehen und versuchen, das Beste draus zu machen. Wir können so viel dabei gewinnen. Es ist gefährlich, Szenarien in »Wir gegen Die« einzuteilen. Aus dieser Geisteshaltung kann nichts Gutes erwachsen. Ich hoffe aus ganzem Herzen, dass weder in Schweden noch sonst irgendwo Soldaten dazu angehalten werden, das zu tun, was ich in Brasilien erlebt habe. Ich möchte nicht, dass eine Gesellschaft aus vielen freundlichen Menschen sich so verändert, dass man die Augen vor dem Mord an einem kleinen Mädchen verschließt und die Täter ungestraft davonkommen. Das darf niemals normal werden. Ich will nicht, dass wir einen anderen Menschen ansehen und denken, wir seien mehr wert, weil wir reicher sind, eine andere Hautfarbe, eine andere sexuelle Orientierung oder Religion haben.

Als Kind fehlte mir professionelle Unterstützung, aber ich hatte eine tolle Adoptivfamilie, eine Schule, in der die Lehrer und meine Mitschüler mich akzeptierten, und lebte in einer Gesellschaft, die mich freundlich willkommen hieß. Ich wurde akzeptiert, weil meine schwedischen Eltern ein Teil der Gesellschaft waren, was mich automatisch zugehörig machte.

Ich finde es unerträglich, daran zu denken, dass so viele Flüchtlingskinder alleine herkommen. Kinder, die vor Kriegen und extremer Armut geflüchtet sind und auf ein besseres Leben hoffen. Es schmerzt zu wissen, dass sie, die ohnehin schon solch eine Last mit sich tragen – den Verlust ihrer Angehörigen, Gewalt, die ihnen oder anderen in ihrem Umfeld widerfuhr, den Verlust des Glaubens in die Menschheit und das Leben –, in ein Land kommen, das sie nicht herzlich aufnimmt und in die Gesellschaft integriert. Eins kann ich mit Sicherheit behaupten: Ich hätte es nicht ertragen können, in ein fremdes Land zu kommen und mich nicht willkommen zu fühlen. Lasst uns alle für einen Moment innehalten und uns Folgendes fragen: Was *machen* wir für diese Kinder, diese Menschen? Was können wir tun? Wie würden wir gerne behandelt werden, wenn wir in dieser Situation wären? Welchen Herausforderungen begegnet man in einem neuen Land? Lasst uns zusammenkommen und den Menschen sehen, uns selbst in diesen Menschen sehen, die Hilfe brauchen.

Um zu überleben, musste ich mich an das anpassen, was von mir erwartet wurde. Aber indem ich das tat, musste ich einen Teil von mir aufgeben. Obwohl man mir wohlwollend entgegentrat, habe ich im Laufe der Jahre zahlreiche Gefühle verborgen und tief in mir vergraben. Ich habe meine Seele zweigeteilt. Manchmal ging es mir gut damit, manchmal nicht. Aber vor allem habe ich versucht, die Dinge zu begreifen und zu verzeihen – meiner Vergangenheit zu verzeihen, mir zu verzeihen und anderen, die mir etwas angetan haben. Vieles bedaure ich, und es macht mich traurig – ich habe meiner Adoptivmutter Lili-ann beispielsweise nie »Ich hab dich lieb« oder »Leb wohl« gesagt. Wir bedauern nur selten etwas, das wir zu denen gesagt haben, die uns nahestehen. Normalerweise bedauern wir nur das, was wir unausgesprochen ließen. Ich hatte Angst, zu lieben und nicht als die geliebt zu werden, die ich bin. Aber in gewisser Hinsicht habe ich immer darauf vertraut, dass ich irgendwann stark genug sein würde, alles zu verarbeiten und wieder eins zu sein. Es ist harte Arbeit, sich mit dem kleinen Mädchen auszusöhnen, das nahezu seine ganze Kindheit über Angst hatte, sich als Teenager verloren glaubte und als Erwachsene zweigeteilt war.

Nachdem ich meine hier niedergeschriebenen Erfahrungen noch einmal gelesen habe, kann ich sagen, dass der Schreibprozess genau das getan hat, worauf ich gehofft hatte: mich auf meinem Weg weitergebracht. Es ist schön, mein Buchprojekt abgeschlossen zu haben. Es war nicht leicht, mich mit so vielen schmerzhaften Erinnerungen zu konfrontieren. Es war eine schmerzhafte, aber lohnende Arbeit. Manchmal kommt es mir so vor, als läse ich die Biographie einer anderen. Es kommt mir unglaublich vor, dass mir das alles passiert ist. Die zwei Welten unterscheiden sich so sehr: auf den Straßen von Brasilien zu leben und nicht zu wissen, was ich am nächsten Tag essen soll, und dann in einem Land zu leben, wo Menschen täglich Essen wegwerfen. Es ergibt keinen Sinn. Es fühlt sich so an, als würde ich über ein Vorleben lesen, und wenn ich nicht so starke Gefühle und Träume über das Erlebte hätte, wenn es nicht so wehtäte und so tiefe Spuren hinterlassen hätte, könnte ich fast glauben, es sei die Geschichte einer anderen.

Früher verstand ich nicht, dass ich in Schweden einen heftigen Kulturschock erlebte. Was ist schwedisch? Was ist brasilianisch? Wer bin ich? Diese Erfahrung lässt sich kaum in Worte fassen. Auch das hat mich sehr geprägt. Diese Spuren hat eine abenteuerliche Reise zwischen zwei Teilen der Welt hinterlassen, ein Weg, der nie einfach oder vorgegeben ist. An jeder Weggabelung erfordert es Mut, sich für eine Richtung zu entscheiden. Man muss sich trauen, ins Ungewisse zu schreiten, und sich darauf vorbereiten, dass das Leben auf den Kopf gestellt wird.

Heute bin ich glücklich und stolz auf mein Leben. Und das ist nicht das Ende meiner Geschichte, sondern erst der Anfang. Ich trage die Worte meiner Mutter in meinem Herzen: *Immer weiter gehen. Hör nie auf zu gehen.*

# Danksagung

Mein tiefer Dank gilt:

Petronilia Maria Coelho und Lili-ann Rickardsson: Alles Gute in mir verdanke ich euch.

Patrick Rickardsson: Ich liebe dich. Mehr muss nicht gesagt werden.

Meine Kindheitsfreunde: Camile, Patricia, Santos, Maja (Fahlgren) Lindberg, Emma Allebo, Lina Nordlund, Anna-Karin Lundström. Ihr seid mehr als Freunde. Ihr seid meine Familie.

Rose-Inger Danielsson: Was für eine wundervolle Tante und Person du bist! Danke, dass du immer weißt, was gerade mit mir los ist.

Danke an meine neu gefundene Familie in Brasilien.

Und danke an meinen Vater, Sture Rickardsson.

Wem ich noch danken möchte: Rivia Oliveira, Anna Stenbäck, Nils Lundmark, Patrick Krainer, Pontus Berg, Pernilla Holmberg, Siri Olsson, Stefan Holm, Inga-Britt von Essen, Federico Luna, Malin Söderström.

Ich hätte mir keine besseren Freunde wünschen können und möchte euch danken, dass ihr an meiner Seite seid. Ich weiß das von ganzem Herzen zu schätzen, ohne euch wäre es nicht gegangen. Ich möchte mich für all die Male bedanken, die ihr zugehört, mich beraten, mit mir geschimpft und mich liebgehabt habt. Ich kann nicht in Worte fassen, wie wichtig ihr mir wart und immer noch seid. Ich kann nur eines sagen: Ich liebe euch.

Danke an meine Skydiver-Freunde: Ihr wisst schon, wer gemeint ist, und ihr seid alle fantastisch. Ihr habt mich in eine Welt voller Liebe und Herzlichkeit eingeladen. Ich hoffe, dass ich euch etwas von der Freude, die ihr mir gegeben habt, zurückschenken kann. Danke! Der Himmel ist grenzenlos; im Gegensatz zur Erde!

Ein großer Dank an meine Lehrer und alle anderen, die für mich da waren. Ihr werdet wahrscheinlich nie wissen, was für einen gewaltigen Unterschied ihr in meinem Leben gemacht habt und wie wichtig ihr mir seid.

Ein großer Dank an meine englischsprachige Verlagsheimat, AmazonCrossing.

Ein großer Dank an meine schwedische Verlegerin, Teresa Knochenhauer, meine Lektorin Liselott Wennborg Ramberg und das ganze Team von Bokförlaget Forum.

*Christina & Christiana*